高等院校**会计学**
新形态系列教材

U0685974

Python
财务数据分析

◆ 微课版 ◆

徐万紫◎主编

人民邮电出版社

北 京

图书在版编目（CIP）数据

Python财务数据分析 ：微课版 / 徐万紫主编. --
北京 ：人民邮电出版社，2024.4
高等院校会计学新形态系列教材
ISBN 978-7-115-63222-7

Ⅰ．①P… Ⅱ．①徐… Ⅲ．①软件工具－程序设计－
应用－财务管理－高等学校－教材 Ⅳ．①F275

中国国家版本馆CIP数据核字(2023)第231896号

内 容 提 要

　　随着大数据、人工智能等技术的创新迭代速度加快，经济社会数字化转型全面开启。本书旨在培养
会计审计人员的数字化、信息化能力，助推会计审计工作运用新技术、融入新时代、实现新突破。本书
围绕 Python 财务数据分析展开编写，整体分为基础篇、应用篇两部分。基础篇（第 1 章～第 4 章），系
统阐述了 Python 环境配置、语法基础、财务数据采集与分析、财务数据可视化等基础知识；应用篇（第
5 章～第 7 章），本部分结合会计核算方法、管理会计工具、财务分析思路，通过各类财务数据分析模
型的搭建，深入讲解 Python 技术在会计审计工作场景中的应用。

　　本书体系结构完善，讲解由浅入深，理论结合实践，案例丰富，适合作为应用型本科院校和高等职
业院校财会类专业的教材，也可以作为财务会计、管理会计、财务审计等领域从业人员的数字化培训教
材。

◆ 主　　编　徐万紫

　　责任编辑　刘向荣

　　责任印制　胡　南

◆ 人民邮电出版社出版发行　　北京市丰台区成寿寺路 11 号

　　邮编　100164　　电子邮件　315@ptpress.com.cn

　　网址　https://www.ptpress.com.cn

　　固安县铭成印刷有限公司印刷

◆ 开本：787×1092　1/16

　　印张：14.25　　　　　　　　2024 年 4 月第 1 版

　　字数：337 千字　　　　　　2025 年 6 月河北第 4 次印刷

定价：59.80 元

读者服务热线：(010)81055256　印装质量热线：(010)81055316
反盗版热线：(010)81055315

前言
PREFACE

目前，我国的经济发展已经进入"新常态"，经济增长已由高速增长阶段转向高质量发展阶段。企业需要加强"业财融合"，提升经营管理水平，实现精细化管理、降本增效。随着互联网、云计算、大数据、人工智能等技术的不断发展，数字化技术在各行各业得到广泛应用。2021 年年底，财政部发布了一系列指导性文件，凸显了会计审计数字化转型的重要性。

《会计改革与发展"十四五"规划纲要》提出，要以数字化技术为支撑，加快会计审计数字化转型步伐，推动会计职能实现拓展升级，要求会计人员持续提升素质、加速转型，要求会计管理部门继续转变观念、创新管理、改进方法，助推会计工作运用新技术、融入新时代、实现新突破。

《会计行业人才发展规划（2021—2025 年）》强调，以信息技术、数字技术、人工智能为代表的新一轮技术革命催生了新产业、新业态、新模式，对会计理论、会计职能、会计组织方式、会计工具手段等产生了重大而深远的影响，需要加强会计数据相关标准建设，推动会计数据资源开发利用，强化对会计信息化能力的要求，推动各级各类会计人才适应会计工作数字化转型，把握数字化、网络化、智能化融合发展的契机，促进会计学科与其他学科的交叉融合。

《会计信息化发展规划（2021—2025 年）》进一步指出，大数据、人工智能等技术创新迭代速度加快，经济社会数字化转型全面开启，要运用新技术推动会计工作数字化转型，需要加快解决标准缺失、制度缺位、人才缺乏等问题。

传统的财务流程通常烦琐而耗时，人工操作容易出现错误，通过数字化转型，可以实现财务流程的自动化、标准化和集约化，减少人工操作和纸质文件的使用，降低人力成本和办公成本。除此之外，数字化转型还有一个重要的方向，也是最能够体现财务人价值的发展方向，即对企业财务数据的分析利用。随着技术的进步，企业经营过程中产生了海量的数据，这些数据在如今的数字经济型社会无疑是相当有价值的无形资产，随着智能财务、财务共享等理念以及财务机器人等自动化工具的逐步推广，这些数据正在被激活。工具的推广应用不仅改变了会计机构的组织形式，也拓展了会计人员的工作职能，同时对会计人员提出了更高的要求，即会计人员必须掌握先进的数据分析工具，具备高层次的数据获取、处理与分析能力，从而为企业财务与经营决策提供科学依据，提高运营效率，帮助企业进行更精细化的经营管理。

截至目前，Python 编程语言已经得到快速发展，成为数据科学、机器学习、软件开发等领域最为重要的编程语言之一。Python 编程语言简洁易读、语法灵活，依靠强大的标准库和第三方库支持，为数据分析提供了一个优秀且稳定的环境。在财务数据分析方面，Python 编程语言提供的高级数据结构和一系列的函数方法，使财务数据分析以及财务模型的搭建更简单、高效。

本书围绕 Python 财务数据分析展开编写，整体分为基础篇、应用篇两部分，一共 7 章内容。基础篇主要讲解 Python 环境配置、Python 语法基础、Python 财务数据采集与分析、Python 财务数据可视化，从零基础开始一步一步、由浅入深地讲解 Python 财务数据分析必备的基础知识。应用篇主要讲解 Python 在财务会计核算中的应用、Python 在财务管理决策中的应用、Python 在财务报表分析中的应用。基础篇只是讲解 Python 的技术部分，应用篇在 Python 技术的基础上进一步结合财务审计思维讲解自动化分析模型的搭建。本书内容涉及会计核算、财务管理、管理会计中的重要方法、工具及模型，通过将 Python 与这些方法、工具及模型进行融合，展示现阶段从传统会计向管理会计转型的过程中，Python 软件在财务工作中的具体应用。

本书由徐万紫设计、编写与复核。在编写的过程中，编者参考了相关的书籍和网站，在此对相关作者表示衷心的感谢。由于行业的发展以及平台的迭代速度较快，本书内容难免有疏漏和不足之处，欢迎各位读者批评指正。此外，我们为本书准备了 QQ 学习交流群（QQ 群号：745301838），关于使用本书遇到的任何问题都可以提交到交流群讨论。

编者
2024 年 2 月

目录
CONTENTS

基础篇

第1章

Python 与财务概述

学习目标

- 了解 Python 的特点及应用范围
- 了解 Python 在财务领域中的应用
- 掌握 Anaconda 的下载与安装
- 掌握 Jupyter Notebook 的使用

思维导图

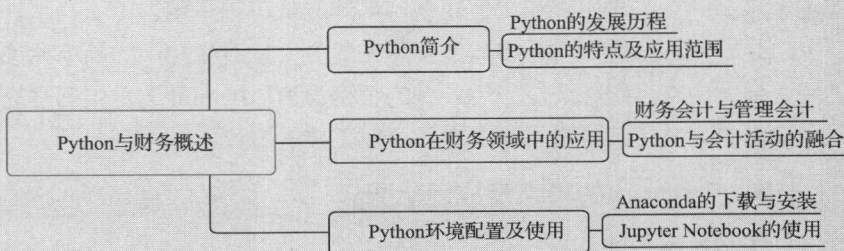

本章首先介绍 Python 的发展历程、特点及应用范围，然后分别从财务会计与管理会计的角度说明 Python 的具体应用场景，以及如何将 Python 与各类会计活动进行有机结合，最后讲解 Python 的环境配置及 Jupyter Notebook 的使用。

1.1　Python 简介

1.1.1　Python 的发展历程

Python 由吉多·范罗苏姆（Guido van Rossum）在 1989 年底和 1990 年初开始开发，最初是为了设计一种易于阅读和学习的编程语言。吉多在设计 Python 时借鉴了一些其他编程语言的特点，如 ABC 语言的模块化思想，以及 Modula-3 语言的代码结构。

1994 年，Python 的第一个正式版本发布，即 Python 1.0。随后，Python 2.x 系列逐渐推出，其间发布了多个版本，例如 Python 2.2、Python 2.5 等。Python 2.x 系列成为 Python 社区主流版本，并得到广泛应用。

在 Python 2.x 系列的运行过程中，一些设计方面的缺陷逐渐暴露出来。为了解决这些问题，Python 3.x 系列于 2008 年开始发布。Python 3.x 系列引入了一些不兼容的语法，并对功能进行了改进，以提高 Python 的一致性、可读性和性能。然而，由于向后不兼容，Python 3.x 并没有像 Python 2.x 系列一样得到快速广泛应用。

随着时间的推移，Python 逐渐获得广泛的应用，尤其在数据科学、机器学习和 Web 开发领域。Python 的简洁性、易读性和丰富的生态系统吸引了越来越多的开发者。

此后，Python 继续进行版本更新和改进，不断完善其功能和性能。新的版本引入了一些新的功能，例如 Python 3.6 的格式化字符串、Python 3.8 的 walrus 运算符等。Python 持续拓展其应用领域，并且在学术界和工业界得到广泛的认可和采用。

总之，Python 经过 30 多年的发展和演变，从诞生初期的简单易读的语言，逐渐成长为一种拥有强大生态系统和广泛应用领域的编程语言。Python 的发展历程充满创新和变革，不断满足用户需求，并持续推进编程语言和开发工具的进步。

1.1.2　Python 的特点及应用范围

1. Python 的特点

Python 具有以下几个主要特点。

（1）简洁易读。Python 的语法简洁、可读性强，采用清晰的代码缩进格式和简单的表达式。这使得 Python 代码易于编写、理解和维护，非常适合初学者快速入门以及进行大型项目的开发。

（2）语法灵活。Python 支持面向对象编程、函数式编程和过程式编程等多种编程范式。Python 提供了丰富的内置数据类型和操作符，并且具有动态类型特性，可以在运行时进行类型推断。

（3）丰富的标准库和第三方库支持。Python 拥有丰富的标准库，涵盖各种常用的功能和模块，如文件操作、网络通信、多线程等。此外，Python 社区还开发了大量的第三方库和框架，用于数据分析、Web 开发、科学计算、人工智能等各个领域。

（4）跨平台性。Python 具有良好的跨平台性，可以在多种操作系统上运行，包括 Windows、macOS、Linux 等。这使 Python 成为开发跨平台应用和工具的理想选择。

（5）高效稳定。Python 的解释器简单高效，拥有自动内存管理机制（垃圾回收），能够有效地管理系统资源。同时，Python 具有良好的稳定性和可靠性，广泛应用于各种关键性的项目和系统。

（6）大数据生态系统。Python 在大数据领域拥有强大的生态系统，如 numpy、pandas、matplotlib、scikit-learn 等库，可以完成数据处理、分析和可视化，以及机器学习和深度学习等任务。

（7）社区支持与开源精神。Python 拥有庞大而活跃的社区，开发者积极提供代码、分享经验和解决问题的方法。Python 本身也是开源的，有广泛的用户基础和开发者社区。

综上所述，Python 以其简洁易读、语法灵活、跨平台性、丰富的标准库和第三方库支持、高效稳定以及社区支持等特点，成为一门被广泛应用于多个领域的高级编程语言。

2. Python 的应用范围

Python 的应用范围非常广泛，主要包括以下几个方面。

（1）Web 开发：Python 的 Web 框架（如 Django、Flask）和 Web 工具（如 Requests、Beautiful Soup）使开发 Web 应用非常便捷。许多知名的网站和应用程序，如 Instagram、Pinterest 等都使用 Python 进行开发。

（2）数据科学和机器学习：Python 拥有丰富的数据科学和机器学习库（如 numpy、pandas、scikit-learn、TensorFlow），使完成数据分析、数据处理和机器学习任务变得更加方便和高效。

（3）自动化和脚本编程：Python 的简洁性和易读性使其成为自动化和脚本编程的首选语言。它可以用于编写自动化脚本、系统管理任务、批处理等。

（4）科学计算和工程应用：Python 的 numpy、scipy 等库提供了强大的数值计算和科学计算功能，使 Python 成为科学计算和工程领域的理想选择。

（5）游戏开发和图形处理：Python 拥有 pygame 等库，用于游戏开发和图形处理。虽然 Python 不是主流的游戏开发语言，但在教育和原型开发中很受欢迎。

总的来说，由于其具有易读性、简洁性和广泛的生态系统等特点，Python 适用于许多领域，包括 Web 开发、数据科学、机器学习、自动化、科学计算等，是一种多功能的编程语言。

1.2 Python 在财务领域中的应用

1.2.1 财务会计与管理会计

目前，我国的经济增长已从高速增长阶段转向高质量发展阶段。企业需要加强"业财融合"，提升经营管理水平，实现精细化管理，促进降本增效。这里的"业财融合"体现为管理会计的相关工作，下面我们进一步探讨财务会计与管理会计的区别。

财务会计属于传统会计核算领域，目标是提供对公司整体财务状况的准确和全面的描述，以满足外部利益相关方（如股东、投资者、债权人和政府

微课堂

Python 在财务领域中的应用

监管机构等）的需求，这些利益相关方需要了解公司的财务状况和业绩，以便做出投资及其他相关决策。财务会计的内容主要涉及会计凭证录入、会计账簿管理、资产管理、成本核算、税务申报、财务报表编制和财务分析等。财务会计主要关注公司的财务报表编制和外部财务报告。

管理会计是会计工作的重要分支，主要是为了提升企业内部管理水平，促进经济转型升级。管理会计的目标是为内部管理层提供决策支持和规划控制的信息，帮助管理者做出战略和操作性的决策。管理会计的受众是内部管理层，包括高管、部门经理和项目负责人等。管理会计为内部管理层提供决策支持和规划控制信息，帮助管理者制定和执行战略，优化资源分配，并提供绩效评估和激励机制。管理会计的内容主要涉及成本计算、预算编制、绩效评估、管理控制、经营决策分析等。

财务会计的工作重点在于经济业务发生后的记录；而管理会计则需要充分利用财务会计信息，灵活运用管理会计工具、方法，参与企业的规划、决策、控制、评价等活动并提供有用信息，推动企业实现战略规划。

管理会计活动可以从以下几个方面进行理解。

（1）规划。战略规划代表企业未来的发展方向，管理会计在规划环节应该参与战略规划制定，需要搜集法律、经济、技术、产业、供应链、竞争对手等各方面的信息，为企业合理制定战略规划提供支撑。

（2）决策。企业的战略规划，决定企业的投资方向与筹资需求，管理会计在决策环节需要收集与投融资相关的各类内外部信息，对投资项目评价指标、短期经营决策、资本结构决策、资本成本等方面进行分析，为企业各层级根据战略规划做出决策提供支持。

（3）控制。管理会计在控制环节需要设定各种定量和定性标准，严格把控各项规划决策落实过程中的各个重要环节，如预算管理、成本管理、营运管理等。

（4）评价。管理会计在评价环节需要合理设计绩效评价体系和激励机制，评价企业战略规划的实施情况，持续改进管理会计的应用。

如图 1-1 所示，我们可以把传统会计核算工作融入管理会计活动，这样可以更系统、更直观地理解财务会计与管理会计的关系。

财务会计和管理会计的关系，一方面反映了管理会计工作是会计工作的重要组成部分，且财务会计的事后记录应位于事前控制与事后评价之间；另一方面反映了传统会计核算工作不能有机融合财务与业务活动，导致传统会计核算工作无法直接提升企业内部管理水平。

但是，随着电子会计凭证应用全面推广，会计数据标准更加统一、健全，会计职能逐步实现从传统的算账、记账、核账、报账向价值管理、资本运营、战略决策辅助等职能持续转型升级。

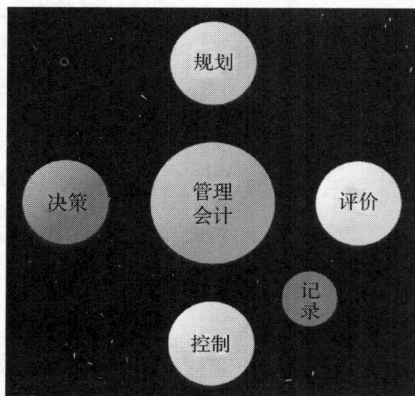

图 1-1

1.2.2 Python 与会计活动的融合

经济社会数字化转型已经全面开启，随着智能财务、财务共享等理念以及财务机器人等自动化工具逐步推广，会计机构组织形式得到优化，会计人员工作职能得到拓展，会计数据的获取和处理能力也大大提升。

　　财政部发布的《会计信息化发展规划（2021—2025 年）》强调，会计数据要素日益重要，随着数字经济和数字社会发展，数据已经成为五大生产要素之一。会计数据要素是单位经营管理的重要资源。通过将零散的、非结构化的会计数据转变为聚合的、结构化的会计数据要素，发挥其服务单位价值创造能力，是会计工作实现数字化转型的重要途径。进一步提升会计数据要素服务单位价值创造的能力是会计数字化转型面临的主要挑战。

　　Python 编程语言作为一种先进的财务数字化工具，依靠其简洁的语法、功能强大的第三方库等，在会计流程的自动化、标准化与大数据的实时获取和分析方面具有强大的支持作用，可以深入应用在会计工作的各个环节，能够促进管理会计活动的价值创造，从而提升企业财务管理水平。

　　我们可以将图 1-1 中的 5 项会计活动看作会计工作的纵向分类，为了将 Python 深入应用到会计工作中，需要把会计工作进一步横向分类为流程层面、分析层面。会计工作的横向分类更有利于理解如何从 Python 的技术层面为会计工作赋能。

　　下面分别从流程层面、分析层面来说明 Python 如何为会计工作赋能。

　　（1）流程层面，即通过 Python 自动执行会计工作流程，旨在模拟人类工作，通过规范非标准数据、自动化重复工作来提高效率、减少错误，并释放人力资源以从事更有价值的工作。

　　例如，Python 的网络爬虫技术，可以实现自动获取上市公司财务数据、电子税务局税费申报及缴纳信息、最新财税政策等；Python 的 OCR（光学字符阅读器，optical character reader）文字识别技术，可以实现对纸质发票扫描件、PDF 电子发票以及全电发票等票面信息进行自动化采集，可以对增值税发票执行自动批量核验，还可以自动化批量采集身份证、火车票等其他财务相关单据的信息；Python 的软件操作流程自动化技术，可以实现模拟人类操作鼠标、键盘等功能，自动化操作各类财务软件，比如自动化操作自然人电子税务局客户端实现批量申报个税、登录财务软件实现单据信息批量录入；Python 的办公自动化技术，可以实现 Excel 表格自动化、Word 文档自动化、PDF 文档自动化等，比如自动批量合并多期间会计表格、由 Excel 版财务数据自动生成 Word 版财务分析报告、从 PDF 文档批量提取关键信息形成 Excel 表格等。

　　（2）分析层面，即通过 Python 实现自动建模与分析工作。这类工作与流程层面的会计工作显然不同，流程层面会计工作的难点在于解决工作流程的重复性问题，而分析层面会计工作的难点在于各类财务管理模型的逻辑性强、数据的覆盖范围广、科学计算的复杂性高、可视化图形的渲染等。

　　例如，Python 自身简洁的语法及丰富的第三方库，允许我们轻松快速地构建各类财务管理模型，从而满足财务管理分析需求；Python 的现金流模型，可以实现代入数据直接得出净现值、内含报酬率、投资回收期等投资项目评价指标的功能；Python 的财经数据接口，可以快速获取任意股票在任意历史时期的收盘价及财务数据；Python 的 pandas 库，提供高效的数据结构用于存储和操作结构化数据，并包含丰富且强大的数据分析方法，如数据导入导出、数据索引、数据清洗、数据统计、数据聚合等；Python 的 matplotlib 库，提供简单直观的 API（应用程序接口，application program interface），使用户可以轻松地创建各种类型的图表，如线图、散点图、条形图、饼图、热力图等，它不仅适用于简单的数据可视化，还适用于复杂的科学计算和研究任务；Python 还可以轻松实现线性回归、求解方程式、排列组合、投资组合优化等复杂的分析功能。

　　如图 1-2 所示，我们可以把会计活动放在纵轴，把 Python 赋能会计工作的技术层面放在横轴。

通过 Python 技术与会计活动的关系图，可以更加方便且快速地发现各类会计工作属于哪类会计活动、需要哪些 Python 技术作为支撑。例如企业在进行战略规划时，需要利用管理会计工具进行战略分析，如 SWOT 分析、波特五力分析（poter's five forces analysis），可以通过 Python 爬虫技术获取宏观信息及产业相关信息；企业在进行成本控制时，可以采用变动成本法分析各类产品的盈利能力，在对混合成本进行分解时，可以利用 Python 对过去一段时间的业务量与混合成本进行回归分析，以确定混合成本中的固定成本与变动

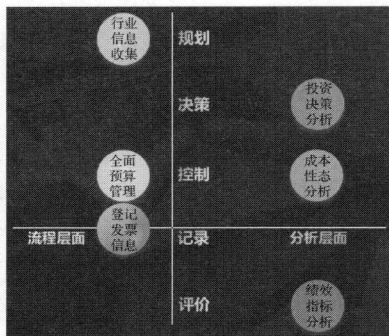

图 1-2

成本；企业在进行财务分析时，可以利用 Python 搭建自定义财务分析模型，实现高效的财务数据处理、分析及可视化，从而洞察数据的趋势、关联和异常情况。

本书主要聚焦上述分析层面，即通过 Python 实现自动财务建模与分析工作，帮助财务人员通过 Python 数据分析工具为会计审计工作赋能。目前 Python 已经成为数据分析领域最为重要的编程语言之一，为会计审计人员提供了一个优秀且稳定的数据分析环境。Python 提供了高级数据结构和一系列的函数方法，使财务数据分析以及财务模型的搭建工作变得简单、高效。

1.3 Python 环境配置及使用

1.3.1 Anaconda 的下载与安装

我们可以通过 Anaconda 来解决 Python 的环境配置问题。

Anaconda 是一个开源的数据科学平台，已集成许多常用的 Python 库和工具（如 numpy、pandas、Jupyter Notebook 等）。安装完成后，我们可以使用 Anaconda 的命令行工具（如 conda）来管理 Python 包和环境。使用 Anaconda 可以方便地完成数据分析、机器学习和科学计算等任务。

微课堂

Python 环境配置
及使用

安装 Anaconda 可以按照以下步骤进行。

（1）我们可以从 Anaconda 官方网站下载 Anaconda 安装包，如图 1-3 所示。但这里更建议读者直接从清华大学开源软件镜像站下载 Anaconda 安装包，如图 1-4 所示。镜像站中罗列了 Anaconda 安装包的所有版本，且下载速度快。本书使用的版本是 Anaconda3-2021.05-Windows-x86_64.exe，如图 1-5 所示。

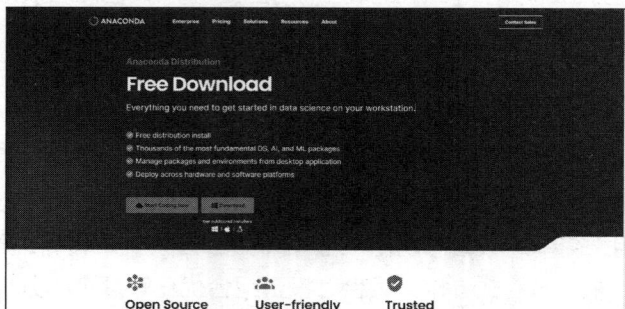

图 1-3

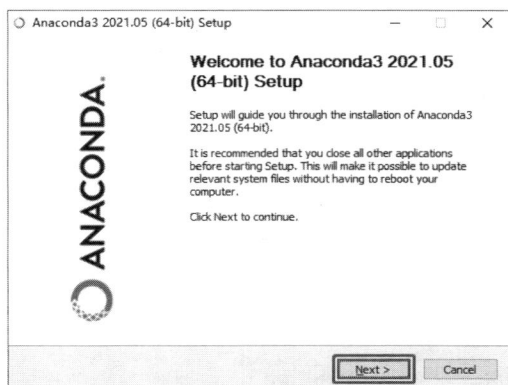

图 1-4

图 1-5

（2）运行下载的 Anaconda 安装包，并按照安装向导的指示进行默认操作即可，如图 1-6～图 1-10 所示。

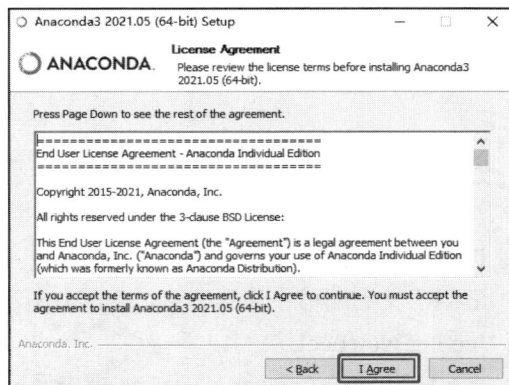

图 1-6

图 1-7

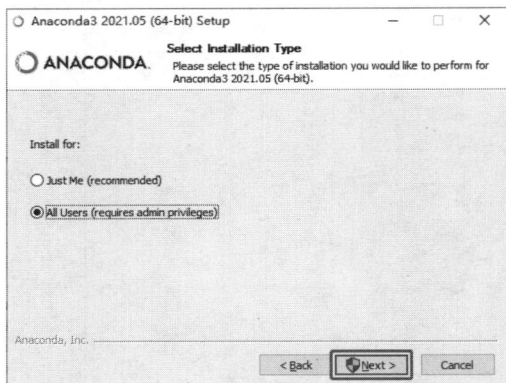

图 1-8

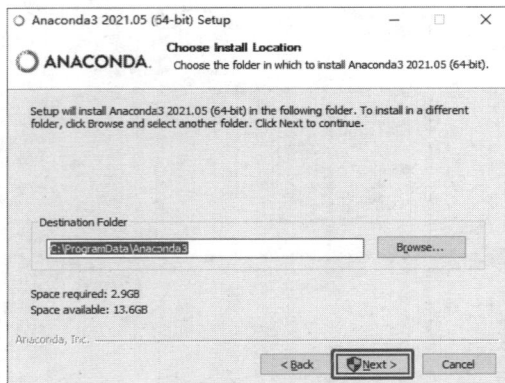

图 1-9

（3）在安装过程中，需要注意两点：①可以自定义安装路径，或者使用默认设置；②一定要勾选 "Add Anaconda3 to the system PATH environment variable" "Register Anaconda3 as the system Python 3.8" 复选框。

经过上述安装步骤，可以发现 "开始" 菜单中多了一个名为 "Anaconda3(64-bit)" 的文件夹，这说明 Anaconda 已经安装成功。如图 1-11 所示，该文件夹下有一个名为 "Jupyter Notebook" 的编辑器，就是下文要讲的代码编辑器。

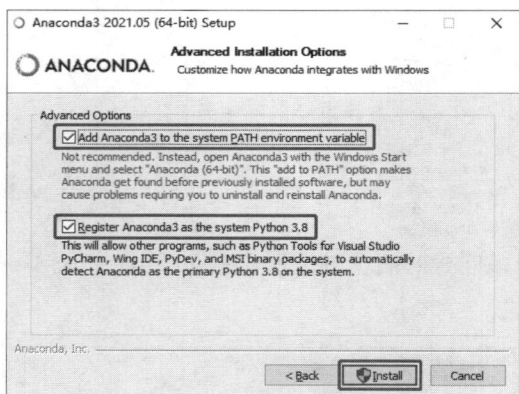

图 1-10

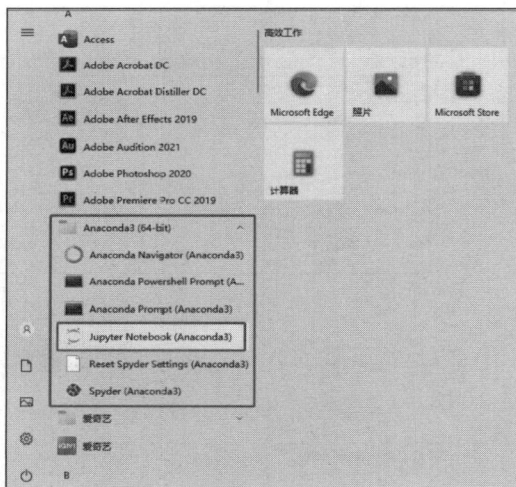

图 1-11

1.3.2 | Jupyter Notebook 的使用

至此，我们已经配置好 Python 环境，接下来就可以通过代码编辑器编写和运行代码。

这里使用的代码编辑器是 Jupyter Notebook，Jupyter Notebook 是一个网页交互式的编程环境，适用于文档编写、代码编写、数据分析和报告生成。

Jupyter Notebook 具有以下特点。

（1）交互性。Jupyter Notebook 提供了一个交互式的编程环境，在 Web 浏览器中以单元的形式展示代码和输出结果。我们可以在单元格中编写代码，并即时执行和查看结果。

（2）支持多种编程语言。Jupyter Notebook 初始时只支持 Python，但现在已经可以支持多种编程语言，包括 R、Julia、Scala 等。每一种编程语言都有对应的内核（kernel），用户可以选择所需的内核来运行代码。

（3）可视化功能。Jupyter Notebook 提供了丰富的可视化功能，用户可以借助各种库和工具创建图表、绘制图像等，以便更好地理解和展示数据。

（4）文档编写和展示。Jupyter Notebook 不仅可以作为编写和运行代码的工具，还可以用于编写和展示文档。用户可以在 Markdown 单元格中编写文本，使用 Markdown 语法来排版和添加链接、图片等。

（5）共享和协作。Jupyter Notebook 支持将 Notebook 文件导出为各种格式（如 HTML、PDF 等），方便与他人共享。此外，用户还可以使用版本控制工具（如 Git）对 Notebook 文件进行管理和协作编辑。

（6）插件扩展和高级定制。Jupyter Notebook 支持插件扩展，我们可以根据需要添加各种功能和工具。此外，用户还可以进行高级定制，改变界面、主题等。

总之，Jupyter Notebook 是一个功能强大、灵活且易于使用的编程工具，适用于数据分析、机器学习、科学计算等各种领域的工作和学习。

我们在安装 Anaconda 时，已经自动安装了 Jupyter Notebook 及其他工具，以及 Python 中超过 180 个包及其依赖项。下面我们来讲解 Jupyter Notebook 的使用方法。

在"开始"菜单中找到"Anaconda3(64-bit)"文件夹下的 Jupyter Notebook 并单击，会自动在默认浏览器中打开 Jupyter Notebook 界面。如图 1-12 所示，我们可以单击右上角的"New"按钮，创建新的 Notebook 文件，并在其中编写和运行 Python 代码。

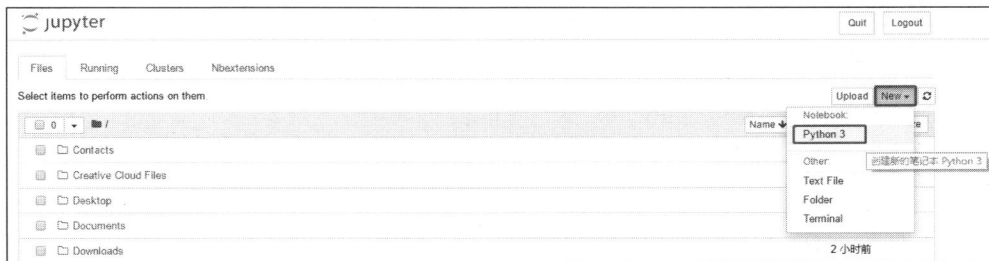

图 1-12

如图 1-13 所示，直接在代码单元中输入 Python 代码，然后单击"运行"按钮，即可执行单元中的代码。

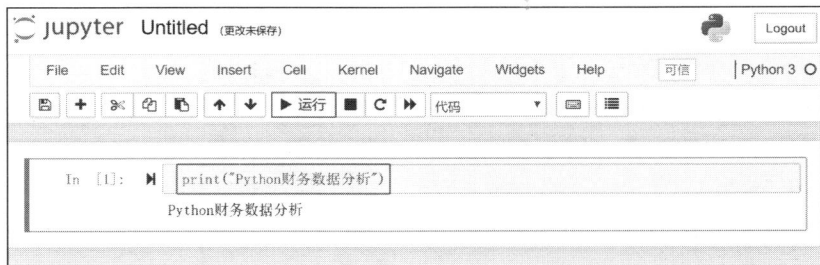

图 1-13

如图 1-14 所示，我们可以通过单击左上角的"Untitled"字样，修改当前 Notebook 文件的名称。

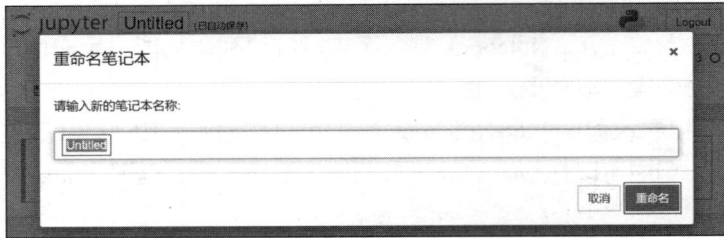

图 1-14

思考与练习

1. 管理会计的基本活动不包括（　　）。
   A．评价　　　　　　B．规划　　　　　　C．报告　　　　　　D．控制
2. 下列关于传统会计核算的说法正确的是（　　）。
   A．为企业合理制定战略规划提供支撑　　B．能够提升企业财务管理水平
   C．能够进行事前控制　　　　　　　　　D．满足外部利益相关方的需求
3. 下列关于 Python 在财务数据分析层面的说法错误的是（　　）。
   A．构建各类财务管理模型　　　　　　　B．对混合成本进行回归分析
   C．自动化报税　　　　　　　　　　　　D．投资组合最优化
4. 下列关于 Anaconda 的说法错误的是（　　）。
   A．自动安装了 Jupyter Notebook
   B．集成了许多常用的 Python 库
   C．安装时无须勾选"Register Anaconda3 as the system Python 3.8"复选框
   D．是一个开源的数据科学平台
5. 下列关于 Jupyter Notebook 的特点描述错误的是（　　）。
   A．支持插件扩展　　　　　　　　　　　B．仅支持 Python
   C．可以用 Markdown 语法编写文档　　　D．提供了一个交互式的编程环境

强化实训

1. 根据 Anaconda 的下载与安装步骤，正确配置 Python 环境。
2. 在浏览器中打开 Jupyter Notebook 界面，新建一个 Notebook 文件，输入任意 Python 代码，并将文件重命名为"test"。

第2章

Python 语法基础

📚 学习目标

- 掌握变量的命名规则与赋值运用
- 了解单行注释与多行注释的作用
- 掌握数字、字符串、列表、元组、字典等常用数据类型的特点与应用
- 掌握各类运算符的基本用法
- 熟悉分支结构与循环结构的基本用法
- 熟悉内置函数、自定义函数、匿名函数的使用方法
- 掌握内置模块与第三方模块的区别以及导入方法
- 掌握捕获异常的基本方法

🗂 思维导图

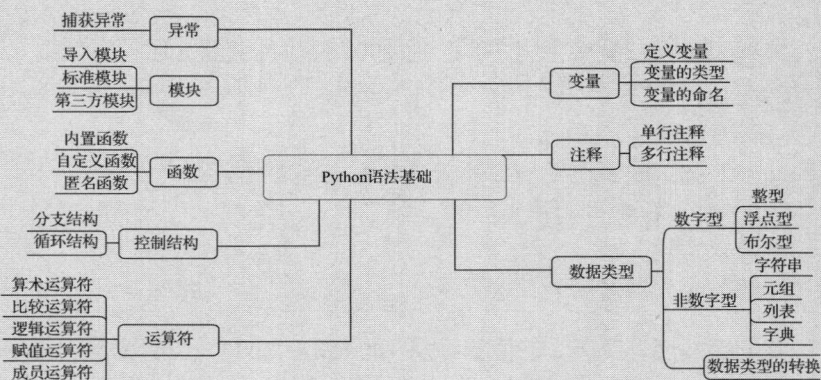

本章主要讲解 Python 语法基础，主要包括变量、注释、数据类型、运算符号、控制结构、函数、模块、异常处理等。学习 Python 语法基础对于财务数据分析是非常重要的，尽管 Python 拥有许多强大的数据处理和分析库，如 numpy、pandas 和 matplotlib 等，但如果我们没有熟练掌握 Python 语法基础，就不能够灵活地运用这些库所提供的丰富的数据分析函数和方法。另外，掌握 Python 语法基础可以为进一步扩展学习打下坚实的基础。

2.1 变量

在 Python 数据分析中，我们经常需要处理各类数据，而数据通常会以变量为载体，简单来说，变量就是用来存储数据的，方便程序调用。

变量可以指定不同的数据类型，变量可以存储整数、小数或字符等。

2.1.1 定义变量

定义变量是指为变量赋值，每个变量在使用前都必须赋值，在给变量赋值后，该变量才会被创建。

变量的定义规则如下：

```
变量名 = 值
```

等号是 Python 中最基本的赋值运算符，用来给变量赋值，等号左边是变量名，等号右边是存储在变量中的值（数据），变量被定义后即可直接使用，我们可以使用 print()函数输出变量的值。

> 【例 2-1】定义一个变量 a，同时把 1000 赋值给变量 a，并输出变量 a 的值。
>
> 示例代码：
>
> ```
> a = 1000    # 定义一个变量 a，同时把 1000 赋值给变量 a
> print(a)    # 输出变量 a 的值
> ```
>
> 运行结果：
>
> ```
> 1000
> ```

这里要注意，变量指的是值可以改变的量，也就是说，变量的值在程序运行过程中是可以改变的。

> 【例 2-2】接【例 2-1】，把 2000 赋值给变量 a 后，对变量 a 进行二次赋值，并输出变量 a 的值。
>
> 示例代码：
>
> ```
> a = 2000    # 在变量 a 已被赋值的基础上进行二次赋值
> print(a)    # 输出变量 a 的值
> ```
>
> 运行结果：
>
> ```
> 2000
> ```

我们会发现，变量 a 的值已经从 1000 变为 2000，说明变量的值是可以改变的。

2.1.2 变量的类型

我们在前文定义变量 a 的时候，并没有指定数据类型，而是直接把数据 1000 赋值给变量 a，这说明在 Python 中定义变量时不需要指定数据类型。数据类型可以分为数字型和非数字型，关于数据类型的内容会在后面进行详细介绍。

请读者思考：【例 2-2】中的变量 a 属于数字型还是非数字型的数据？

2.1.3 | 变量的命名

想要在 Python 中使用变量，需要先给它起一个名字，当我们需要调用某个变量时，只需要使用这个变量的名字即可。变量的名字一般是不会变的，但是它的值是可以变的。

1. 命名规则

变量名的组成规则如下。

- 变量名只能由字母、下划线、数字和汉字组成。
- 变量名不能以数字开头。
- 变量名不能与关键字重名。

变量的命名习惯如下。

- 在定义变量时，为保证代码格式，等号的左右两侧应该各保留一个空格。
- 如果变量名由两个或多个单词组成，单词与单词之间可以使用下划线连接。

注意，变量名的组成规则是强制性的，否则在执行代码时会报错；而变量名的命名习惯，并不具有强制性，只是为了提高代码的识别度和增强可读性。

【例 2-3】下面简单列举几个常见的变量命名形式。

示例代码：

```
income_tax = 1000   # 小写字母加下划线
IncomeTax = 2000   # 每个单词首字母大写
incomeTax = 3000   # 第一个单词首字母小写，其余单词首字母大写
所得税 = 4000   # 汉字
print(income_tax)
print(IncomeTax)
print(incomeTax)
print(所得税)
```

运行结果：

```
1000
2000
3000
4000
```

---

2. 关键字

关键字是指在 Python 内部已经使用的具有特殊功能与含义的标识符，因此不能定义与关键字名字相同的变量名。

【例 2-4】通过 keyword 模块查看 Python 中的关键字列表。

示例代码：

```
import keyword   # 导入 keyword 模块
print(keyword.kwlist) # 查看关键字列表
```

运行结果：
['False', 'None', 'True', 'and', 'as', 'assert', 'async', 'await', 'break', 'class', 'continue', 'def', 'del', 'elif', 'else', 'except', 'finally', 'for', 'from', 'global', 'if', 'import', 'in', 'is', 'lambda', 'nonlocal', 'not', 'or', 'pass', 'raise', 'return', 'try', 'while', 'with', 'yield']

2.2 注释

注释是指在 Python 中对某些代码进行标注说明的文字，以增强程序的可读性。

2.2.1 单行注释

1．在代码上面增加单行注释

注释以"#"开头，"#"右边的所有内容都被当作说明文字，只起辅助说明的作用，而不是真正要执行的程序。

为了保证代码的可读性，建议在"#"后面添加一个空格，然后编写相应的说明文字。

示例代码：

```
# 定义一个变量a，同时把数据1000赋值给变量a
a = 1000
# 输出变量a的值
print(a)
```

2．在代码后面增加单行注释

如果代码的长度很短或者增加的注释内容很少，可以使用"#"在代码后面增加单行注释，这样可以节约空间。

这里需要注意，为了保证代码的可读性，注释和代码之间最好保留至少两个空格。

示例代码：

```
a = 1000   # 定义一个变量a，同时把数据1000赋值给变量a
print(a)   # 输出变量a的值
```

2.2.2 多行注释

如果我们编写的注释说明内容较多，一行无法显示，就可以使用多行注释。

要在 Python 中使用多行注释，可以通过使用一对连续的 3 个英文格式的引号（单引号或者双引号）对其进行括注来实现。

示例代码：

```
"""
首先定义一个变量a，同时把数据1000赋值给变量a
然后输出变量a的值
"""
a = 1000
print(a)
```

注意，注释不是越多越好，对于一目了然的代码，不需要添加注释；对于复杂的代码，应该在代码的开头添加多行注释来进行系统说明，增强代码的可读性。

2.3 数据类型

在 Python 中，数据类型可以分为数字型和非数字型。数字型的数据类型包括整型（int）、浮点型（float）、布尔型（bool）、复数型（complex），非数字型的数据类型包括字符串（str）、元组（tuple）、列表（list）、字典（dict）、集合（set），我们可以通过 type()函数来查看数据的数据类型。下面对几种常用的数据类型进行介绍。

2.3.1 整型

整型（int），表示整数，是 Python 中的基础数据类型之一。

【例 2-5】 把 1000 赋值给变量 a，并输出变量 a 的数据类型。

示例代码：

```
a = 1000   # 把 1000 赋值给变量 a
print(type(a))   # 查看变量 a 的数据类型
```

运行结果：

```
<class 'int'>
```

2.3.2 浮点型

浮点型（float），表示浮点数，是 Python 中的基础数据类型之一。

【例 2-6】 把 12.5 赋值给变量 b，并输出变量 b 的数据类型。

示例代码：

```
b = 12.5   # 把 12.5 赋值给变量 b
print(type(b))   # 查看变量 b 的数据类型
```

运行结果：

```
<class 'float'>
```

2.3.3 布尔型

在 Python 中，比较运算和逻辑表达式输出的结果为"True（真）"或者"False（假）"，即为布尔型（bool）数据，这也是两个重要的 Python 关键字。

【例 2-7】 接【例 2-5】【例 2-6】，输出比较运算 a > b 的运行结果及数据类型。

示例代码：

```
print(a > b)   # 查看比较运算的运行结果
print(type(a > b))   # 查看比较运算运行结果的数据类型
```

运行结果：

```
True
<class 'bool'>
```

2.3.4 | 字符串

1. 字符串的定义

字符串（str）实际上是一串字符，是 Python 中用来表示文本的数据类型。

在 Python 中可以使用一对英文格式的双引号或者单引号来定义一个字符串。

✏️ **【例 2-8】**把字符串"应收账款"赋值给变量 my_str，并输出变量 my_str 的数据类型。

示例代码：

```
my_str = "应收账款"   # 把"应收账款"赋值给变量 my_str
print(type(my_str))   # 查看变量 my_str 的数据类型
```

运行结果：

```
<class 'str'>
```

---

2. 字符串的切片

在 Python 中，切片是对序列型对象的一种高级索引方法，不仅适用于字符串，也适用于元组和列表。我们可以简单理解为，切片就是在一个序列中用刀切出自己需要的部分。

切片使用索引值来限定范围，我们可以通过索引值从一个大的字符串中切出小的字符串。下文讲到的列表和元组都是有序的集合，都能够通过索引值获取对应的数据。

字符串中的每一个字符都对应一个索引值。索引值分为正索引（顺序索引）和负索引（倒序索引），正索引表示排列顺序从左到右（从 0 开始），负索引表示排列顺序从右到左（以−1 结束）。

现在我们定义一个字符串为"应收账款的期末余额为 2000 元"，可以通过分割字符串确定每个字符对应的正负索引值，如表 2-1 所示。

表 2-1 切片方法在字符串中对应的正负索引值

字符串	应	收	账	款	的	期	末	余	额	为	2	0	0	0	元
正索引	0	1	2	3	4	5	6	7	8	9	10	11	12	13	14
负索引	−15	−14	−13	−12	−11	−10	−9	−8	−7	−6	−5	−4	−3	−2	−1

在了解字符串的正负索引后，我们就可以通过指定索引范围来截取需要的字符串。索引范围指定的区间属于左闭右开，即从起始索引开始，到结束索引 的前一位结束。例如想要截取字符串"应收账款的期末余额为 2000 元"中的"期末余额"，则需要使用索引范围[5:9]来进行切片操作，因为"期末余额"中的第一个字符位于索引值 5，最后一个字符位于索引值 8，所以要在结束索引的基础上加 1，最终使用索引范围[5:9]来截取从索引值 5 至索引值 8 之间的内容。

✏️ **【例 2-9】**将字符串"应收账款的期末余额为 2000 元"赋值给变量 my_str，并通过不同的索引范围来截取字符。

示例代码：

```
my_str = "应收账款的期末余额为 2000 元"   # 定义一个字符串
print(my_str[3])   # 截取索引值 3 对应的字符
print(my_str[:4])   # 截取从开始至索引值 3 范围内的字符
print(my_str[5:9])   # 截取从索引值 5 至索引值 8 范围内的字符
print(my_str[10:])   # 截取从索引值 10 至末尾范围内的字符
print(my_str[-1])   # 截取索引值−1 对应的字符
```

```
print(my_str[-5:])  # 截取从索引值-5 至末尾范围内的字符
print(my_str[-5: -1])  # 截取从索引值-5 至索引值-2 范围内的字符
print(my_str[::-1])  # 逆序
运行结果：
款
应收账款
期末余额
2000 元
元
2000 元
2000
元 0002 为额余末期的款账收应
```

我们可以看到，如果从头开始截取，起始的索引值可以省略，但冒号不能省略；如果截取到末尾结束，结束的索引值可以省略，但是冒号不能省略。

3. 字符串的统计

len()函数可以用来获取字符串的长度，即字符串中所有字符的个数。

【例 2-10】接【例 2-9】，输出变量 my_str 的字符串长度。

示例代码：

```
len(my_str)  # 输出字符串长度
运行结果：
15
```

4. 字符串的替换

replace()函数可以用来对字符串中的部分字符进行替换。

【例 2-11】接【例 2-9】，将变量 my_str 中的"应收账款"替换为"货币资金"。

示例代码：

```
my_str = "应收账款的期末余额为 2000 元"  # 定义一个字符串
my_str.replace('应收账款','货币资金')  # 将"应收账款"替换为"货币资金"
运行结果：
'货币资金的期末余额为 2000 元'
```

2.3.5 元组

元组（tuple）是由多个元素组成的序列，元组中的元素不能修改，其应用范围相对有限，使用方法也很简单。

1. 元组的创建

我们可以使用圆括号()来定义元组。

【例 2-12】定义一个元组 my_tup，其序列为 100、200、300、400、500，并输出元

组 my_tup 的数据类型。

示例代码：

```
my_tup = (100, 200, 300, 400, 500)  # 定义一个元组 my_tup
print(type(my_tup))  # 查看元组 my_tup 的数据类型
```

运行结果：

```
<class 'tuple'>
```

2. 元组的访问

与字符串的切片方法相似，我们可以利用元组的内置索引读取元组中的任意一个或多个元素。

【例 2-13】接【例 2-12】，通过不同的索引范围来读取元组 my_tup 中的任意一个或多个元素。

示例代码：

```
print(my_tup[0])  # 查看元组 my_tup 索引值为 0 的元素
print(my_tup[3])  # 查看元组 my_tup 索引值为 3 的元素
print(my_tup[1:3])  # 查看元组 my_tup 索引值在 1~2 之间的元素
```

运行结果：

```
100
400
(200, 300)
```

2.3.6 列表

列表（list）是由多个元素组成的序列，与元组类似，不同之处在于列表中的元素是可以修改的，因此列表类型的对象更灵活，列表的功能更强大。

1. 列表的创建

我们可以使用方括号[]来定义列表。

【例 2-14】定义一个列表 my_list，其序列为 100、200、300、400、500，并输出列表 my_list 的数据类型。

示例代码：

```
my_list = [100, 200, 300, 400, 500]  # 定义一个列表 my_list
print(type(my_list))  # 查看列表 my_list 的数据类型
```

运行结果：

```
<class 'list'>
```

2. 列表的访问

与字符串的切片方法相似，我们可以利用列表的内置索引读取列表中任意一个或多个元素。

【例 2-15】接【例 2-14】，通过不同的索引范围来读取列表 my_list 中任意一个或多个元素。

示例代码：
```
print(my_list[0])   #查看列表 my_list 索引值为 0 的元素
print(my_list[3])   #查看列表 my_list 索引值为 3 的元素
print(my_list[1:3])  #查看列表 my_list 索引值在 1~2 之间的元素
```
运行结果：
```
100
400
[200, 300]
```

3．列表的统计

（1）len()函数

len()函数可以用来获取列表的长度，即列表中所有元素的个数。

【例 2-16】接【例 2-14】，输出列表 my_list 的元素个数。

示例代码：
```
len(my_list)   # 获取列表 my_list 的长度
```
运行结果：
```
5
```

（2）count()函数

count()函数可以用来统计指定元素在列表中出现的次数。

【例 2-17】定义一个列表 my_list，其序列为 100、200、300、400、500、100、100，并输出 100 在列表 my_list 出现的次数。

示例代码：
```
my_list = [100, 200, 300, 400, 500, 100, 100]   # 定义一个列表 my_list
my_list.count(100)   # 获取 100 出现的次数
```
运行结果：
```
3
```

4．列表的修改

切片方法可以用来修改列表中指定索引的元素。

【例 2-18】接【例 2-14】，将列表 my_list 中的第 4 个元素（索引为 3）修改为 600。

示例代码：
```
my_list[3]=600   # 修改索引值为 3 的元素
my_list
```
运行结果：
```
[100, 200, 300, 600, 500]
```

5．列表的增加

（1）insert()函数

insert()函数可以用来在列表的指定位置插入新元素。

【例 2-19】接【例 2-14】，在列表 my_list 中第 2 个元素后面（索引为 2 的位置）插入一个新元素 600。

示例代码：

```
my_list.insert(2,600)   # 在索引值 2 对应的位置插入新元素 600
my_list
```

运行结果：

```
[100, 200, 600, 300, 400, 500]
```

（2）append()函数

append()函数可以用来在列表的末尾增加新元素。

【例 2-20】 接【例 2-14】，在列表 my_list 的末尾增加一个新元素 600。

示例代码：

```
my_list.append(600)   # 把 600 增加至列表 my_list 的末尾
my_list
```

运行结果：

```
[100, 200, 300, 400, 500, 600]
```

（3）extend()函数

extend()函数可以用来将某一列表中的元素增加到本列表的末尾。

【例 2-21】 接【例 2-14】，将列表[600,700]中的元素增加至列表 my_list 的末尾。

示例代码：

```
my_list.extend([600,700])   # 将列表[600,700]中的元素增加至列表 my_list 的末尾
my_list
```

运行结果：

```
[100, 200, 300, 400, 500, 600, 700]
```

6．列表的删除

（1）del 关键字

del 关键字可以用来删除列表中指定索引的元素。

【例 2-22】 接【例 2-14】，使用 del 关键字删除列表 my_list 中的第 3 个元素（索引为 2）。

示例代码：

```
del my_list[2] # 删除索引值 2 对应的元素
my_list
```

运行结果：

```
[100, 200, 400, 500]
```

（2）pop()函数

pop()函数可以用来删除列表中指定索引的元素，如果不指定索引，则默认删除最后一个元素。

【例 2-23】 接【例 2-14】，使用 pop()函数删除列表 my_list 中的第 3 个元素（索引为 2）。

示例代码：

```
my_list.pop(2) # 删除索引值 2 对应的元素
```

```
my_list
```
运行结果：
```
[100, 200, 400, 500]
```

（3）remove()函数

remove()函数可以用来删除列表中第一次出现的指定元素。

【例 2-24】接【例 2-17】，删除列表 my_list 中第一次出现的 100。
示例代码：
```
my_list.remove(100) # 删除第一次出现的 100
my_list
```
运行结果：
```
[200, 300, 400, 500, 100, 100]
```

7. 列表的排序

（1）sort()函数

sort()函数可以用来对列表进行排序，默认为升序排序；如指定参数 reverse = True，则为降序排序。

【例 2-25】接【例 2-17】，对列表 my_list 中的元素进行降序排序。
示例代码：
```
my_list.sort(reverse = True) # 降序
my_list
```
运行结果：
```
[500, 400, 300, 200, 100, 100, 100]
```

（2）reverse()函数

reverse()函数可以用来对列表进行逆序排序，此函数会反转列表元素的排列顺序。

【例 2-26】接【例 2-17】，对列表 my_list 中的元素进行逆序排序。
```
my_list.reverse()    # 逆序排序
my_list
```
运行结果：
```
[100, 100, 500, 400, 300, 200, 100]
```

2.3.7 字典

字典（dictionary）是用于存储具有键（key）和相应值（value）的数据项的集合。字典是 Python 中除列表外最灵活的数据类型。列表是有序且可排序的，而字典是无序且不可排序的。

1. 字典的创建

我们可以使用花括号 {} 来定义字典。

字典使用键值对存储数据，键值对之间使用逗号分隔。

字典具备以下特点：

● 键（key）是索引；

● 值（value）是数据；

- 键和值之间使用:分隔；
- 键必须是唯一的；
- 值可以取任何数据类型，但键只能使用字符串、数字或元组。

【例 2-27】 定义一个字典 d，键（key）依次为"银行存款、应收账款、固定资产、短期借款、实收资本"等会计科目，值（value）依次为 1000、2000、3000、4000、5000 等具体金额，最后输出字典 d 的数据类型。

示例代码：

```
# 定义一个字典 d
d = {
      '银行存款':1000,
      '应收账款':2000,
      '固定资产':3000,
      '短期借款':4000,
      '实收资本':5000
      }
# 查看字典 d 的数据类型
print(type(d))
```

运行结果：

```
<class 'dict'>
```

2. 字典的访问

（1）keys()函数

keys()函数可以用来访问字典中所有的键。

【例 2-28】 接【例 2-27】，使用 keys()函数访问字典 d 中所有的键。

示例代码：

```
# 输出字典 d 中所有的键
d.keys()
```

运行结果：

```
dict_keys(['银行存款', '应收账款', '固定资产', '短期借款', '实收资本'])
```

（2）values()函数

values()函数可以用来访问字典中所有键的值。

【例 2-29】 接【例 2-27】，使用 values()函数访问字典 d 中所有键的值。

示例代码：

```
# 输出字典 d 中所有键的值
d.values()
```

运行结果：

```
dict_values([1000, 2000, 3000, 4000, 5000])
```

（3）items()函数

items()函数可以用来访问字典中所有的键值对。

【例 2-30】接【例 2-27】，使用 items()函数访问字典 d 中所有的键值对。

示例代码：

```
# 输出字典 d 中所有的键值对
d.items()
```

运行结果：

dict_items([('银行存款', 1000), ('应收账款', 2000), ('固定资产', 3000), ('短期借款', 4000), ('实收资本', 5000)])

（4）使用方括号

如果只访问某个键对应的值，可以使用方括号[]来实现。

【例 2-31】接【例 2-27】，输出字典 d 中"应收账款"对应的值。

示例代码：

```
# 输出"应收账款"对应的值
d['应收账款']
```

运行结果：

2000

3. 字典的修改

方括号[]可以用来修改指定键的值。

【例 2-32】接【例 2-27】，把字典 d 中"应收账款"对应的值修改为 6000。

示例代码：

```
# 修改"应收账款"对应的值
d['应收账款']=6000
d
```

运行结果：

{'银行存款': 1000, '应收账款': 6000, '固定资产': 3000, '短期借款': 4000, '实收资本': 5000}

4. 字典的增加

（1）使用方括号

如果只增加单个键值对，可以使用方括号[]实现。

【例 2-33】接【例 2-27】，向字典 d 中增加单个键值对{'存货'：6000}。

示例代码：

```
# 增加单个键值对
d['存货']=6000
d
```

运行结果：

```
{'银行存款': 1000,
 '应收账款': 2000,
 '固定资产': 3000,
 '短期借款': 4000,
 '实收资本': 5000,
 '存货': 6000}
```

（2）update()函数

如果需要增加多个键值对，可以使用 update()函数实现。

✎【例 2-34】接【例 2-27】，向字典 d 中增加多个键值对{'存货'：6000，'应交税费'：7000}。

示例代码：

```
# 增加多个键值对
d.update({'存货':6000,'应交税费':7000})
d
```

运行结果：

```
{'银行存款': 1000,
 '应收账款': 2000,
 '固定资产': 3000,
 '短期借款': 4000,
 '实收资本': 5000,
 '存货': 6000,
 '应交税费': 7000}
```

5. 字典的删除

del 关键字可以用来删除指定的键值对。

✎【例 2-35】接【例 2-27】，使用 del 关键字删除字典 d 中的键值对{'应收账款': 2000}。

示例代码：

```
# 删除指定键值对
del d['应收账款']
d
```

运行结果：

```
{'银行存款': 1000, '固定资产': 3000, '短期借款': 4000, '实收资本': 5000}
```

2.3.8 数据类型的转换

在 Python 中，经常需要对数据类型进行转换，转换形式可以分为两种：隐式类型转换和显式类型转换。

微课堂

数据类型的转换

1. 隐式类型转换

在隐式类型转换中，Python 会自动将一种数据类型转换为另一种数据类型，无须用户干预。

比如算术运算中包含整型数据和浮点型数据，即对两种不同类型的数据进行运算，整型数据会被自动转换为浮点型数据，以避免数据丢失。

✎【例 2-36】接【例 2-5】【例 2-6】，输出变量 a + b 的结果及数据类型。

示例代码：

```
c = a + b   # 把 a+b 的运行结果赋值给变量 c
print(c)   # 查看变量 c 的值
print(type(c))   # 查看变量 c 的数据类型
```

运行结果：
```
1012.5
<class 'float'>
```

2. 显式类型转换

在显式类型转换中，需要使用 Python 内置函数对数据类型进行强制转换，int()函数表示将数据类型强制转换为整型，float()函数表示将数据类型强制转换为浮点型，str()函数表示将数据类型强制转换为字符串。

情形一，假如算术运算中不仅包含数字（如整型数据、浮点型数据），还包含文本，就需要先把文本转换为与数字相同的数据类型，再与数字进行相关运算，否则就会报错。

【例 2-37】接【例 2-5】，定义一个变量 b 为文本"12.5"，与变量 a 进行求和运算。

示例代码：
```
b = '12.5'  # 把文本"12.5"赋值给变量 b
print(type(b))  # 查看变量 b 的数据类型
print(type(float(b)))  # 把变量 b 转换为浮点型后查看其数据类型
c = a + float(b)  # 先把变量 b 转换为浮点型，再进行运算
print(c)  # 查看变量 c 的值
print(type(c))  # 查看变量 c 的数据类型
```

运行结果：
```
<class 'str'>
<class 'float'>
1012.5
<class 'float'>
```

情形二，当我们把数字与字符串进行拼接时，需要把数字的数据类型转换为字符串，否则也会报错。

【例 2-38】接【例 2-6】，定义一个变量 a 为字符串"应收账款"，并与变量 b 进行字符串拼接。

示例代码：
```
a = '应收账款'  # 把"应收账款"赋值给变量 a
print(type(b))  # 查看变量 b 的数据类型
print(type(str(b)))  # 把变量 b 转换为字符串后查看其数据类型
c = a  + '的期末余额为'+ str(b) + '万元'  # 先把变量 b 转换为字符串，再进行文本拼接
print(c)  # 查看变量 c 的值
print(type(c))  # 查看变量 c 的数据类型
```
运行结果：
```
<class 'float'>
<class 'str'>
应收账款的期末余额为 12.5 万元
<class 'str'>
```

情形三，除数据类型与字符串类型之间的转换外，我们还要学会使用 zip()函数，它可以把两个序列中对应的元素转换为元组或者键值对。

zip()函数是 Python 的内置函数，zip()函数的参数为可迭代的对象（如元组、列表），通过与 list()函数结合使用，可以将对象中对应的元素打包成元组并返回由这些元组组成的列表；通过与 dict()函数结合使用，可以将对象中对应的元素打包成键值对并返回由这些键值对组成的字典。

【例 2-39】定义一个列表 my_list，其序列为"银行存款、应收账款、固定资产、短期借款、实收资本"，再定义一个元组 my_tup，其序列为 1000、2000、3000、4000、5000，要求：（1）将这两个对象中对应的元素打包成元组并返回由这些元组组成的列表；（2）将这两个对象中对应的元素打包成键值对并返回由这些键值对组成的字典。

示例代码：

```
my_list = ['银行存款', '应收账款', '固定资产', '短期借款', '实收资本']
my_tup = (1000, 2000, 3000, 4000, 5000)
a = list (zip(my_list, my_tup))
b = dict(zip(my_list, my_tup))
print(a)
print(b)
```

运行结果：

```
[('银行存款', 1000), ('应收账款', 2000), ('固定资产', 3000), ('短期借款', 4000), ('实收资本', 5000)]
{'银行存款': 1000, '应收账款': 2000, '固定资产': 3000, '短期借款': 4000, '实收资本': 5000}
```

2.4 运算符

在 Python 中，运算符具体包括算术运算符、比较运算符、逻辑运算符、赋值运算符、成员运算符。

2.4.1 算术运算符

算术运算符主要用于执行加减乘除、取余等基本的数学运算。

Python 中的算术运算符如表 2-2 所示。

表 2-2　　　　　　　　　　　　　Python 中的算术运算符

算术运算符	描述	实例
+	加	10 + 20 = 30
−	减	10−20 = −10
*	乘	10 * 20 = 200
/	除	10 / 20 = 0.5
//	取整除	返回除法的整数部分（商），如 9 // 2 = 4
%	取余数	返回除法的余数，如 9 % 2 = 1
**	幂	又称次方、乘方，如 2 ** 3 = 8

【例 2-40】分别定义两个整型变量 x 和 y，并对其执行加减乘除、取余等基本数学运算。

示例代码：

```
x = 9
```

```
y = 2
print(x+y)   # 加
print(x−y)   # 减
print(x*y)   # 乘
print(x/y)   # 除
print(x//y)  # 取整除
print(x%y)   # 取余数
print(x**y)  # x 的 y 次幂
运行结果：
11
7
18
4.5
4
1
81
```

2.4.2 比较运算符

比较运算符，也称为关系运算符号，用于比较两个数据之间的大小关系，其使用前提是两个数据之间能够进行比较，比较运算得到的结果为 True（真）或者 False（假）。

Python 中的比较运算符如表 2-3 所示。

表 2-3　　　　　　　　　　　　　　Python 中的比较运算符

比较运算符	描述
==	判断两个数据是否 **相等**，如果是，则条件成立，返回 True；否则，返回 False
!=	判断两个数据是否 **不相等**，如果是，则条件成立，返回 True；否则，返回 False
>	判断左侧数据是否 **大于** 右侧数据，如果是，则条件成立，返回 True；否则，返回 False
<	判断左侧数据是否 **小于** 右侧数据，如果是，则条件成立，返回 True；否则，返回 False
>=	判断左侧数据是否 **大于或等于** 右侧数据，如果是，则条件成立，返回 True；否则，返回 False
<=	判断左侧数据是否 **小于或等于** 右侧数据，如果是，则条件成立，返回 True；否则，返回 False

【例 2-41】分别定义两个整型变量 x 和 y，并对其执行比较运算。

示例代码：

```
x = 9
y = 2
print(x==y)   # 判断是否相等
print(x!=y)   # 判断是否不相等
print(x>y)    # 判断是否大于
print(x<y)    # 判断是否小于
print(x>=y)   # 判断是否大于等于
print(x<=y)   # 判断是否小于等于
运行结果：
False
True
```

```
True
False
True
False
```

2.4.3 逻辑运算符

逻辑运算符主要用于判断多个条件之间的逻辑关系，例如是否都满足、只需满足一个等。Python 有 3 种逻辑运算符：与、或、非。

Python 中的逻辑运算符如表 2-4 所示。

表 2-4   Python 中的逻辑运算符

逻辑运算符	逻辑表达式	描述
and	x and y	只有 x 和 y 的值都为 True，才会返回 True； 只要 x 或者 y 有一个值为 False，就返回 False
or	x or y	只要 x 或者 y 有一个值为 True，就返回 True； 只有 x 和 y 的值都为 False，才会返回 False
not	not x	如果 x 为 True，返回 False； 如果 x 为 False，返回 True

【例 2-42】分别定义两个整型变量 x 和 y，并对其执行逻辑运算。

示例代码：

```
x = 9
y = 2
print(x>5 and y>3)   # 与
print(x>5 or y>3)    # 或
print(not(x>5 and y>3))   # 非
```

运行结果：

```
False
True
True
```

2.4.4 赋值运算符

赋值运算符，是等号与算术运算符相结合形成的复合运算符，该运算符的含义是先将算术运算符右侧的项进行指定的算术运算，再将运算结果赋值给变量。

Python 中的赋值运算符如表 2-5 所示。

表 2-5   Python 中的赋值运算符

赋值运算符	描述	实例
=	简单的赋值运算符	c = a + b，是将 a + b 的运算结果赋值给 c
+=	加法赋值运算符	c += a 等效于 c = c + a
-=	减法赋值运算符	c -= a 等效于 c = c - a
*=	乘法赋值运算符	c *= a 等效于 c = c * a
/=	除法赋值运算符	c /= a 等效于 c = c / a
//=	取整除赋值运算符	c //= a 等效于 c = c // a
%=	取余数赋值运算符	c %= a 等效于 c = c % a
**=	幂赋值运算符	c **= a 等效于 c = c ** a

【例 2-43】分别定义两个整型变量 x 和 y，并对其执行赋值运算。

示例代码：

```
x = 9
y = 2
x+=y    # 加
print(x)
x = 9
y = 2
x-=y    # 减
print(x)
x = 9
y = 2
x*=y    # 乘
print(x)
x = 9
y = 2
x/=y    # 除
print(x)
x = 9
y = 2
x//=y    # 取整除
print(x)
x = 9
y = 2
x%=y    # 取余数
print(x)
x = 9
y = 2
x**=y    # x 的 y 次方
print(x)
```

运行结果：

```
11
7
18
4.5
4
1
81
```

2.4.5 成员运算符

除前面讲述的几类运算符之外，Python 还支持成员运算符。成员运算符是用来判断某个值是否存在于指定的序列（如字符串、列表或元组）中。

Python 中的成员运算符如表 2-6 所示。

表 2-6 　　　　　　　　　　　　　　Python 中的成员运算符

成员运算符	描述	实例
in	如果在指定的序列中找到值返回 True，否则返回 False	x in y，如果 x 在 y 序列中返回 True
not in	如果在指定的序列中没有找到值返回 True，否则返回 False	x not in y，如果 x 不在 y 序列中返回 True

【例 2-44】分别定义两个变量——x、y 为应收账款、存货，再定义一个列表 my_list，其序列为"银行存款、应收账款、固定资产、短期借款、实收资本"，并对其执行成员运算。

示例代码：

```
x = '应收账款'
y = '存货'
my_list = ['银行存款', '应收账款', '固定资产', '短期借款', '实收资本']
print(x in my_list)   # 判断变量 x 是否存在于列表 my_list
print(y in my_list)   # 判断变量 y 是否存在于列表 my_list
print(x not in my_list)   # 判断变量 x 是否不存在于列表 my_list
print(y not in my_list)   # 判断变量 y 是否不存在于列表 my_list
```

运行结果：

```
True
False
False
True
```

2.5 控制结构

Python 控制语句包括 3 种结构：顺序结构、分支结构、循环结构。顺序结构是最简单的运行模式，按照代码编写顺序，从上到下逐行执行；分支结构会根据条件判断的结果来决定执行哪些代码；循环结构是反复执行某一个代码。通过这 3 种控制结构编写代码，能够解决各种问题。本节主要介绍分支结构和循环结构。

微课堂

控制结构

2.5.1 分支结构

分支结构，也叫作选择结构，依据某些条件判断选择执行哪些代码语句。

1. 单分支结构

单分支结构的语法格式：

```
if 条件 1：
        代码块 1
```

代码块 1 只有在条件 1 成立的情况下才会被执行。

【例 2-45】接【例 2-44】，使用单分支语句判断变量 x 是否存在于列表 my_list 中，分支条件为：如果变量 x 存在于列表 my_list 中，则输出文本"变量 x 存在于列表 my_list 中"。

示例代码：

```
# 判断变量 x 是否存在于列表 my_list 中
if x in my_list:
    print(x,'存在于列表 my_list 中')
```

运行结果：

```
应收账款 存在于列表 my_list 中
```

2. 双分支结构

双分支结构的语法格式：

```
if 条件1：
        代码块1
else：
        代码块2
```

在条件 1 成立的情况下执行代码块 1；在条件 1 不成立的情况下则执行代码块 2。

【例 2-46】接【例 2-44】，使用双分支语句判断变量 y 是否存在于列表 my_list 中，分支条件为：如果变量 y 存在于列表 list 中，则输出文本"变量 y 存在于列表 my_list 中"；如果变量 y 不存在于列表 list 中，则输出文本"变量 y 不存在于列表 my_list 中"。

示例代码：

```
# 判断变量 y 是否存在于列表 my_list 中
if y in my_list：
    print(y,'存在于列表 my_list 中')
else：
    print(y,'不存在于列表 my_list 中')
```

运行结果：

```
存货 不存在于列表 my_list 中
```

3. 多分支结构

多分支结构的语法格式：

```
if 条件1：
        代码块1
elif 条件2：
        代码块2
elif 条件3：
        代码块3
…
else：
        代码块n
```

其中 elif 是"else if"的缩写，多分支结构满足一个条件后，就会执行结束，即使满足后面的条件，也不会再判断执行。

【例 2-47】接【例 2-44】，定义一个元组 my_tup，其序列为"货币资金、应收票据、存货、长期借款、资本公积"，使用多分支语句判断变量 y 是否存在于列表 my_list 和元组 my_tup 中，分支条件为：如果变量 y 存在于列表 my_list 中，则输出文本"变量 y 存在于列表 my_list 中"；如果变量 y 存在于元组 my_tup 中，则输出文本"变量 y 存在于元组 my_tup 中"；如果变量 y 不存在于列表 my_list 和元组 my_tup 中，则输出文本"变量 y 不存在于列表 my_list 和元组 my_tup 中"。

示例代码：

```
# 定义变量
my_tup = ('货币资金','应收票据','存货','长期借款','资本公积')
```

```
# 判断变量 y 是否存在于列表 my_list 或元组 my_tup 中
if y in my_list:
    print(y,'存在于列表 my_list 中')
elif y in my_tup:
    print(y,'存在于元组 my_tup 中')
else:
    print(y,'不存在于列表 my_list 和元组 my_tup 中')
```
运行结果：
```
存货 存在于元组 my_tup 中
```

4．分支嵌套

分支结构是支持嵌套的，分支嵌套就是在条件满足的前提下，再增加额外的判断。

✎【例 2-48】接【例 2-45】，将元组（'应收账款'，1000）赋值给变量 x，使用分支嵌套语句判断变量 x 中的科目名称及金额是否满足条件，分支条件为：（1）判断元组的第一个元素是否存在于列表 my_list 中；（2）如果满足前一个条件，则继续判断该元组的第二个元素是否大于 500；（3）如果满足前两个条件，则输出文本"应收账款 存在于列表 my_list 中 且金额大于 500"。

示例代码：
```
# 定义变量
x = ('应收账款',1000)
# 判断 x[0]是否存在于列表 my_list 中
if x[0] in my_list:
    # 判断 x[1]是否大于 500
    if x[1] > 500:
        print(x[0],'存在于列表 my_list 中','且金额大于 500')
```
运行结果：
```
应收账款 存在于列表 my_list 中 且金额大于 500
```

2.5.2 循环结构

循环结构的作用是根据是否满足循环条件来判断是否循环某些代码语句。Python 提供了两种实现循环的语法结构：for 循环和 while 循环。

1．for 循环

for 循环的语法格式：
```
for 迭代变量 in 序列对象:
    循环体
```

for 循环可以用来进行遍历，依次从序列对象中获取元素，序列对象可以是字符串、元组、列表。

✎【例 2-49】定义一个列表 my_list，其序列为 100、200、300、400、500，使用 for 循环遍历列表 my_list 中的元素。

示例代码：
```
# 定义一个列表 my_list
```

```
my_list = [100, 200, 300, 400, 500]
# 循环遍历列表 my_list 中的元素
for i in my_list:
    print(i)
```

运行结果：

```
100
200
300
400
500
```

在这里，我们要学习 range()函数的使用方法。range()函数是 Python 内置的函数，被用于生成一系列连续的整数。range()函数与切片类似，指定的区间属于左闭右开，例如 range(1,3)等同于 1、2，不包含 3 这个数字；当 range()函数中只有一个数字时，例如 range(3)，对应的则是 0、1、2，默认从 0 开始。

range()函数经常与循环语句结合使用。

【例 2-50】通过 range()函数循环遍历数字 1 至 4。

示例代码：

```
# 循环遍历 1 至 4
for i in range(1,5):
    print(i)
```

运行结果：

```
1
2
3
4
```

2. while 循环

while 循环的语法格式：

```
while 条件:
        循环体
```

当条件成立时，执行循环，直到判断条件不成立时才退出循环。

【例 2-51】定义变量 x 为 0，使用 while 循环输出结果，循环条件为：当变量 x 小于 6 时，执行循环，且每次循环时都在原变量 x 的基础上加 1，并将计算结果重新赋值给变量 x。

示例代码：

```
# 定义变量
x = 0
# 当 x<6 时，执行循环
while x < 6:
    print(x)
    x = x+1
```

运行结果：

```
0
1
```

```
2
3
4
5
```

3. break

在循环过程中，如果满足某一个条件后，不再执行循环，可以使用 break 退出循环。注意，break 只对当前所在循环有效。

【例 2-52】接【例 2-51】，在循环内部增加退出条件：当变量 x 等于 3 时，跳出循环。

示例代码：

```
# 定义变量
x = 0
# 当 x < 6 时，执行循环
while x < 6:
    print(x)
    # 当 x = 3 时，退出循环
    if x == 3:
        break
    x = x+1
```

运行结果：

```
0
1
2
3
```

4. continue

如果在循环中达到某些条件时，希望结束本次循环，直接进入下一个循环，而不是终止整个循环，可以利用 continue 实现。注意，continue 只对当前所在循环有效。

【例 2-53】接【例 2-49】，当循环变量 i 的值等于 300 时，结束本次循环，直接进入下一个循环。

示例代码：

```
# 定义一个列表 my_list
my_list = [100, 200, 300, 400, 500]
# 循环遍历列表 my_list 中的元素
for i in my_list:
    if i == 300:
        continue
    print(i)
```

运行结果：

```
100
200
400
500
```

5. 循环嵌套

循环嵌套，即循环语句中存在循环语句，这种情况在实际应用中非常普遍。

【例 2-54】现有 A、B、C 共 3 个项目，每个项目都有 1、2、3 这 3 个编号，请输出所有项目编号的组合。

示例代码：

```
# 外层循环控制第一个字符
for i in ['A','B','C']:
    # 内层循环控制第二个字符
    for j in range(1,4):
        # 拼接字符串
        print(str(i)+str(j))
```

运行结果：

```
A1
A2
A3
B1
B2
B3
C1
C2
C3
```

2.6 函数

函数是组织好的、可重复使用的、用来实现单一或相关功能的代码段，能够实现应用的模块化，以及提高代码的重复利用率。我们可以直接使用 Python 提供的内置函数，也可以根据自己的需求创建自定义函数，在需要的时候进行调用。

微课堂

函数

2.6.1 内置函数

Python 提供了很多内置函数，内置函数是指可以直接使用的函数，前文我们已经使用过一些基本的内置函数，例如：print()函数可以输出变量的值，type()函数可以查看变量的数据类型，len()函数可以返回对象（如字符串、列表、元组等）的长度，range()函数可以生成一个整数序列，等等。

2.6.2 自定义函数

尽管 Python 提供了很多内置函数，但远远满足不了程序开发的需求，因此很多时候需要创建自定义函数。

1. 函数的定义与调用

语法格式：

```
def 函数名(参数):
    函数封装的代码
    ……
    return 返回值
```

函数代码块以 def 关键字开头，后接函数名和圆括号()，函数的命名规则与前文的变量命名规则类似。圆括号可以用于定义参数；返回值是函数运行结束后输出的结果。

注意，在定义函数时，参数与返回值是可以省略的，但一般情况下，我们都会给函数传入相应的参数并希望输出返回值，因此可以使用变量来接收函数的返回值。

函数定义完成后，可以直接通过函数名调用函数。

下面我们定义一个简单的函数。

✎ 【例 2-55】定义一个函数 demo1()，返回值为两个数据之和。

示例代码：

```
# 定义一个函数 demo1()，求两个数据之和
def demo1(num1, num2):
    num = num1 + num2
    return num
# 调用函数 demo1()，并使用变量 result 接收运行结果
result=demo1(10,20)
result
```

运行结果：

```
30
```

---

2. 函数的多值参数

在 Python 中，函数的多值参数允许函数接受可变数量的参数，这种多值参数可以是位置参数或关键字参数。如果我们在自定义函数时，希望函数能够处理的参数个数是不确定的，就可以使用多值参数。

下面简单介绍 Python 提供的两种多值参数。

（1）*args：使用星号*定义的参数，用于表示位置参数的多个值。它将所有传递给函数的位置参数打包成一个元组。用户可以通过在函数定义中使用*args，将函数参数转换为多值参数。

（2）**kwargs：使用两个星号**定义的参数表示关键字参数的多个键值对。它将所有传递给函数的关键字参数打包成一个字典。用户可以通过在函数定义中使用 **kwargs，将函数参数转换为多值参数。

✎ 【例 2-56】定义一个函数 demo2()，分别输出 3 个不同类型的参数。

示例代码：

```
# 定义一个函数 demo2()，分别输出 3 个不同类型的参数
def demo2(num, *args, **kwargs):
    print(num)
    print(args)
    print(kwargs)
# 调用函数 demo2()，并使用变量 result 接收运行结果
result = demo2(1, 2, 3, 4, 5, 银行存款 = 1000, 应收账款 = 2000, 固定资产 = 3000)
result
```

运行结果：

```
1
(2, 3, 4, 5)
{'银行存款': 1000, '应收账款': 2000, '固定资产': 3000}
```

可以发现，第一个数字 1 被转换为普通参数 num，后面的 2、3、4、5 被转换为位置参数 args，最后的赋值表达式全部被转换为关键字参数 kwargs。

在使用多值参数时，函数可以接受任意数量的参数值，从而使函数更加灵活和通用。

2.6.3 匿名函数

如果一个函数的函数体仅有一行表达式，则该函数可以使用匿名函数来代替。

在 Python 中，可以使用 lambda 表达式来创建匿名函数。lambda 表达式是一种轻量级的函数定义方式，可以在需要函数对象的位置使用，而不必显式地定义函数名称，函数体比 def 函数简单得多。

对于单行函数，使用 lambda 表达式可以省去定义函数的过程，使代码更加简洁。

语法格式：

```
name = lambda arguments: expression
```

其中，name 为该表达式的名称，arguments 是匿名函数的参数列表，用 ":" 分隔，而 expression 是函数体部分，表示匿名函数要执行的操作。该表达式的结果即匿名函数的返回值。

在【例 2-55】中自定义函数部分定义的 demo1() 函数就可以使用匿名函数来表示。

【例 2-57】使用 lambda 表达式定义一个匿名函数 demo()，结果输出两个数据之和。

示例代码：

```
demo = lambda x,y:x+y
demo(10,20)
```

运行结果：

```
30
```

2.7 模块

Python 模块是一个以扩展名 .py 结尾的 Python 文件，在模块中定义的全局变量、函数、类都是提供给外界直接使用的工具。模块可以看作工具包，要想使用工具包中的工具，就需要先导入模块。

微课堂

模块

2.7.1 导入模块

在 Python 中，使用模块之前需要先导入模块。

Python 模块导入方法有很多种，如表 2-7 所示。

表 2-7　　　　　　　　　　　　　Python 模块导入方法

模块导入方法	描述
import time	直接导入 time 模块
import pandas as pd	导入 pandas 模块同时取一个别名 pd
import matplotlib.pyplot as plt	导入 matplotlib 模块的子模块 pyplot，同时取一个别名 plt
from sympy import *	从 sympy 模块中导入所有函数和类
from itertools import combinations	从 itertools 模块中导入 combinations() 函数
from pandas.tseries.offsets import DateOffset	从 pandas 模块的子模块 tseries.offsets 中导入 DateOffset 类

2.7.2 标准模块

Python 中的标准模块，也称为内置模块，是指在 Python 安装过程中默认安装的模块，可以直接在 Python 程序中导入和使用，而无须额外安装。

下面列出了本书涉及的标准模块，如表 2-8 所示。

表 2-8   本书涉及的标准模块

标准模块名称	描述
datetime	提供了日期和时间对象的创建、比较、计算和格式化等功能
warnings	用于在程序运行过程中捕捉和处理警告信息
itertools	提供了一系列用于迭代操作的函数

2.7.3 第三方模块

在 Python 中，第三方模块是指由 Python 社区开发的、独立于 Python 官方安装包之外的模块。这些模块通常由独立的开发者或组织创建和维护，用于提供额外的功能和扩展，满足特定的需求。Python 的第三方模块可以通过包管理工具（例如 pip）来安装和管理。下面列出了本书涉及的第三方模块，如表 2-9 所示。

表 2-9   本书涉及的第三方模块

第三方模块名称	描述
dateutil	用于处理日期、时间、时区以及与之相关的计算和转换
numpy	提供高性能的数值计算功能和工具，用于处理大型、多维数组和矩阵
pandas	具有数据分析和处理功能的库，提供了灵活的数据结构和数据操作方法
matplotlib	用于绘制数据可视化图形的库，支持创建各种类型的图表和图形
akshare	基于 Python 的开源金融数据接口库，提供了丰富的国内外金融数据接口，包括股票、期货、基金、期权等
statsmodels	提供了多种统计模型和方法的实现方式，包括线性回归、时间序列分析、假设检验等
numpy_financial	是 numpy 的一个补充库，提供一些用于金融计算的函数
sympy	可以进行符号表达式的求导、积分、方程求解等操作，用于数学推导和符号计算的场景

本书涉及的第三方模块只是一小部分，实际上有数以千计的第三方模块可供选择，覆盖了各个领域和用途。使用第三方模块可以极大地扩展 Python 的功能和应用范围，方便开发者在各种领域下快速构建应用程序。

2.8 异常

当程序在运行时，如果 Python 解释器遇到错误，则会停止程序的执行，并且提示一些错误信息，这就是异常。程序停止执行并且提示错误信息这个动作，我们通常称之为抛出异常。

在编写代码时，我们很难将所有的特殊情况都考虑在内，通过异常捕获可以对突发事件进行集中的处理，从而保证代码运行的稳定性。

如果不能确定某些代码的执行是否正确，希望程序无论出现任何错误，

微课堂

异常

都不会因为 Python 解释器抛出异常而被终止，可以使用异常处理语句 try...except 来捕获异常。

捕获异常最简单的语法格式：

```
try:
    尝试执行的代码
except:
    出现异常才会执行的代码
```

捕获异常完整的语法格式：

```
try:
    尝试执行的代码
except:
    出现异常才会执行的代码
else:
    没有异常才会执行的代码
finally:
    无论是否有异常，都会执行的代码
```

如果要获取异常的具体信息，可以在 except 后面加上 Exception as e，将异常的具体信息传递给变量 e。

【例 2-58】下面通过一个示例完整展示异常处理的使用方式。

示例代码：

```
# 循环遍历列表中的元素
for k in [1000,'应收账款',2000,'3000',4000]:
    # 尝试执行的代码
    try:
        result = k / 2
    # 出现异常才会执行的代码
    except Exception as e:
        print('出现错误')
        print('错误信息: ',e)
    # 没有异常才会执行的代码
    else:
        print(result)
        print('完成')
    # 无论是否有异常，都会执行的代码
    finally:
        print('*' * 10)
```

运行结果：

```
500.0
完成
**********
出现错误
错误信息:   unsupported operand type(s) for /: 'str' and 'int'
**********
1000.0
完成
**********
出现错误
```

```
错误信息：  unsupported operand type(s) for /: 'str' and 'int'
**********
2000.0
完成
**********
```

思考与练习

1. 关于变量，以下说法正确的是（   ）。

   A. 定义变量时可以不用赋值　　　　　　B. 定义变量时必须赋值

   C. 定义变量时需要指定数据类型　　　　D. 变量被定义后不能进行二次赋值

2. 以下变量名称中符合命名规则的是（   ）。

   A. 1_num　　　　　B. _Num1　　　　　C. 数量1　　　　　D. <数量

3. 关于数据类型，以下说法正确的是（   ）。

   A. 字符串属于数字型数据类型　　　　　B. 元组被定义后可以修改

   C. 列表是有序且可排序的序列　　　　　D. 整型与浮点型数据相加的结果为整型

4. 定义两个变量，x=10，y=3，以下说法正确的是（   ）。

   A. x / y 的结果为3　　　　　　　　　　B. x // y 的结果为1

   C. （x>5 and y>3）的结果为 False　　　D. x *= y 的结果为1000

5. 捕获异常的语法结构中，不可能包含的关键字是（   ）。

   A. try　　　　　　B. finally　　　　　C. else　　　　　　D. if

强化实训

1. 通过 zip()函数将下面两个列表打包成一个字典，然后删除键为"短期借款"的键值对，并在字典中增加一个键值对：键为"存货"，值为6000。

List1 = ['银行存款', '应收账款', '固定资产', '短期借款', '实收资本']

List2 = [1000, 2000, 3000, 4000, 5000]

2. 定义一个匿名函数，该函数只接收一个参数，如果该参数的值大于等于0，则返回值仍为该参数的值；如果该参数的值小于0，则返回值为0。

第 3 章

Python 财务数据采集与分析

学习目标

- 掌握 pandas 数据结构的特点以及创建方法
- 掌握 Excel 数据的读取方法以及数据索引的设置方法
- 灵活使用 akshare 库的接口方法获取财经大数据
- 掌握缺失数据、重复数据的处理方法
- 掌握数据的"增删改查"以及排序方法
- 掌握字符串、时间序列的处理方法
- 掌握数据的统计方法
- 掌握数据透视表、分组聚合方法
- 掌握数据的重塑、合并以及转换方法
- 掌握线性回归模型、现金流模型、组合迭代器、求解方程式的应用方法

思维导图

线性回归模型
基本模型
投资项目评价指标 ── 现金流模型
组合迭代器
求解方程式 ── 拓展

map()函数
apply()函数
applymap()函数 ── 数据的转换

merge()函数
concat()函数 ── 数据的合并

transpose()函数
unstack()函数
stack()函数
pivot()函数 ── 数据的重塑

数据的分组聚合

数据透视表

数据的统计函数

按日期筛选数据
按日期显示数据
按日期统计数据
日期的提取
日期的偏移 ── 时间序列的处理

Python财务数据采集与分析

财务数据分析流程

pandas数据结构 ── Series / DataFrame

财务数据采集 ── Excel数据的读取 / 财经大数据接口

数据索引的设置 ── 设置索引 / 重置索引

缺失数据的处理 ── 检测缺失值 / 过滤缺失值 / 填充缺失值

重复数据的处理 ── 检测重复数据 / 删除重复数据

数据的增删改查 ── 数据的查询 / 数据的修改 / 数据的删除 / 数据的增加

数据的排序 ── 单条件排序 / 多条件排序

字符串的处理 ── len()函数 / strip()函数 / replace()函数 / startswith()函数 / contains()函数 / split()函数 / cat()函数

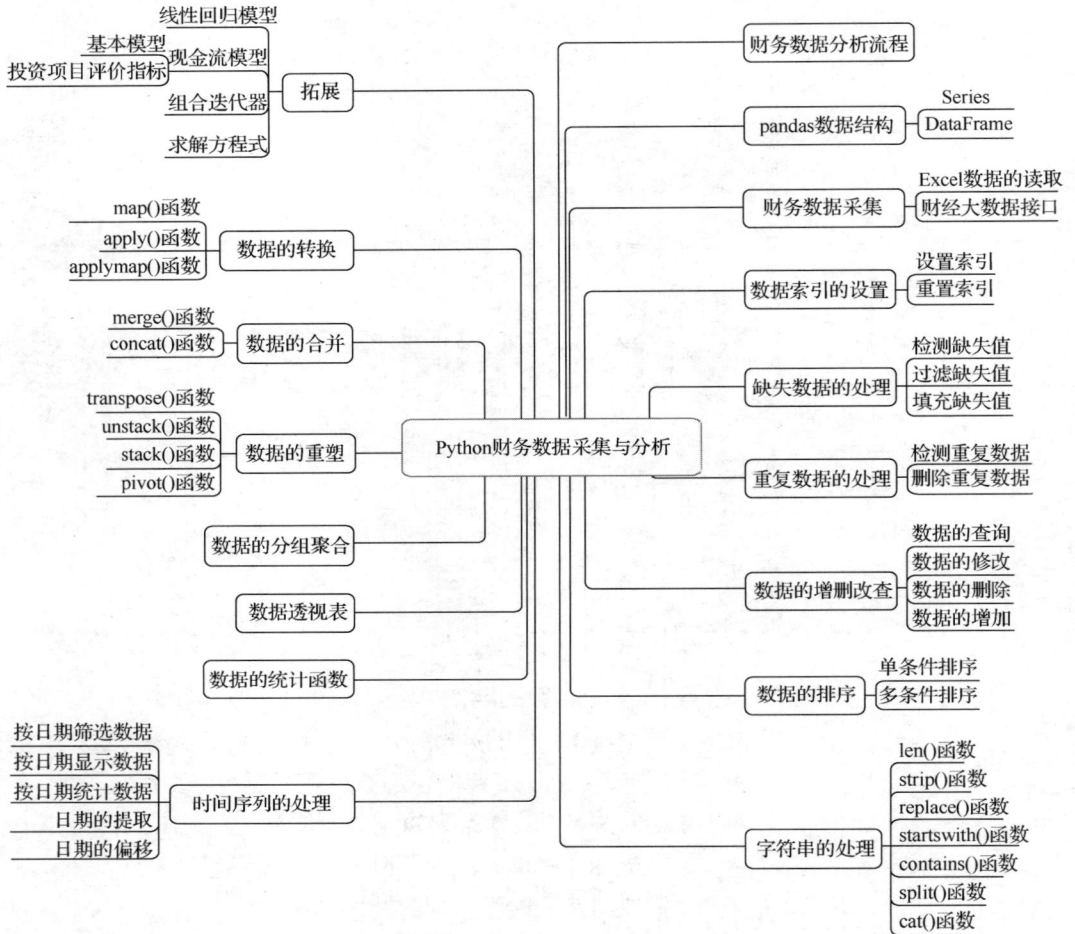

由于本书的财务数据分析流程全部建立在 pandas 模块基础之上，所以本章首先介绍 pandas 的基本数据结构与采集财务数据的主要方法，随后以大量篇幅展开讲解 pandas 数据分析的一系列函数与方法，这些方法涉及数据的清洗与准备、数据的聚合与分组、数据的合并与重塑等方面，具体包括数据索引的设置、缺失数据与重复数据的处理、数据的增删改查、数据的排序、字符串与日期的处理、数据的统计方法与分组聚合、数据的合并及转换方法等。在后续案例通过 Python 进行财务建模与分析的过程中，会很频繁地运用到这些分析函数与方法。

pandas 是一个快速、强大、灵活且方便的开源数据分析和操作工具，构建于 Python 编程语言之上。pandas 不仅提供了许多实用类和函数，封装了来自其他软件包的功能，而且提供了一个用户接口，实现高效的数据分析功能。通过 Jupyter 与 pandas 的结合使用，可以实现高效率的交互式数据分析。pandas 不属于 Python 的标准库，需要下载安装后才能正常导入 pandas 库。但是，我们在安装 Anaconda 时，已经自动安装 pandas 库，所以可以直接导入使用。

虽然 pandas 是数据分析领域的强大工具，但是有些时候我们还需要结合其他模块进行财务模型的搭建与分析，为了进一步增强本书在财务数据分析方面的适用性，本章对相关分析模块进行拓展介绍，包括线性回归模型、现金流模型、组合迭代器、求解方程式。

3.1 财务数据分析流程

财务数据分析是指对财务数据进行采集、处理、分析和展示的过程，其目标是从财务及其他相关数据中提取有价值的信息，满足各项会计活动需要，从而实现支持企业财务与经营决策的作用。

财务数据分析流程一般包括以下步骤。

（1）确定目标：要明确财务数据分析的应用场景、目标和思路，不同的应用场景决定了不同的分析目标，不同的分析目标又决定了不同的分析技术与方法；另外，每一种分析思路需要用到的数据也不尽相同。

（2）采集数据：采集与分析目标相关的数据，这些数据以财务数据为主，可能涉及业务数据、金融数据等。

（3）分析数据：首先，需要对采集的数据进行清洗和预处理，包括处理缺失值、剔除重复值、处理异常值等；然后，以分析目标为导向，基于数据分析方法、统计分析方法，结合会计核算方法、财务管理方法与管理会计工具，构建适配的财务分析模型，即财务建模。

（4）展示数据：通过数据可视化工具，将处理后的数据、分析后的结果进行可视化展示，能够更加直观、清晰地了解数据的特征、结构、分布和关系。

（5）提出建议：基于分析结果，提出有针对性的建议，用于支持企业财务与经营决策。

3.2 pandas 数据结构

使用 pandas 进行数据分析时，首先要熟悉它的两个主要数据结构：Series和 DataFrame。在 pandas 中，所有的数据分析方法都建立在这两个数据结构之上。

微课堂

pandas 数据结构

3.2.1 Series

Series 是一种类似一维数组的数据结构，它与 Python 中的列表非常类似，但 Series 中每个元素的数据类型必须相同。

Series 由两部分构成：数据（data）和行索引（index）。

我们可以通过 Series()函数创建 Series 对象，该函数的参数主要有两个：data 和 index。

创建 Series 最简单的方法就是传入一个 Python 列表，如果传入的是混合类型的列表，该Series 的数据类型（dtype）将返回为对象（object）。

【例 3-1】使用 Series()函数创建一个 Series 对象。data 参数为由"银行存款、应收账款、预付账款、其他应收款、应付账款"等会计科目构成的列表，index 参数为由"1002、1122、1123、1221、2202"等会计科目编码构成的列表。

示例代码：

```
import pandas as pd    # 导入 pandas 模块
# 定义列表
```

```
List = ['银行存款','应收账款','预付账款','其他应收款','应付账款']
# 定义 Series 对象
df = pd.Series(List,index=['1002','1122','1123','1221','2202'])
df
```
运行结果：

```
1002      银行存款
1122      应收账款
1123      预付账款
1221      其他应收款
2202      应付账款
dtype: object
```

3.2.2 DataFrame

DataFrame 是 pandas 中的表格型数据结构，也是 pandas 中的核心数据类型。我们可以把 DataFrame 看作一个二维数组，相当于一个容纳多个 Series 的容器，而 Series 相当于 DataFrame 中的一组数据。例如，我们从 DataFrame 上选取一列，便可以得到一个 Series。

DataFrame 提供了丰富且强大的索引功能，用户可以方便地获取数据表中的列数据或者行数据，这与关系数据库的表格或者 Excel 表格类似。

DataFrame 由 3 部分构成：数据（data）、行索引（index）和列索引（columns）。

我们可以通过 DataFrame() 函数创建 DataFrame 对象，该函数的参数主要有 3 个：data，index，columns。

下面具体介绍创建 DataFrame 对象的 3 种常用方法。

方法一 创建空的 DataFrame 对象。

我们可以直接创建一个空的 DataFrame 对象，例如在尚未获取到有关数据时，可以先创建一个空的 DataFrame 对象，方便后续直接插入相关数据。

✎ 【例 3-2】通过 DataFrame() 函数创建一个空的 DataFrame 对象。

示例代码：

```
import pandas as pd    # 导入 pandas 模块
df = pd.DataFrame()
print(df)
```
运行结果：

```
Empty DataFrame
columns: []
index: []
```

方法二 使用列表创建 DataFrame 对象。

我们可以使用包含多个列表数据的列表创建 DataFrame 对象。

✎ 【例 3-3】使用 DataFrame() 函数和列表创建一个 DataFrame 对象，该 DataFrame 对象包含 3 列数据，第 1 列为"1002、1122、1123、1221、2202"等会计科目编码，第 2 列为"银行存款、应收账款、预付账款、其他应收款、应付账款"等会计科目名称，第 3 列为 1000、

2000、3000、4000、5000 等具体金额。

示例代码：

```
import pandas as pd   # 导入 pandas 模块
List = [['1002','银行存款',1000],
        ['1122','应收账款',2000],
        ['1123','预付账款',3000],
        ['1221','其他应收款',4000],
        ['2202','应付账款',5000]]
df = pd.DataFrame(List)
df
```

运行结果：

	0	1	2
0	1002	银行存款	1000
1	1122	应收账款	2000
2	1123	预付账款	3000
3	1221	其他应收款	4000
4	2202	应付账款	5000

方法三 使用字典创建 DataFrame 对象。

我们可以使用包含多个键值对的字典创建 DataFrame 对象，字典中的键作为列索引，键对应的值作为每一列对应的数据。DataFrame 可以看作由多个 Series 对象组成的字典。

【例 3-4】接【例 3-3】，进一步设置参数 columns 为科目编码、科目名称、期末余额，重新创建该 DataFrame 对象。

示例代码：

```
import pandas as pd   # 导入 pandas 模块
d = {'科目编码':['1002','1122','1123','1221','2202'],
     '科目名称':['银行存款','应收账款','预付账款','其他应收款','应付账款'],
     '期末余额':[1000, 2000, 3000, 4000, 5000]}
df = pd.DataFrame(d)
df
```

运行结果：

	科目编码	科目名称	期末余额
0	1002	银行存款	1000
1	1122	应收账款	2000
2	1123	预付账款	3000
3	1221	其他应收款	4000
4	2202	应付账款	5000

我们可以看到，在方法二的返回结果中，行索引、列索引的值（或标签）均为整数，方法三的返回结果中行索引的值（或标签）为整数，因此当我们不设置 index、columns 参数时，Python 会自动添加一个整数序列作为默认索引，该整数序列默认从 0 开始递增。

下面我们引用方法二，对数据稍做修改，分别设置 index、columns 参数。

【例 3-5】使用 DataFrame()函数和列表创建一个 DataFrame 对象，该 DataFrame 对象包含两列数据，第一列为"银行存款、应收账款、预付账款、其他应收款、应付账款"等会计科目名称，第二列为"1000、2000、3000、4000、5000"等具体金额，设置参数 index 为"1002、1122、1123、1221、2202"等会计科目编码，设置参数 columns 为"科目名称、期末余额"。

示例代码：

```python
import pandas as pd    # 导入 pandas 模块
List = [['银行存款',1000],
        ['应收账款',2000],
        ['预付账款',3000],
        ['其他应收款',4000],
        ['应付账款',5000]]
df = pd.DataFrame(List,
                  index=['1002','1122','1123','1221','2202'],
                  columns=['科目名称','期末余额'])
df
```

运行结果：

	科目名称	期末余额
1002	银行存款	1000
1122	应收账款	2000
1123	预付账款	3000
1221	其他应收款	4000
2202	应付账款	5000

3.3 财务数据采集

当我们准备进行财务数据分析时，首先需要获取相应的财务数据。本书主要讲解两种常用的数据采集方法，一是直接读取本地 Excel 中的数据，二是通过第三方数据接口 Akshare 采集上市公司财务数据。

微课堂

财务数据采集

3.3.1 Excel 数据的读取

财务会计工作中，多数财务数据、业务数据都是以 Excel 表格形式存储的，下面我们重点介绍 pandas 读取 Excel 数据的方法。

1. 读取方法

pandas 提供了 read_excel()函数，可通过文件路径直接读取 Excel 数据。

语法格式：

pandas.read_excel（io, sheet_name, header, index_col, usecols, dtype… ）

参数说明如下。

io：字符串，表示文件的路径。

sheet_name：表示需要读取的工作表，数据类型可以是字符串、整型、列表或 None，默认值为 0，即第一个工作表；值为字符串时用作工作表名称，值为整型时用于表示工作表位置，值为字符串列表或整型列表时用于请求多个工作表，为 None 时可以获取所有工作表。

header：指定作为列索引的行，可以是整型或整型列表，默认值为 0，即取第一行作为列索引；若工作表数据不包含列索引，则设定 header=None。

index_col：指定作为行索引的列，默认为 None，即工作表数据不包含行索引。

usecols：表示需要读取的列，可以是字符串、整型、列表，默认为 None，即读取所有列。

dtype：表示数据或列的数据类型，可以是列的类型名称或字典，默认为 None。

skiprows：整型，表示从第一行开始向下跳过指定行数的数据。

skipfooter：整型，表示从最后一行开始向上跳过指定行数的数据。

由于在一个 Excel 中可能存在多个工作表，而我们需要读取的数据又位于指定的位置，因此在读取 Excel 数据时，通常需要指定具体的工作表或者单元格区域。

我们可以一次读取一个工作表，也可以一次读取多个工作表。当只读取一个工作表时，返回的是 DataFrame 对象；当读取多个工作表时，返回的是由多个 DataFrame 对象组成的列表。

（1）读取单个工作表

一般情况下，我们只需要指定 Excel 文件路径、工作表名称和位置，即可导入需要的数据。

【例 3-6】读取当前路径下的 Excel 工作簿 "数据.xlsx"，并指定 sheet_name 参数的值为 "序时账"。

示例代码：

```python
import pandas as pd    # 导入 pandas 模块
source_file = "数据.xlsx"   # 定义 Excel 文件路径
# 读取 Excel 数据
df = pd.read_excel(
                source_file,   # Excel 文件路径
                sheet_name='序时账',  #获取 "序时账" 工作表的数据
                )
df
```

运行结果：

	日期	凭证号	科目编号	科目名称	借	贷
0	2020-01-13	10001	100202	银行存款-结算户	99904.00	0.00
1	2020-01-13	10001	112202	应收账款-企业外部	0.00	99904.00
2	2020-01-15	20001	660304	财务费用-金融业务手续费	1380.50	0.00
3	2020-01-15	20001	100202	银行存款-结算户	0.00	1380.50
4	2020-01-16	20002	660304	财务费用-金融业务手续费	200.00	0.00
...	...	...	...	...	...	...
4890	2020-12-31	30091	410401	利润分配-未分配利润	0.00	299184.82
4891	2020-12-31	30092	410402	利润分配-提取法定盈余公积	50049.00	0.00
4892	2020-12-31	30092	410101	盈余公积-法定盈余公积	0.00	50049.00
4893	2020-12-31	30093	410402	利润分配-提取法定盈余公积	0.00	50049.00
4894	2020-12-31	30093	410401	利润分配-未分配利润	50049.00	0.00

4895 rows × 6 columns

可以看到，代码运行结果中，默认将"序时账"工作表中的第一行作为列索引，并且默认设置从 0 开始的整数行索引。

我们也可以把上述代码中的 sheet_name 参数指定为"序时账"工作表的位置索引，即 sheet_name=0，同样可以获取"序时账"工作表的数据。

为了不影响后续的财务数据分析，在开始导入数据时，一定要保证每一列的数据类型的准确性，我们可以通过 dtypes 属性查看数据类型。

【例 3-7】接【例 3-6】，通过 dtypes 属性查看数据表 df 的数据类型。

示例代码：

```
df.dtypes
```

运行结果：

```
日  期            datetime64[ns]
凭证号                    int64
科目编号                   int64
科目名称                  object
借                    float64
贷                    float64
dtype: object
```

可以注意到，在运行结果中，凭证号、科目编号所在列的数据类型为整型（int64），而在财务数据分析中，这类数据往往需要设置为字符串类型。所以，我们可以直接在导入 Excel 数据时，指定参数 dtype={'凭证号': str,'科目编号': str }解决此问题。

但是，我们已经导入了数据，在导入数据后又该如何修改数据类型呢？这里需要注意，数据分析不是线性的过程，在开始导入数据时，无须对所有数据类型进行转换，可根据分析过程的需要随时转换数据类型。关于修改数据类型的问题，我们会在 3.7.2 节进行讲解。

（2）读取多个工作表

有时候我们需要用到 Excel 中多个工作表的数据,这时把 sheet_name 参数的值指定为 None，可以一次性获取 Excel 中所有工作表的数据。

【例 3-8】读取当前路径下的 Excel 工作簿"数据.xlsx"，并指定 sheet_name 参数的值为 None。

示例代码：

```
import pandas as pd   # 导入 pandas 模块
source_file = "数据.xlsx"  # 定义 Excel 文件路径
# 读取 Excel 数据
df = pd.read_excel(
                source_file,  # Excel 文件路径
                sheet_name=None,  # 获取所有工作表的数据
                )
df
```

运行结果：

```
{'科目余额表':        科目编号  科目名称    期初  Unnamed: 3      本期发生  Unnamed: 5  余额  \
0        NaN  NaN  方向      金额      借方        贷方  方向
1     1002.0  银行存款   借  2.47877e+06  3.78928e+07  3.76885e+07
2   100202.0  结算户   借  2.47877e+06  3.78928e+07  3.76885e+07   借
3     1122.0  应收账款   借   99903.6   3.2545e+07  3.22459e+07   借
4   112201.0  企业内部   平        0  1.11067e+07  1.07246e+07   借
..       ...  ...  ...      ...      ...       ...  ...
193      NaN  NaN  NaN      NaN      NaN       NaN  NaN NaN
194      NaN  NaN  NaN      NaN      NaN       NaN  NaN NaN
195      NaN  NaN  NaN      NaN      NaN       NaN  NaN NaN
196      NaN  NaN  NaN      NaN      NaN       NaN  NaN NaN
197      NaN  NaN  NaN      NaN      NaN       NaN  NaN NaN

     Unnamed: 7  Unnamed: 8  Unnamed: 9  Unnamed: 10
0          金额         NaN         NaN         NaN
1   2.68304e+06         NaN         4.0         4.0
2   2.68304e+06         NaN         6.0         6.0
3        399054         NaN         4.0         8.0
4        382061         NaN         6.0         NaN
..        ...         ...         ...         ...
193       NaN         NaN         0.0         NaN
194       NaN         NaN         0.0         NaN
195       NaN         NaN         0.0         NaN
196       NaN         NaN         0.0         NaN
197       NaN         NaN         0.0         NaN

[198 rows x 11 columns],
'明细账':日期    凭证号  科目编号      科目名称      借        贷
0   2020-01-17  30001  22020299  应付账款-企业外部-其他     0.00  194191.63
1   2020-01-18  20004  22020299  应付账款-企业外部-其他  194191.63     0.00
2   2020-01-18  20005  22020299  应付账款-企业外部-其他   99484.00     0.00
3   2020-01-19  20006  22020299  应付账款-企业外部-其他    4860.00     0.00
4   2020-01-19  30002  22020299  应付账款-企业外部-其他     0.00  856938.49
..       ...   ...    ...      ...      ...       ...
483 2020-12-31  30077  22020299  应付账款-企业外部-其他     0.00   9683.21
484 2020-12-31  30078  22020299  应付账款-企业外部-其他     0.00  27600.00
485 2020-12-31  30080  22020299  应付账款-企业外部-其他     0.00   9785.00
486 2020-12-31  30083  22020299  应付账款-企业外部-其他     0.00   6150.00
487 2020-12-31  30086  22020299  应付账款-企业外部-其他     0.00   5610.17
```

代码运行返回的结果（展示部分）

可以看到，代码运行返回的结果为字典，字典中有多个键值对，其中，工作表名称作为字典中的键，工作表的数据作为字典中的值，工作表名称与工作表的数据形成一一对应的键值对。

这样我们就可以通过字典的操作方法来提取指定 Excel 工作表中的数据。

【例 3-9】接【例 3-8】，通过字典的操作方法来提取"序时账"工作表的数据。

示例代码：

```
df['序时账']
```

运行结果：

	日期	凭证号	科目编号	科目名称	借	贷
0	2020-01-13	10001	100202	银行存款-结算户	99904.00	0.00
1	2020-01-13	10001	112202	应收账款-企业外部	0.00	99904.00
2	2020-01-15	20001	660304	财务费用-金融业务手续费	1380.50	0.00
3	2020-01-15	20001	100202	银行存款-结算户	0.00	1380.50
4	2020-01-16	20002	660304	财务费用-金融业务手续费	200.00	0.00
...	...	...	...	...	...	...
4890	2020-12-31	30091	410401	利润分配-未分配利润	0.00	299184.82
4891	2020-12-31	30092	410402	利润分配-提取法定盈余公积	50049.00	0.00
4892	2020-12-31	30092	410101	盈余公积-法定盈余公积	0.00	50049.00
4893	2020-12-31	30093	410402	利润分配-提取法定盈余公积	0.00	50049.00
4894	2020-12-31	30093	410401	利润分配-未分配利润	50049.00	0.00

4895 rows × 6 columns

2. 设置更多参数

我们也可以根据需要设置更多参数。

【例 3-10】读取当前路径下的 Excel 工作簿"数据.xlsx"，指定 sheet_name 参数的值为"序时账"，并满足以下条件：将第 1 行数据作为列索引；将第 1 列数据作为行索引；只取"日期""凭证号""科目编号""科目名称"这 4 列数据，同时将凭证号、科目编号这两列的数据类型修改为字符串；省略最后 4 行数据，从倒数第 5 行开始向上获取数据。

示例代码：

```
import pandas as pd   # 导入 pandas 模块
source_file = "数据.xlsx"   # 定义 Excel 文件路径
# 读取 Excel 工作簿中的数据
df = pd.read_excel(source_file,   # Excel 文件路径
              sheet_name='序时账',   #获取"序时账"工作表的数据
              header=0,   #取第 1 行数据作为列索引
              index_col=0,   # 把第 1 列数据设置为行索引
              usecols=['日期','凭证号','科目编号','科目名称'],   # 只取日期、凭证号、
科目编号、科目名称这 4 列数据
              dtype={'凭证号' : str,'科目编号' : str},   # 把凭证号、科目编号这两列的
数据类型修改为字符串
              skipfooter=4   # 跳过最后 4 行的数据，从倒数第 5 行开始向上获取数据
              )
df
```

运行结果：

	凭证号	科目编号	科目名称
日期			
2020-01-13	10001	100202	银行存款-结算户
2020-01-13	10001	112202	应收账款-企业外部
2020-01-15	20001	660304	财务费用-金融业务手续费
2020-01-15	20001	100202	银行存款-结算户
2020-01-16	20002	660304	财务费用-金融业务手续费
...	...	...	...
2020-12-31	30090	660306	财务费用-内部利息收入
2020-12-31	30090	670101	资产减值损失-应收款项减值损失
2020-12-31	30090	4103	本年利润
2020-12-31	30091	4103	本年利润
2020-12-31	30091	410401	利润分配-未分配利润

4891 rows × 3 columns

3. 基本属性和方法

在使用 pandas 读取数据后，我们需要掌握 pandas 对象的基本属性和方法，以便快速了解数据的基本特征。

【例 3-11】读取当前路径下的 Excel 工作簿"数据.xlsx",并指定 sheet_name 参数的值为"序时账",同时将"凭证号""科目编号"这两列的数据类型修改为字符串。

示例代码:

```
import pandas as pd   # 导入 pandas 模块
source_file = "数据.xlsx"   # 定义 Excel 文件路径
# 读取 Excel 数据
df = pd.read_excel(
            source_file,   # Excel 文件路径
            sheet_name='序时账',   # 获取"序时账"工作表的数据
            dtype={'凭证号': str,'科目编号': str }   # 设置凭证号、科目编号为字符串类型
            )
df
```

运行结果:

	日期	凭证号	科目编号	科目名称	借	贷
0	2020-01-13	10001	100202	银行存款-结算户	99904.00	0.00
1	2020-01-13	10001	112202	应收账款-企业外部	0.00	99904.00
2	2020-01-15	20001	660304	财务费用-金融业务手续费	1380.50	0.00
3	2020-01-15	20001	100202	银行存款-结算户	0.00	1380.50
4	2020-01-16	20002	660304	财务费用-金融业务手续费	200.00	0.00
...	...	...	...	...	...	...
4890	2020-12-31	30091	410401	利润分配-未分配利润	0.00	299184.82
4891	2020-12-31	30092	410402	利润分配-提取法定盈余公积	50049.00	0.00
4892	2020-12-31	30092	410101	盈余公积-法定盈余公积	0.00	50049.00
4893	2020-12-31	30093	410402	利润分配-提取法定盈余公积	0.00	50049.00
4894	2020-12-31	30093	410401	利润分配-未分配利润	50049.00	0.00

4895 rows × 6 columns

（1）head()函数

我们可以调用 head()函数显示前 *n* 行数据,默认显示前 5 行数据。

【例 3-12】接【例 3-11】,调用 head()函数,显示前 10 行数据。

示例代码:

```
df.head(10)
```

运行结果:

	日期	凭证号	科目编号	科目名称	借	贷
0	2020-01-13	10001	100202	银行存款-结算户	99904.00	0.00
1	2020-01-13	10001	112202	应收账款-企业外部	0.00	99904.00
2	2020-01-15	20001	660304	财务费用-金融业务手续费	1380.50	0.00
3	2020-01-15	20001	100202	银行存款-结算户	0.00	1380.50
4	2020-01-16	20002	660304	财务费用-金融业务手续费	200.00	0.00
5	2020-01-16	20002	100202	银行存款-结算户	0.00	200.00
6	2020-01-17	20003	22210103	应交税费-应交税金-未交增值税	63945.42	0.00
7	2020-01-17	20003	22210112	应交税费-应交税金-城建税	4476.18	0.00
8	2020-01-17	20003	22210118	应交税费-应交税金-教育费附加	1918.36	0.00
9	2020-01-17	20003	22210119	应交税费-应交税金-地方教育附加	1278.91	0.00

（2）tail()函数

我们可以调用 tail()函数显示最后 *n* 行数据，默认显示最后 5 行数据。

【例 3-13】接【例 3-11】，调用 tail()函数，显示最后 10 行数据。

示例代码：

```
df.tail(10)
```

运行结果：

	日期	凭证号	科目编号	科目名称	借	贷
4885	2020-12-31	30090	660304	财务费用-金融业务手续费	0.00	1286.50
4886	2020-12-31	30090	660306	财务费用-内部利息收入	0.00	-24750.00
4887	2020-12-31	30090	670101	资产减值损失-应收款项减值损失	0.00	-4145.57
4888	2020-12-31	30090	4103	本年利润	0.00	-46619.55
4889	2020-12-31	30091	4103	本年利润	299184.82	0.00
4890	2020-12-31	30091	410401	利润分配-未分配利润	0.00	299184.82
4891	2020-12-31	30092	410402	利润分配-提取法定盈余公积	50049.00	0.00
4892	2020-12-31	30092	410101	盈余公积-法定盈余公积	0.00	50049.00
4893	2020-12-31	30093	410402	利润分配-提取法定盈余公积	0.00	50049.00
4894	2020-12-31	30093	410401	利润分配-未分配利润	50049.00	0.00

（3）行列属性

我们可以通过查看 index、columns、shape、size 等属性，了解 pandas 对象的基本信息。注意，index、columns、shape、size 等是 DataFrame 的属性，而不是 DataFrame 的函数或方法，属性后面不需要加括号，如果在属性后面加括号则会报错。

【例 3-14】接【例 3-11】，查看数据表 df 的 index、columns、shape、size 等属性。

示例代码：

```
print(df.index)    # 查看行索引
print(df.columns)    # 查看列索引
print(df.shape)    # 查看行数与列数
print(df.size)    # 查看元素数，即行列数的乘积
```

运行结果：

```
RangeIndex(start=0, stop=4895, step=1)
Index(['日期', '凭证号', '科目编号', '科目名称', '借', '贷'], dtype='object')
(4895, 6)
29370
```

可以看到，shape 属性返回的是一个元组，其中第一个值是行数，第二个值是列数。

（4）dtypes 属性

我们可以通过 dtypes 属性查看 DataFrame 每一列的数据类型。

【例 3-15】接【例 3-11】，查看数据表 df 的 dtypes 属性。

示例代码：

```
df.dtypes    # 查看每一列的数据类型
```

运行结果：

日期	datetime64[ns]

```
凭证号                    object
科目编号                  object
科目名称                  object
借                        float64
贷                        float64
dtype: object
```

在此，我们可以简单比较一下 pandas 中的数据类型与原生 Python 中的数据类型，如表 3-1 所示。

表 3-1　　　　　　　　　pandas 中的数据类型与原生 Python 中的数据类型

pandas 数据类型	Python 数据类型	说明
object	string	字符串类型，pandas 中的混合类型也为 object
int64	int	整型
float64	float	浮点型
datetime64	datetime	Python 标准库包含 datetime，但需要导入才能使用

提示

在 DataFrame 中，如果一列数据中的所有值是字符串类型，则该列数据的数据类型在 pandas 中为 object 类型；如果一列数据中的值为混合类型（既有字符串类型又有整型或浮点型），则该列数据的数据类型在 pandas 中也为 object 类型。

（5）type()函数

我们可以通过 type()函数查看 read_excel()返回的是否为 DataFrame 对象。

【例 3-16】 接【例 3-11】，查看数据表 df 的类型。

示例代码：

```
print(type(df))
```

运行结果：

```
<class 'pandas.core.frame.DataFrame'>
```

（6）describe()函数

我们可以使用 describe()函数对整个 DataFrame 对象进行统计描述。describe()函数默认只输出数值型数据列的统计信息；describe(include='O')只输出 object 类型（字符串类型、混合类型数据）的统计信息；describe(include='all')则输出所有列的统计信息。

【例 3-17】 接【例 3-11】，使用 describe()函数分别输出数据表 df 中数值型、object 数据列的统计信息。

第 1 步 输出数据表 df 中所有数值型数据列的统计信息。

示例代码：

```
df.describe()
```

运行结果：

	借	贷
count	4.895000e+03	4.895000e+03
mean	3.998379e+04	3.998379e+04
std	1.669056e+05	1.795902e+05
min	-1.047197e+05	-1.047197e+05
25%	0.000000e+00	0.000000e+00
50%	0.000000e+00	1.316000e+02
75%	8.366420e+03	7.128300e+03
max	4.061758e+06	4.292333e+06

在以上运行结果中：count 代表有多少个样本，mean 代表平均值，std 代表标准差，min 代表最小值，25%、50%、75%分别代表 25%、50%、75%的分位数，max 代表最大值。

第2步 输出数据表 df 中所有 object 类型的统计信息。

示例代码：

```
df.describe(include='O')
```

运行结果：

	凭证号	科目编号	科目名称
count	4895	4895	4895
unique	183	77	77
top	30061	6051040299	其他业务收入-其他板块-外部-其他收入
freq	107	959	959

在以上运行结果中：count 代表有多少个样本，unique 代表唯一值，top 代表出现次数最多的类别，freq 代表 top 出现的频率。

3.3.2 财经大数据接口

对上市公司财务数据进行分析时，需要用到大量的历史数据，采用传统的数据采集方法很难满足分析需求，我们学习了 Python 后，即可直接通过第三方数据接口 Akshare 采集财务数据，其特点是数据覆盖范围广，接口调用便捷，响应快速。

根据官网说明，Akshare 是一个基于 Python 的财经数据接口库，也是一套从数据采集、数据清洗到数据落地的工具，这些数据包括股票、期货、期权、基金、外汇、债券、指数、加密货币等金融产品的基本面数据、实时和历史行情数据、衍生数据。Akshare 主要用于财经研究，它能够解决财经研究过程中的数据获取问题，获取的是相对权威的财经数据网站公布的原始数据。用户通过利用原始数据进行各数据源之间的交叉验证，进行再加工，从而得出科学的结论。

Akshare 的原理是在用户本地运行 Python 代码，实时从网络采集数据到本地，便于用户进行数据分析。由于网络数据采集需要维护的接口众多，且目标网站经常变换网页格式，因此用户在使用 Akshare 的过程中需要定期维护及更新相关接口至最新版本，同时也需要关注官方文档的更新，因为最新的使用方式和接口变更都会第一时间更新到文档中。

Akshare 提供了最佳的文档支持，每个数据接口均提供详细的说明和示例，只需要复制粘贴即可下载数据。这些丰富的数据接口便于用户简便快速地获取各类金融数据、财务数据。

这里使用 Akshare 提供的 stock_financial_report_sina 接口获取上市公司财务报表数据，单次可获取指定报表所有年份的历史数据，其数据来源于新浪财经官网。

语法格式：

```
stock_financial_report_sina(stock, symbol)
```

参数说明如下。

stock：类型为字符串，例如 stock="sh600600"；带市场标识（如上证 sh、深证 sz 等）的股票代码。

symbol：类型为字符串，例如 symbol="现金流量表"；可取值为{"资产负债表","利润表","现金流量表"}。

【例 3-18】通过 Akshare 接口依次获取上市公司贵州茅台（sh600519）的三大财务报表历史数据。

第 1 步 获取贵州茅台的资产负债表历史数据。

示例代码：

```
import akshare as ak   # 导入 akshare 模块
import pandas as pd
pd.set_option('display. max_rows', 10)   # 最大显示 10 行
pd.set_option('display. max_columns', 10)   # 最大显示 10 列
# 获取资产负债表数据
df = ak.stock_financial_report_sina(stock="sh600519", symbol="资产负债表")
df
```

运行结果：

	报告日	流动资产	货币资金	结算备付金	拆出资金	...	是否审计	公告日期	币种	类型	更新日期
0	20230630	NaN	70521275705.21	NaN	85727254357.07	...	未审计	20230803	CNY	合并期末	2023-08-02T19:20:05
1	20230331	NaN	72450733950.67	NaN	105430905575.43	...	未审计	20230426	CNY	合并期末	2023-04-25T19:45:03
2	20221231	NaN	58274318733.23	NaN	116172711554.59	...	是	20230803	CNY	合并期末	2023-03-30T21:15:04
3	20220930	NaN	58145037381.83	NaN	116500694657.33	...	未审计	20221017	CNY	合并期末	2022-10-16T15:55:03
4	20220630	NaN	58048264720.81	NaN	110064819593.94	...	未审计	20220803	CNY	合并期末	2022-08-02T20:05:03
...											
86	20011231	NaN	1956436570.10	NaN	NaN	...	是	20020417	CNY	合并期末	2020-03-13T15:29:48
87	20010630	NaN	336439213.50	NaN	NaN	...	是	20010822	CNY	合并期末	2020-03-13T15:29:48
88	20001231	NaN	460983583.46	NaN	NaN	...	是	20010726	CNY	合并期末	2020-03-13T15:29:48
89	19991231	NaN	198390615.12	NaN	NaN	...	是	20010726	CNY	合并期末	2020-03-13T15:29:48
90	19981231	NaN	124765368.74	NaN	NaN	...	是	19981231	CNY	合并期末	2020-03-13T15:29:48

91 rows × 149 columns

第 2 步 获取贵州茅台的利润表历史数据。

示例代码：

```
# 获取利润表数据
df = ak.stock_financial_report_sina(stock="sh600519", symbol="利润表")
df
```

运行结果：

	报告日	营业总收入	营业收入	利息收入	已赚保费	...	是否审计	公告日期	币种	类型	更新日期
0	20230630	70987206095.38	69576019445.77	1411186649.61	NaN	...	未审计	20230803	CNY	合并期末	2023-08-02T19:17:04
1	20230331	39379301807.75	38755812096.89	623489710.86	NaN	...	未审计	20230426	CNY	合并期末	2023-04-25T19:47:05
2	20221231	127553959355.97	124099843771.99	3454115583.98	NaN	...	未审计	20230331	CNY	合并期末	2023-03-30T21:17:04
3	20220930	89785880318.36	87160232759.05	2625647559.31	NaN	...	未审计	20221017	CNY	合并期末	2022-10-16T15:57:03
4	20220630	59443518511.24	57616866647.29	1826651863.95	NaN	...	未审计	20230803	CNY	合并期末	2022-08-02T20:07:02
...											
86	20011231	1619202408.97	1618046660.31	NaN	NaN	...	是	20030326	CNY	合并期末	2020-03-13T16:00:40
87	20010630	874826253.68	873863478.94	NaN	NaN	...	是	20010822	CNY	合并期末	2020-03-13T16:00:40
88	20001231	1113019554.91	1114000813.26	NaN	NaN	...	是	20020417	CNY	合并期末	2020-03-13T16:00:40
89	19991231	891237329.51	890858185.64	NaN	NaN	...	是	20010726	CNY	合并期末	2020-03-13T16:00:40
90	19981231	629217329.19	628184433.19	NaN	NaN	...	是	19981231	CNY	合并期末	2020-03-13T16:00:40

91 rows × 83 columns

第3步 获取贵州茅台的现金流量表历史数据。

示例代码：

```
# 获取现金流量表数据
df = ak.stock_financial_report_sina(stock="sh600519", symbol="现金流量表")
df
```

运行结果：

	报告日	经营活动产生的现金流量	销售商品、提供劳务收到的现金	客户存款和同业存放款项净增加额	向中央银行借款净增加额	...	是否审计	公告日期	币种	类型	更新日期
0	20230630	NaN	69072814324.04	-3589535738.78	NaN	...	未审计	20230803	CNY	合并期末	2023-08-02T19:20:04
1	20230331	NaN	35763459967.03	-5012856829.99	NaN	...	未审计	20230426	CNY	合并期末	2023-04-25T19:45:02
2	20221231	NaN	140691678592.00	-8916033228.67	NaN	...	是	20230331	CNY	合并期末	2023-03-30T21:15:03
3	20220930	NaN	96027635243.02	-13374940274.59	NaN	...	未审计	20221017	CNY	合并期末	2022-10-16T15:55:03
4	20220630	NaN	61157046716.15	-5026191650.21	NaN	...	未审计	20230803	CNY	合并期末	2022-08-02T20:05:02
...	...	...	...	...	...	...	...	...	...	...	...
82	20021231	NaN	2288635492.04	NaN	NaN	...	是	20030326	CNY	合并期末	2020-03-13T14:58:48
83	20020630	NaN	1020056872.80	NaN	NaN	...	未审计	20020814	CNY	合并期末	2020-03-13T14:58:48
84	20011231	NaN	1800399443.09	NaN	NaN	...	是	20020417	CNY	合并期末	2020-03-13T14:58:48
85	20010630	NaN	NaN	NaN	NaN	...	是	20010822	CNY	合并期末	2020-03-13T14:58:48
86	20001231	NaN	1322877029.52	NaN	NaN	...	是	20010726	CNY	合并期末	2020-03-13T14:58:48

87 rows × 71 columns

3.4 数据索引的设置

数据索引设置其实是对行索引 index 进行设置，在数据分析中，我们经常需要设置行索引，因为通过索引值可以提升数据查询效率，进而为财务数据的处理与分析提供便捷。

微课堂

数据索引的设置

3.4.1 设置索引

我们可以使用 set_index() 函数进行索引的设置。

语法格式：

DataFrame.set_index(keys, drop, append, inplace)

参数说明如下。

keys：指定要设置成索引的列，可以是列标签或者列表。
drop：是否删除作为新索引的列，默认值为 True，表示删除，值为 False 时表示不删除。
append：是否追加新的索引值，默认值为 False，表示不追加，值为 True 时表示追加。
inplace：是否修改原数据，默认值为 False，表示不修改，值为 True 时表示修改。

pandas 中的许多函数与方法都有 inplace 参数，用于控制是否基于原对象进行修改。如果把该参数设置为 True，执行代码后会直接修改原对象，但不返回任何结果；如果设置为 False，则会返回修改后的结果，但不会对原对象做任何修改。

【例 3-19】接【例 3-11】，在数据表 df 的基础上进行行索引的设置，将日期所在列设置为一级索引，将凭证号所在列设置为二级索引。

示例代码：

```
# 设置一级索引
df.set_index('日期', inplace=True)
# 设置二级索引
df.set_index('凭证号',inplace=True,append=True)
df
```

运行结果：

日期	凭证号	科目编号	科目名称	借	贷
2020-01-13	10001	100202	银行存款-结算户	99904.00	0.00
	10001	112202	应收账款-企业外部	0.00	99904.00
2020-01-15	20001	660304	财务费用-金融业务手续费	1380.50	0.00
	20001	100202	银行存款-结算户	0.00	1380.50
2020-01-16	20002	660304	财务费用-金融业务手续费	200.00	0.00
…					
2020-12-31	30091	410401	利润分配-未分配利润	0.00	299184.82
	30092	410402	利润分配-提取法定盈余公积	50049.00	0.00
	30092	410101	盈余公积-法定盈余公积	0.00	50049.00
	30093	410402	利润分配-提取法定盈余公积	0.00	50049.00
	30093	410401	利润分配-未分配利润	50049.00	0.00

4895 rows × 4 columns

【例 3-19】中用户可以采用分步的方法设置索引，也可以直接传入列标签组成的列表设置索引。

示例代码：

```
df.set_index(['日期','凭证号'], inplace=True)
```

3.4.2 重置索引

3.4.1 节介绍的是设置索引的方法，在设置索引后，我们可能因为某种需求想要把行索引还原为普通列，这就是重置索引。

我们可以使用 reset_index() 函数重置索引。

语法格式：

```
DataFrame.reset_index(level, drop, inplace)
```

参数说明如下。

level:表示需要从索引中移除的索引名称或级别，可以是字符串、整型、列表，默认值为None，表示重置全部索引。

drop:默认值为 False，表示将原索引还原为普通列，并将索引重置为整数索引；值为 True 时表示直接丢弃原索引。

inplace:是否修改原数据，默认值为 False 表示不修改；值为 True 时表示修改。

【例 3-20】接【例 3-19】，在数据表 df 的基础上把行索引还原为普通列（重置索引），即把"日期、凭证号"所在列还原为普通列，并通过索引名称定位需要还原的索引级别。

示例代码：

```
# 通过索引名称定位需要还原的索引级别
df.reset_index(level=['日期','凭证号'],inplace=True)
df
```
运行结果：

	日期	凭证号	科目编号	科目名称	借	贷
0	2020-01-13	10001	100202	银行存款-结算户	99904.00	0.00
1	2020-01-13	10001	112202	应收账款-企业外部	0.00	99904.00
2	2020-01-15	20001	660304	财务费用-金融业务手续费	1380.50	0.00
3	2020-01-15	20001	100202	银行存款-结算户	0.00	1380.50
4	2020-01-16	20002	660304	财务费用-金融业务手续费	200.00	0.00
...	...	...	...	...	...	...
4890	2020-12-31	30091	410401	利润分配-未分配利润	0.00	299184.82
4891	2020-12-31	30092	410402	利润分配-提取法定盈余公积	50049.00	0.00
4892	2020-12-31	30092	410101	盈余公积-法定盈余公积	0.00	50049.00
4893	2020-12-31	30093	410402	利润分配-提取法定盈余公积	0.00	50049.00
4894	2020-12-31	30093	410401	利润分配-未分配利润	50049.00	0.00

4895 rows × 6 columns

上述操作是通过索引名称定位需要还原的索引级别，我们也可以直接通过索引级别进行定位。

【例 3-21】接【例 3-19】，在数据表 df 的基础上把行索引还原为普通列（重置索引），并通过索引位置定位需要还原的索引级别。

示例代码：
```
# 直接通过索引级别进行定位
df.reset_index(level=[0,1],inplace=True)
```
我们还可以分步重置索引。

示例代码：
```
# 还原一级索引
df.reset_index(level='日期', inplace=True)
# 还原二级索引
df.reset_index(level='凭证号', inplace=True)
```

3.5 缺失数据的处理

数据处理过程中，经常会遇到数据有缺失值（缺失数据）的情况，因此，我们应该学会使用 pandas 处理数据中的缺失值。

3.5.1 检测缺失值

我们在处理某些财务数据时，会发现表格中的个别数据是缺失的，通过 pandas 导入这些财务数据后，缺失的数据会在 DataFrame 中以 NaN、NaT（缺失时间）等形式显示。

在了解缺失值的概念之后，我们还要学会对缺失值进行检测。对于一个 DataFrame，检测缺失值的函数主要有 isnull()和 isna()，这两个函数直接返回布尔值 True 或 False，可以对整个 DataFrame 或者某列进行缺失值检测。

【例 3-22】读取当前路径下的 Excel 工作簿"数据.xlsx",并指定 sheet_name 参数的值为"缺失数据"。

示例代码:

```
import pandas as pd   # 导入 pandas 模块
source_file = "数据.xlsx"   # 定义 Excel 文件路径
# 读取 Excel 数据
df = pd.read_excel(
            source_file,   # Excel 文件路径
            sheet_name='缺失数据',   # 获取缺失数据工作表的数据
            dtype={'凭证号': str,'科目编号': str }   # 设置凭证号、科目编号为字符串类型
            )
df
```

运行结果:

	日期	凭证号	科目编号	科目名称	借	贷
0	2020-01-13	10001	100202	银行存款-结算户	99904.00	0.00
1	2020-01-13	NaN	112202	应收账款-企业外部	0.00	99904.00
2	2020-01-15	20001	660304	财务费用-金融业务手续费	1380.50	0.00
3	2020-01-15	20001	100202	银行存款-结算户	0.00	1380.50
4	2020-01-16	20002	660304	财务费用-金融业务手续费	200.00	0.00
5	NaT	20002	100202	银行存款-结算户	0.00	200.00

1. isnull()函数

isnull()函数能够自动检测缺失值,返回结果为布尔值。若该处为缺失值,返回 True;若该处不为缺失值,则返回 False。

【例 3-23】接【例 3-22】,通过 isnull()函数检测数据表 df 中的缺失值。

示例代码:

```
df.isnull()
```

运行结果:

	日期	凭证号	科目编号	科目名称	借	贷
0	False	False	False	False	False	False
1	False	True	False	False	False	False
2	False	False	False	False	False	False
3	False	False	False	False	False	False
4	False	False	False	False	False	False
5	True	False	False	False	False	False

2. isnull().any()函数

isnull().any()函数可以检测哪些列包含缺失值,若该列存在缺失值则返回 True,否则返回 False。

【例 3-24】 接【例 3-22】，通过 isnull().any()函数检测数据表 df 中哪些列包含缺失值。

示例代码：

```
df.isnull().any()
```

运行结果：

```
日  期          True
凭证号          True
科目编号        False
科目名称        False
借            False
贷            False
dtype: bool
```

3. isnull().sum()函数

isnull().sum()函数能够直接检测出每列缺失值的个数。

【例 3-25】 接【例 3-22】，通过 isnull().sum()函数检测数据表 df 中每列缺失值的个数。

示例代码：

```
df.isnull().sum()
```

运行结果：

```
日  期          1
凭证号          1
科目编号        0
科目名称        0
借            0
贷            0
dtype: int64
```

如果需要统计每一行数据中缺失值的个数，则需要引入 numpy 模块，调用 numpy 模块下的 sum()函数。指定 axis=0 时，sum()函数与 isnull().sum()函数的运行结果相同，可实现按列统计缺失值个数；指定 axis=1 时，sum()函数可实现按行统计缺失值个数。

【例 3-26】 接【例 3-22】，通过 sum()函数检测数据表 df 中每行缺失值的个数。

示例代码：

```
import numpy as np   # 导入 numpy 模块
np.sum(df.isnull(),axis=1)   # 按行统计缺失值个数
```

运行结果：

```
0    0
1    1
2    0
3    0
4    0
5    1
dtype: int64
```

3.5.2 过滤缺失值

在实际应用中，我们不仅需要检测缺失值，还需要对这些缺失值进行过滤、剔除，这样更有利于进行下一步的数据分析。

我们可以通过 dropna()函数分析和删除具有缺失值的行或列。

语法格式：

DataFrame.dropna(axis, how, thresh, subset, inplace)

参数说明如下。

axis：默认 axis=0，表示删除包含缺失值的行；axis=1 时，表示删除包含缺失值的列。

how：与 axis 配合使用；默认 how='any'，只要有缺失值，就删除该行或该列；how='all'时，所有的值都缺失，才删除该行或该列。

thresh：表示至少有 thresh 个非缺失值，否则删除。比如 axis=0、thresh=10，表示如果该行中非缺失值的数量小于 10，将删除该行。

subset：表示子区域，是一个由行或者列的索引组成的列表；如果 axis=0，表示 subset 中元素为列的索引；如果 axis=1，表示 subset 中元素为行的索引。

inplace：是否修改原数据，默认值为 False，表示不修改，值为 True 时表示修改。

【例 3-27】接【例 3-22】，通过 dropna()函数过滤数据表 df 中存在缺失值的行数据。

示例代码：

df.dropna()   # 等同于 df.dropna(axis=0,how='any',inplace=False)

运行结果：

	日期	凭证号	科目编号	科目名称	借	贷
0	2020-01-13	10001	100202	银行存款-结算户	99904.00	0.00
2	2020-01-15	20001	660304	财务费用-金融业务手续费	1380.50	0.00
3	2020-01-15	20001	100202	银行存款-结算户	0.00	1380.50
4	2020-01-16	20002	660304	财务费用-金融业务手续费	200.00	0.00

可以看到，数据表中存在缺失值的两行数据已经被删除。

如果我们未对 dropna()函数进行参数设置，则会默认参数 axis=0、how='any'、inplace=False，只要有缺失值，则删除包含缺失值的整行数据。

需要注意的是，原数据 df 并没有被修改，为了使 dropna()函数对 df 生效，需要设置参数 inplace=True，在此为简化操作、方便演示，我们不对原数据 df 进行修改，即不对参数 inplace 进行设置，使用默认值 False。

如果我们只想在指定的区域查找缺失值，并删除存在缺失值的所在行，可以进一步设置参数 subset。

【例 3-28】接【例 3-22】，通过 dropna()函数过滤数据表 df 中的缺失值，要求以"凭证号、科目名称"这两列为目标区域查找缺失值，只要存在缺失值就删除缺失值所在行。

示例代码：

df.dropna(axis=0,how='any',subset=['凭证号','科目名称'])

运行结果：

	日期	凭证号	科目编号	科目名称	借	贷
0	2020-01-13	10001	100202	银行存款-结算户	99904.00	0.00
2	2020-01-15	20001	660304	财务费用-金融业务手续费	1380.50	0.00
3	2020-01-15	20001	100202	银行存款-结算户	0.00	1380.50
4	2020-01-16	20002	660304	财务费用-金融业务手续费	200.00	0.00
5	NaT	20002	100202	银行存款-结算户	0.00	200.00

可以看到，"凭证号""科目名称"这两列数据中存在缺失值的行已经被删除，而"日期"列中的缺失值依然存在。

3.5.3 填充缺失值

大多数情况下我们需要将缺失值替换成有效的数值，pandas 提供了 fillna()函数来解决缺失值的填充问题。

语法格式：

DataFrame.fillna(value, method,axis, inplace)

参数说明如下。

value：表示填充的值，可以是一个值，或者字典。

method：表示填充缺失值的方法，包括'pad'、'ffill'、'backfill'、'bfill'、None，默认值为 None；'pad'、'ffill'表示用前一个非缺失值进行填充，'backfill'、'bfill'表示用后一个非缺失值进行填充。

axis：默认 axis=0，表示按行操作；axis=1，表示按列操作。

inplace：是否修改原数据，默认值为 False，表示不修改，值为 True 时表示修改。

【例 3-29】接【例 3-22】，通过 fillna()函数将数据表 df 中的缺失值全部填充为"空值"。

示例代码：

df.fillna(value='空值')

运行结果：

	日期	凭证号	科目编号	科目名称	借	贷
0	2020-01-13 00:00:00	10001	100202	银行存款-结算户	99904.00	0.00
1	2020-01-13 00:00:00	空值	112202	应收账款-企业外部	0.00	99904.00
2	2020-01-15 00:00:00	20001	660304	财务费用-金融业务手续费	1380.50	0.00
3	2020-01-15 00:00:00	20001	100202	银行存款-结算户	0.00	1380.50
4	2020-01-16 00:00:00	20002	660304	财务费用-金融业务手续费	200.00	0.00
5	空值	20002	100202	银行存款-结算户	0.00	200.00

我们也可以给 value 参数传入一个字典，为不同列的缺失值填充不同的内容。

【例 3-30】接【例 3-22】，通过 fillna()函数将数据表 df 中"日期"所在列的缺失值填充为"空值 1"，"凭证号"所在列的缺失值填充为"空值 2"。

示例代码：

df.fillna(value={'日期':'空值 1','凭证号':'空值 2'})

运行结果：

	日期	凭证号	科目编号	科目名称	借	贷
0	2020-01-13 00:00:00	10001	100202	银行存款-结算户	99904.00	0.00
1	2020-01-13 00:00:00	空值2	112202	应收账款-企业外部	0.00	99904.00
2	2020-01-15 00:00:00	20001	660304	财务费用-金融业务手续费	1380.50	0.00
3	2020-01-15 00:00:00	20001	100202	银行存款-结算户	0.00	1380.50
4	2020-01-16 00:00:00	20002	660304	财务费用-金融业务手续费	200.00	0.00
5	空值1	20002	100202	银行存款-结算户	0.00	200.00

可以看到，"空值 1"应该填充为其上方的日期 2020-01-16，"空值 2"应该填充为其上方的凭证号 10001。如果我们想用确切的数据填充缺失值，可以通过参数 method 进一步设置缺失值的填充方法。

【例 3-31】接【例 3-22】，通过 fillna()函数将数据表 df 中的缺失值填充为上一个单元格的内容。

示例代码：

```
df.fillna(axis=0,method='ffill')
```

运行结果：

	日期	凭证号	科目编号	科目名称	借	贷
0	2020-01-13	10001	100202	银行存款-结算户	99904.00	0.00
1	2020-01-13	10001	112202	应收账款-企业外部	0.00	99904.00
2	2020-01-15	20001	660304	财务费用-金融业务手续费	1380.50	0.00
3	2020-01-15	20001	100202	银行存款-结算户	0.00	1380.50
4	2020-01-16	20002	660304	财务费用-金融业务手续费	200.00	0.00
5	2020-01-16	20002	100202	银行存款-结算户	0.00	200.00

可以看到，运行结果的"日期"和"凭证号"列中的缺失数据得到正确填充。

3.6 重复数据的处理

在 3.5 节中，我们学习了利用 pandas 对缺失值的检测、过滤和填充操作，这些操作对数据完整性的提升有着十分重要的意义。除了缺失数据，原数据经常还会包含重复数据，有时我们希望排除这些重复数据的干扰再进行分析，因此，本节我们将学习利用 pandas 对重复数据进行检测和删除的操作。

3.6.1 检测重复数据

duplicated()函数用于检测重复数据，返回值是一个布尔序列，如果某个值存在重复，则返回结果为 True。

基本语法：

```
DataFrame.duplicated(subset,keep)
```

参数说明如下。

subset：表示仅考虑某些列来标识重复项，可以是列标签或标签序列，默认情况下使用所有列。

keep：表示要标记哪些重复项，取值有'first'、'last'、False，默认值为'first'。取值为'first'表示将第一次出现重复的值视为唯一值，后面重复的值标记为 True；取值为'last'表示将最后一次出现重复的值视为唯一值，前面的重复值标记为 True；取值为 False 表示将所有重复项标记为 True。

【例 3-32】读取当前路径下的 Excel 工作簿"数据.xlsx"，并指定 sheet_name 参数的值为"重复数据"。

示例代码：

```
import pandas as pd    # 导入 pandas 模块
```

```
source_file = "数据.xlsx"  # 定义 Excel 文件路径
# 读取 Excel 数据
df = pd.read_excel(
            source_file,  # Excel 文件路径
            sheet_name='重复数据',  # 获取重复数据工作表的数据
            )
df
```

运行结果：

	分红年度	每股分红（税后）	基准股本（万）
0	20211231	0.00	421257.62
1	20211231	0.00	421257.62
2	20211231	0.76	421257.62
3	20201231	0.00	324044.32
4	20201231	0.00	324044.32
5	20201231	1.03	324044.32
6	20191231	0.00	270036.93
7	20191231	0.00	270036.93
8	20191231	1.08	270036.93
9	20181231	0.00	270036.93
10	20181231	0.00	270036.93
11	20181231	0.98	270036.93

经过观察，我们可以发现这个数据表中每一年度都存在多行数据，其中，只有每一年度最后一行的每股分红是有数据的，也就是说每股分红为 0 的数据行是无效数据行。所以，我们想要获取 2018 年至 2021 年的每股分红数据，就必须对重复数据进行过滤处理。

在过滤重复数据前，我们先使用 duplicated()函数对重复数据进行检测。

【例 3-33】接【例 3-32】，使用 duplicated()函数对数据表 df 中的重复数据进行检测。
示例代码：

```
df.duplicated()
```

运行结果：

```
0     False
1     True
2     False
3     False
4     True
5     False
6     False
7     True
8     False
9     False
10    True
11    False
dtype: bool
```

默认情况下，duplicated()函数使用所有列来标识重复项，即只有当两行数据完全相同时，函数才会返回 True。

我们可以通过参数 subset 指定需要标识重复项的列。

【例 3-34】接【例 3-33】，通过 duplicated()函数对数据表 df 中的重复数据进行检测，并指定"分红年度"这一列标识重复项。

示例代码：

```
df.duplicated(subset='分红年度')
```

运行结果：

```
0      False
1      True
2      True
3      False
4      True
5      True
6      False
7      True
8      True
9      False
10     True
11     True
dtype: bool
```

可以看到，"分红年度"这一列中第一次出现的重复值被看作唯一值，返回 False；后面出现的重复值全部返回 True。

与原数据仔细对比，我们会发现，我们需要的是分红年度这一列中最后一次出现的重复值，因为其每股分红是有数据的。

此时我们可以指定参数 keep='last'，表示将最后一次出现的重复值视为唯一值，前面的重复值标记为 True。

【例 3-35】接【例 3-32】，通过 duplicated()函数对数据表 df 中的重复数据进行检测，并指定"分红年度"这一列来标识重复项，将最后一次出现的重复值视为唯一值。

示例代码：

```
df.duplicated(subset='分红年度',keep='last')
```

运行结果：

```
0      True
1      True
2      False
3      True
4      True
5      False
6      True
7      True
8      False
9      True
10     True
11     False
dtype: bool
```

3.6.2 删除重复数据

了解用于检测重复数据的 duplicated()函数后，我们可以使用 drop_duplicates()函数删除

DataFrame 中的重复数据。

drop_duplicates()函数的基本语法类似于 duplicated()函数。

语法格式：

dataframe.drop_duplicates(subset,keep,inplace)

参数说明：

subset：表示仅考虑某些列来标识重复项，可以是列标签或标签序列，默认情况下使用所有列。

keep：表示要标记哪些重复项，取值可以是'first'、'last'、False，默认值为'first'。取值为'first'表示将第一次出现重复的值视为唯一值，后面重复的值标记为 True；取值为'last'表示将最后一次出现重复的值视为唯一值，前面的重复值标记为 True；取值为 False 将所有重复项标记为 True。

inplace：表示是否修改原数据，默认值为 False，表示不修改，值为 True 时表示修改。

如果想把【例 3-35】中 duplicated()函数返回的重复行删除，则可以直接把 df.duplicated()函数替换成 drop_duplicates()函数，参数不变；如果想要修改原数据，则需要使用参数 inplace=True。

【例 3-36】接【例 3-35】，通过 drop_duplicates()函数删除返回结果为 True 的重复数据。

示例代码：

df.drop_duplicates(subset='分红年度',keep='last')

运行结果：

	分红年度	每股分红（税后）	基准股本（万）
2	20211231	0.76	421257.62
5	20201231	1.03	324044.32
8	20191231	1.08	270036.93
11	20181231	0.98	270036.93

3.7 数据的增删改查

数据的增删改查是数据分析中的重要内容。pandas 能够高效地进行数据处理与分析的原因在于它具有高级的数据结构与快捷的增删改查功能，pandas 提供了一系列相关的函数与方法供分析人员调用。

3.7.1 数据的查询

1. 直接索引

直接索引是指通过索引行号或者引用列标签，查询行列数据的方法。

首先了解如何通过直接索引选取行数据。直接索引通常用于选取多行数据，其实现原理与序列对象的切片功能相同，不支持选取一行数据。

【例 3-37】接【例 3-6】，通过索引行号查询数据表 df 中第 3 行至第 6 行的数据。

示例代码：

df[2:6]

运行结果：

	日期	凭证号	科目编号	科目名称	借	贷
2	2020-01-15	20001	660304	财务费用-金融业务手续费	1380.50	0.00
3	2020-01-15	20001	100202	银行存款-结算户	0.00	1380.50
4	2020-01-16	20002	660304	财务费用-金融业务手续费	200.00	0.00
5	2020-01-16	20002	100202	银行存款-结算户	0.00	200.00

我们还可以利用直接索引反转数据表的顺序。

【例 3-38】 接【例 3-6】，反转数据表 df 的顺序，按行反转数据。

示例代码：

```
df[::-1]
```

运行结果：

	日期	凭证号	科目编号	科目名称	借	贷
4894	2020-12-31	30093	410401	利润分配-未分配利润	50049.00	0.00
4893	2020-12-31	30093	410402	利润分配-提取法定盈余公积	0.00	50049.00
4892	2020-12-31	30092	410101	盈余公积-法定盈余公积	0.00	50049.00
4891	2020-12-31	30092	410402	利润分配-提取法定盈余公积	50049.00	0.00
4890	2020-12-31	30091	410401	利润分配-未分配利润	0.00	299184.82
...	...	...	...	...	...	...
4	2020-01-16	20002	660304	财务费用-金融业务手续费	200.00	0.00
3	2020-01-15	20001	100202	银行存款-结算户	0.00	1380.50
2	2020-01-15	20001	660304	财务费用-金融业务手续费	1380.50	0.00
1	2020-01-13	10001	112202	应收账款-企业外部	0.00	99904.00
0	2020-01-13	10001	100202	银行存款-结算户	99904.00	0.00

4895 rows × 6 columns

注意，这种方法不支持单行数据的选取，例如执行代码 df [2]就会报错。

但是我们可以通过直接指定 index 参数来选取单行数据，这里采用的方法属于布尔查询，下文会详细介绍。

【例 3-39】 接【例 3-6】，选取数据表 df 中的第 3 行数据。

示例代码：

```
df[df.index==2]
```

运行结果：

	日期	凭证号	科目编号	科目名称	借	贷
2	2020-01-15	20001	660304	财务费用-金融业务手续费	1380.50	0.00

然后，我们再来学习如何选取列数据。我们可以直接引用列标签来查询列数据，其语法格式是嵌套列表的形式。

【例 3-40】 接【例 3-6】，选取数据表 df 中"科目编号""科目名称"这两列数据。

示例代码：

```
df[['科目编号','科目名称']]
```

运行结果：

	科目编号	科目名称
0	100202	银行存款-结算户
1	112202	应收账款-企业外部
2	660304	财务费用-金融业务手续费
3	100202	银行存款-结算户
4	660304	财务费用-金融业务手续费
...	...	...
4890	410401	利润分配-未分配利润
4891	410402	利润分配-提取法定盈余公积
4892	410101	盈余公积-法定盈余公积
4893	410402	利润分配-提取法定盈余公积
4894	410401	利润分配-未分配利润

4895 rows × 2 columns

当我们只选取一列数据时，可以采用 df ['科目编号']或 df.科目编号的形式。

【例 3-41】接【例 3-6】，选取数据表 df 中"科目编号"这一列数据。

示例代码：

```
df['科目编号']
```

运行结果：

```
0        100202
1        112202
2        660304
3        100202
4        660304
         ...
4890     410401
4891     410402
4892     410101
4893     410402
4894     410401
Name: 科目编号, Length: 4895, dtype: int64
```

注意，这里输出的结果是 Series 对象，如果需要输出为 DataFrame 对象，可以写成 df [['科目编号']]。

2. 布尔索引

布尔索引，可以理解为条件索引，是根据一定条件进行数据查询的方法。

（1）单条件查询

普通的单条件查询，用"=="表示。

【例 3-42】接【例 3-6】，选取数据表 df 中"科目名称"为"银行存款-结算户"的所有明细数据。

示例代码：

df[df['科目名称']=='银行存款-结算户']

运行结果：

	日期	凭证号	科目编号	科目名称	借	贷
0	2020-01-13	10001	100202	银行存款-结算户	99904.00	0.00
3	2020-01-15	20001	100202	银行存款-结算户	0.00	1380.50
5	2020-01-16	20002	100202	银行存款-结算户	0.00	200.00
11	2020-01-17	20003	100202	银行存款-结算户	0.00	5389.64
12	2020-01-17	20003	100202	银行存款-结算户	0.00	71618.87
...	...	...	...	...	...	...
4734	2020-12-31	20048	100202	银行存款-结算户	0.00	24493.00
4735	2020-12-31	10039	100202	银行存款-结算户	2520.00	0.00
4737	2020-12-31	10040	100202	银行存款-结算户	24750.00	0.00
4739	2020-12-31	10041	100202	银行存款-结算户	6519.00	0.00
4741	2020-12-31	10042	100202	银行存款-结算户	11569.00	0.00

707 rows × 6 columns

相反条件的单条件查询，用"~"表示。

【例 3-43】接【例 3-6】，选取数据表 df 中"科目名称"不为"银行存款-结算户"的所有明细数据。

示例代码：

df[~(df ['科目名称']=='银行存款-结算户')]

运行结果：

	日期	凭证号	科目编号	科目名称	借	贷
1	2020-01-13	10001	112202	应收账款-企业外部	0.00	99904.00
2	2020-01-15	20001	660304	财务费用-金融业务手续费	1380.50	0.00
4	2020-01-16	20002	660304	财务费用-金融业务手续费	200.00	0.00
6	2020-01-17	20003	22210103	应交税费-应交税金-未交增值税	63945.42	0.00
7	2020-01-17	20003	22210112	应交税费-应交税金-城建税	4476.18	0.00
...	...	...	...	...	...	...
4890	2020-12-31	30091	410401	利润分配-未分配利润	0.00	299184.82
4891	2020-12-31	30092	410402	利润分配-提取法定盈余公积	50049.00	0.00
4892	2020-12-31	30092	410101	盈余公积-法定盈余公积	0.00	50049.00
4893	2020-12-31	30093	410402	利润分配-提取法定盈余公积	0.00	50049.00
4894	2020-12-31	30093	410401	利润分配-未分配利润	50049.00	0.00

4188 rows × 6 columns

（2）多条件查询

在多条件查询中，"且"用"&"表示。

【例 3-44】接【例 3-6】，选取数据表 df 中"科目名称"为"银行存款-结算户"且贷方金额大于 10000 元的所有明细数据。

示例代码：

```
df[(df['科目名称']=='银行存款-结算户')&(df['贷']>10000)]
```

运行结果：

	日期	凭证号	科目编号	科目名称	借	贷
12	2020-01-17	20003	100202	银行存款-结算户	0.00	71618.87
16	2020-01-18	20004	100202	银行存款-结算户	0.00	194191.63
18	2020-01-18	20005	100202	银行存款-结算户	0.00	99484.00
50	2020-01-20	20010	100202	银行存款-结算户	0.00	15000.00
52	2020-01-20	20011	100202	银行存款-结算户	0.00	207126.45
...						
4720	2020-12-31	20041	100202	银行存款-结算户	0.00	1500000.00
4722	2020-12-31	20042	100202	银行存款-结算户	0.00	865211.21
4724	2020-12-31	20043	100202	银行存款-结算户	0.00	1500000.00
4732	2020-12-31	20047	100202	银行存款-结算户	0.00	27600.00
4734	2020-12-31	20048	100202	银行存款-结算户	0.00	24493.00

233 rows × 6 columns

在多条件查询中，"或"用"|"表示。

【例 3-45】接【例 3-6】，选取数据表 df 中借方金额大于 10000 元，或者贷方金额大于 10000 元的所有明细数据。

示例代码：

```
df[(df ['借']>10000)|(df ['贷']>10000)]
```

运行结果：

	日期	凭证号	科目编号	科目名称	借	贷
0	2020-01-13	10001	100202	银行存款-结算户	99904.00	0.00
1	2020-01-13	10001	112202	应收账款-企业外部	0.00	99904.00
6	2020-01-17	20003	22210103	应交税费-应交税金-未交增值税	63945.42	0.00
12	2020-01-17	20003	100202	银行存款-结算户	0.00	71618.87
13	2020-01-17	30001	6402040299	其他业务成本-其他板块-外部-其他	194191.63	0.00
...						
4890	2020-12-31	30091	410401	利润分配-未分配利润	0.00	299184.82
4891	2020-12-31	30092	410402	利润分配-提取法定盈余公积	50049.00	0.00
4892	2020-12-31	30092	410101	盈余公积-法定盈余公积	0.00	50049.00
4893	2020-12-31	30093	410402	利润分配-提取法定盈余公积	0.00	50049.00
4894	2020-12-31	30093	410401	利润分配-未分配利润	50049.00	0.00

2185 rows × 6 columns

（3）between()函数

between()函数用来检查数据是否介于两个值之间。

【例 3-46】接【例 3-6】，选取数据表 df 中贷方金额在 1000 元至 3000 元的所有明细数据。

示例代码：

```
# inclusive=True 表示包含下端点 1000 和上端点 3000
df[df['贷'].between(1000,3000,inclusive=True)]
```

运行结果：

	日期	凭证号	科目编号	科目名称	借	贷
3	2020-01-15	20001	100202	银行存款-结算户	0.00	1380.50
37	2020-01-19	30004	22210121	应交税费-应交税金-个人所得税	0.00	1000.00
45	2020-01-19	30006	222101020303	应交税费-应交税金-应交增值税-销项税额-6%	0.00	1489.70
81	2020-01-21	30011	6051040299	其他业务收入-其他板块-外部-其他收入	0.00	1981.13
120	2020-01-31	20024	2241990101	其他应付款-其他-个人基本养老保险费-省个人基本养老保险费	0.00	2384.80
...	...	...	...	...	...	...
4804	2020-12-31	30088	22210119	应交税费-应交税金-地方教育附加	0.00	1491.40
4872	2020-12-31	30090	6602020301	管理费用-职工薪酬-社会保险费-医疗保险费	0.00	2184.32
4880	2020-12-31	30090	66029902	管理费用-其他支出-差旅费	0.00	1042.47
4881	2020-12-31	30090	6602991101	管理费用-其他支出-车辆使用费-耗油费	0.00	2000.00
4885	2020-12-31	30090	660304	财务费用-金融业务手续费	0.00	1286.50

306 rows × 6 columns

（4）isin()函数

检查数据是否为多个数值或者字符串时，可以使用 isin()函数。

【例 3-47】接【例 3-6】，选取数据表 df 中"科目名称"为"银行存款-结算户""财务费用-金融业务手续费"的所有明细数据。

示例代码：

```
df[df['科目名称'].isin(['银行存款-结算户','财务费用-金融业务手续费'])]
```

运行结果：

	日期	凭证号	科目编号	科目名称	借	贷
0	2020-01-13	10001	100202	银行存款-结算户	99904.00	0.00
2	2020-01-15	20001	660304	财务费用-金融业务手续费	1380.50	0.00
3	2020-01-15	20001	100202	银行存款-结算户	0.00	1380.50
4	2020-01-16	20002	660304	财务费用-金融业务手续费	200.00	0.00
5	2020-01-16	20002	100202	银行存款-结算户	0.00	200.00
...	...	...	...	...	...	...
4735	2020-12-31	10039	100202	银行存款-结算户	2520.00	0.00
4737	2020-12-31	10040	100202	银行存款-结算户	24750.00	0.00
4739	2020-12-31	10041	100202	银行存款-结算户	6519.00	0.00
4741	2020-12-31	10042	100202	银行存款-结算户	11569.00	0.00
4885	2020-12-31	30090	660304	财务费用-金融业务手续费	0.00	1286.50

735 rows × 6 columns

此时，我们可以进一步分析布尔索引的原理，并单独运行 df [] 中的条件，观察其运行结果。

【例 3-48】接【例 3-6】，通过 isin() 函数判断数据表 df 中"科目名称"是否为"银行存款-结算户""财务费用-金融业务手续费"。

示例代码：

```
df['科目名称'].isin(['银行存款-结算户','财务费用-金融业务手续费'])
```

运行结果：

```
0       True
1       False
2       True
3       True
4       True
        ...
4890    False
4891    False
4892    False
4893    False
4894    False
Name: 科目名称, Length: 4895, dtype: bool
```

我们会发现，在查询数据时，df [] 中传入的是一个由布尔型数据构成的 Series 对象，且其长度与原 DataFrame 的行数相等。

3. 标签索引

标签索引，通过为 loc() 函数输入行索引或列索引的标签来选取指定的数据。

需要注意的是，为 loc() 函数输入标签时，包含方括号 [] 两端的标签。

如果索引为默认的整数索引（如 0、1、2……），loc[0:5] 指的是行标签从 0 至 5 的行数据，这里需要与序列对象的切片方法进行对比，避免混淆，因为切片方法的范围指定的区间属于左闭右开；如果索引为文字索引（如一月、二月、三月……），loc['一月': '三月'] 指的是行标签从一月至三月的行数据。

下面我们就来使用 loc() 函数查询数据。

（1）选取行数据

【例 3-49】接【例 3-6】，选取数据表 df 中行标签从 2 至 6 的行数据。

示例代码：

```
df.loc[2:6]   # 也可以写为 df.loc[[2,3,4,5,6]]
```

运行结果：

	日期	凭证号	科目编号	科目名称	借	贷
2	2020-01-15	20001	660304	财务费用-金融业务手续费	1380.50	0.00
3	2020-01-15	20001	100202	银行存款-结算户	0.00	1380.50
4	2020-01-16	20002	660304	财务费用-金融业务手续费	200.00	0.00
5	2020-01-16	20002	100202	银行存款-结算户	0.00	200.00
6	2020-01-17	20003	22210103	应交税费-应交税金-未交增值税	63945.42	0.00

这里的数据表 df 中的行索引为默认的整数索引。

（2）选取列数据

【例 3-50】接【例 3-6】，选取数据表 df 中"科目名称、借、贷"所在列的全部数据。

示例代码：

```
df.loc[:,'科目名称':'贷']   # 也可以写为 df.loc[:,['科目名称','借','贷']]
```

运行结果：

	科目名称	借	贷
0	银行存款-结算户	99904.00	0.00
1	应收账款-企业外部	0.00	99904.00
2	财务费用-金融业务手续费	1380.50	0.00
3	银行存款-结算户	0.00	1380.50
4	财务费用-金融业务手续费	200.00	0.00
...	...	...	...
4890	利润分配-未分配利润	0.00	299184.82
4891	利润分配-提取法定盈余公积	50049.00	0.00
4892	盈余公积-法定盈余公积	0.00	50049.00
4893	利润分配-提取法定盈余公积	0.00	50049.00
4894	利润分配-未分配利润	50049.00	0.00

4895 rows × 3 columns

（3）选取多行多列数据

【例 3-51】接【例 3-6】，选取数据表 df 中"科目名称、借、贷"所在列，且行标签从 2 至 6 的全部数据。

示例代码：

```
df.loc[2:6,'科目名称':'贷'] # 也可以写为 df.loc[[2,3,4,5,6],['科目名称','借','贷']]
```

运行结果：

	科目名称	借	贷
2	财务费用-金融业务手续费	1380.50	0.00
3	银行存款-结算户	0.00	1380.50
4	财务费用-金融业务手续费	200.00	0.00
5	银行存款-结算户	0.00	200.00
6	应交税费-应交税金-未交增值税	63945.42	0.00

（4）用于指定条件的索引

loc()函数不仅可以用于直接的标签索引，也可以用于指定条件的索引。

【例 3-52】接【例 3-6】，选取数据表 df 中贷方金额大于 1000 元的全部明细数据。

示例代码：

```
df.loc[df ['贷'] > 1000]
```

运行结果：

	日期	凭证号	科目编号	科目名称	借	贷
1	2020-01-13	10001	112202	应收账款-企业外部	0.00	99904.00
12	2020-01-17	20003	100202	银行存款-结算户	0.00	71618.87
14	2020-01-17	30001	22020299	应付账款-企业外部-其他	0.00	194191.63
16	2020-01-18	20004	100202	银行存款-结算户	0.00	194191.63
18	2020-01-18	20005	100202	银行存款-结算户	0.00	99484.00
...	...	...	...		...	...
4869	2020-12-31	30090	6402040299	其他业务成本-其他板块-外部-其他	0.00	136552.20
4871	2020-12-31	30090	66020201	管理费用-职工薪酬-工资	0.00	48122.00
4890	2020-12-31	30091	410401	利润分配-未分配利润	0.00	299184.82
4892	2020-12-31	30092	410101	盈余公积-法定盈余公积	0.00	50049.00
4893	2020-12-31	30093	410402	利润分配-提取法定盈余公积	0.00	50049.00

1067 rows × 6 columns

loc()方法中传入查询条件的写法与布尔索引相同，传入的也是一个由布尔型数据构成的 Series 对象，且其长度与原 DataFrame 的行数相等。

注意，如果需要选取单行或者单列数据，查询条件可以写为 df.loc[[0]]、df.loc[:,['科目名称']]，此时运行结果为 DataFrame 对象；如果需要返回 Series 对象，查询条件可以写为 df.loc[0]、df.loc[:,'科目名称']。

4．位置索引

位置索引是指通过 iloc()函数输入行索引或列索引的位置来选取指定的数据。

iloc()函数与 loc()函数类似，但 iloc()方法是基于位置索引（索引号）检查数据，即第几行第几列，只不过这里的行列索引号都是从 0 开始的，其实现原理与序列对象的切片功能相同，索引范围指定的区间为左闭右开，例如，iloc[0:5]指的是行索引号从 0 至 4，不包括 5。

（1）选取行数据

【例 3-53】接【例 3-6】，选取数据表 df 中第 3 行至第 6 行数据。

示例代码：

```
df.iloc[2:6]   # 也可以写为 df.iloc[[2,3,4,5]]
```

运行结果：

	日期	凭证号	科目编号	科目名称	借	贷
2	2020-01-15	20001	660304	财务费用-金融业务手续费	1380.50	0.00
3	2020-01-15	20001	100202	银行存款-结算户	0.00	1380.50
4	2020-01-16	20002	660304	财务费用-金融业务手续费	200.00	0.00
5	2020-01-16	20002	100202	银行存款-结算户	0.00	200.00

（2）选取列数据

【例 3-54】接【例 3-6】，选取数据表 df 中"科目名称、借、贷"所在列的全部数据。

示例代码：

```
df.iloc[:,3:6]   # 也可以写为 df.iloc[:,[3,4,5]]
```

运行结果：

	科目名称	借	贷
0	银行存款-结算户	99904.00	0.00
1	应收账款-企业外部	0.00	99904.00
2	财务费用-金融业务手续费	1380.50	0.00
3	银行存款-结算户	0.00	1380.50
4	财务费用-金融业务手续费	200.00	0.00
...	...	...	...
4890	利润分配-未分配利润	0.00	299184.82
4891	利润分配-提取法定盈余公积	50049.00	0.00
4892	盈余公积-法定盈余公积	0.00	50049.00
4893	利润分配-提取法定盈余公积	0.00	50049.00
4894	利润分配-未分配利润	50049.00	0.00

4895 rows × 3 columns

（3）选取多行多列数据

【例 3-55】接【例 3-6】，选取数据表 df 中"科目名称、借、贷"所在列，且位于第 3 行至第 6 行的全部数据。

示例代码：

```
df.iloc[2:6,3:6]   # 也可以写为 df.iloc[[2,3,4,5], [3,4,5]]
```

运行结果：

	科目名称	借	贷
2	财务费用-金融业务手续费	1380.50	0.00
3	银行存款-结算户	0.00	1380.50
4	财务费用-金融业务手续费	200.00	0.00
5	银行存款-结算户	0.00	200.00

注意，如果需要选取单行或者单列数据，可以写为 df.iloc[[0]]、df.iloc[:,[0]]，此时运行结果为 DataFrame 对象；如果想返回 Series 对象，可以写为 df.iloc[0]、df.iloc[:,0]。

3.7.2 | 数据的修改

1. 修改数据类型

我们可以使用 astype()函数对 DataFrame 中的数据类型进行修改，传入的数据类型为 Python 内置数据类型，如 str、int、float。

【例 3-56】接【例 3-6】，将数据表 df 中"日期"所在列的数据类型修改为字符串。

示例代码：

```
df['日期'].astype(str)
```

运行结果：

```
0        2020-01-13
1        2020-01-13
2        2020-01-15
3        2020-01-15
4        2020-01-16
         ...
4890     2020-12-31
```

```
4891      2020-12-31
4892      2020-12-31
4893      2020-12-31
4894      2020-12-31
Name: 日期, Length: 4895, dtype: object
```

可以看到，返回结果是"日期"列的 Series 对象，数据类型已经修改为 object。但此时，原数据 df 中的"日期"列数据类型并未被修改，如果需要作用于原数据，则需要把结果重新赋值给"日期"列，即 df['日期']= df['日期'].astype(str)。

我们也可以一次修改多列数据类型，并重新赋值给原数据，最后查看原数据 df 的数据类型。

【例 3-57】接【例 3-6】，将数据表 df 中"日期、凭证号、科目编号"所在列的数据类型修改为字符串，并作用于原数据 df。

示例代码：

```
df[['日期','凭证号','科目编号']]=df[['日期','凭证号','科目编号']].astype(str)
df.dtypes
```

运行结果：

```
日期            object
凭证号           object
科目编号          object
科目名称          object
借            float64
贷            float64
dtype: object
```

可以看到，"日期""凭证号""科目编号"这 3 列的数据类型已经修改为 object，我们可以把 pandas 中的 object 类型简单理解为字符串类型。

如果想把"凭证号、科目编号"这两列的数据类型重新修改为浮点型，可以传入数据类型 float。

【例 3-58】接【例 3-57】，将数据表 df 中"凭证号""科目编号"所在列的数据类型修改为浮点型，并作用于原数据 df。

示例代码：

```
df[['凭证号','科目编号']]=df[['凭证号','科目编号']].astype(float)
df.dtypes
```

运行结果：

```
日期            object
凭证号          float64
科目编号         float64
科目名称          object
借            float64
贷            float64
dtype: object
```

通常在使用 pandas 直接进行数据读取时，会将字符串类型的日期数据对应为 object 类型，这会使很多日期类型的相关操作都无法进行。这里我们可以使用 pandas 提供的 to_datetime()函数将日期数据类型由 object 类型转换为 datetime64 类型。

【例 3-59】接【例 3-58】，将数据表 df 中"日期"所在列的数据类型由 object 类型修改为 datetime64 类型，并作用于原数据 df。

示例代码：

```
df['日期']=pd.to_datetime(df['日期'])
df.dtypes
```

运行结果：

```
日期            datetime64[ns]
凭证号               float64
科目编号              float64
科目名称              object
借                 float64
贷                 float64
dtype: object
```

2. 修改索引标签

我们可以通过为 DataFrame 的 index 和 columns 属性重新赋值来修改行索引标签和列索引标签。

（1）通过 index 属性修改行索引

初始导入数据时，默认行索引范围为 0～4894，我们可以通过 index 属性传入新的序列，达到修改行索引的目的，前提是要保持序列长度一致，否则会报错。

【例 3-60】接【例 3-6】，将数据表 df 的行索引修改为从 1 至 4895 的序列。

示例代码：

```
df.index=range(1,4896)    # range(1,4896)表示从 1 到 4895 的序列
df
```

运行结果：

	日期	凭证号	科目编号	科目名称	借	贷
1	2020-01-13	10001	100202	银行存款-结算户	99904.00	0.00
2	2020-01-13	10001	112202	应收账款-企业外部	0.00	99904.00
3	2020-01-15	20001	660304	财务费用-金融业务手续费	1380.50	0.00
4	2020-01-15	20001	100202	银行存款-结算户	0.00	1380.50
5	2020-01-16	20002	660304	财务费用-金融业务手续费	200.00	0.00
...	...	...	...	...	...	...
4891	2020-12-31	30091	410401	利润分配-未分配利润	0.00	299184.82
4892	2020-12-31	30092	410402	利润分配-提取法定盈余公积	50049.00	0.00
4893	2020-12-31	30092	410101	盈余公积-法定盈余公积	0.00	50049.00
4894	2020-12-31	30093	410402	利润分配-提取法定盈余公积	0.00	50049.00
4895	2020-12-31	30093	410401	利润分配-未分配利润	50049.00	0.00

4895 rows × 6 columns

（2）通过 columns 属性修改列索引

✎【例 3-61】接【例 3-60】，将数据表 df 的列索引修改为"凭证日期""凭证号码""科目编号""科目名称""借方""贷方"。

示例代码：

```
df.columns=['凭证日期', '凭证号码', '科目编号', '科目名称', '借方', '贷方']
df
```

运行结果：

	凭证日期	凭证号码	科目编号	科目名称	借方	贷方
1	2020-01-13	10001	100202	银行存款-结算户	99904.00	0.00
2	2020-01-13	10001	112202	应收账款-企业外部	0.00	99904.00
3	2020-01-15	20001	660304	财务费用-金融业务手续费	1380.50	0.00
4	2020-01-15	20001	100202	银行存款-结算户	0.00	1380.50
5	2020-01-16	20002	660304	财务费用-金融业务手续费	200.00	0.00
...	...	...	...	...	...	...
4891	2020-12-31	30091	410401	利润分配-未分配利润	0.00	299184.82
4892	2020-12-31	30092	410402	利润分配-提取法定盈余公积	50049.00	0.00
4893	2020-12-31	30092	410101	盈余公积-法定盈余公积	0.00	50049.00
4894	2020-12-31	30093	410402	利润分配-提取法定盈余公积	0.00	50049.00
4895	2020-12-31	30093	410401	利润分配-未分配利润	50049.00	0.00

4895 rows × 6 columns

（3）通过 rename()函数修改行、列索引

我们也可以通过 rename()函数来修改行索引和列索引。

语法格式：

```
DataFrame.rename(index, columns, inplace)
```

参数说明如下。

index：用于指定行索引的新标签，一般为字典形式。

columns：用于指定列索引的新标签，一般为字典形式。

inplace：是否修改原数据，默认值为 False，表示不修改，值为 True 表示修改。

✎【例 3-62】接【例 3-61】，将数据表 df 的行索引 1、2、3 改为"a、b、c"，列索引修改为"日期""凭证号""科目编号""科目名称""借""贷"。

示例代码：

```
df.rename(
        index={1:'a',2:'b',3:'c'},
        columns={'凭证日期':'日期','凭证号码':'凭证号','借方':'借','贷方':'贷'},
        inplace=True
        )
df
```

运行结果：

	日期	凭证号	科目编号	科目名称	借	贷
a	2020-01-13	10001	100202	银行存款-结算户	99904.00	0.00
b	2020-01-13	10001	112202	应收账款-企业外部	0.00	99904.00
c	2020-01-15	20001	660304	财务费用-金融业务手续费	1380.50	0.00
4	2020-01-15	20001	100202	银行存款-结算户	0.00	1380.50
5	2020-01-16	20002	660304	财务费用-金融业务手续费	200.00	0.00
...	...	...	...	...	...	...
4891	2020-12-31	30091	410401	利润分配-未分配利润	0.00	299184.82
4892	2020-12-31	30092	410402	利润分配-提取法定盈余公积	50049.00	0.00
4893	2020-12-31	30092	410101	盈余公积-法定盈余公积	0.00	50049.00
4894	2020-12-31	30093	410402	利润分配-提取法定盈余公积	0.00	50049.00
4895	2020-12-31	30093	410401	利润分配-未分配利润	50049.00	0.00

4895 rows × 6 columns

3．替换指定数据

我们可以通过 replace()函数替换 DataFrame 中的指定数据。

语法格式：

DataFrame.replace(to_replace,value, inplace)

参数说明如下。

to_replace：被替换的值。

value：替换后的值；

inplace：是否修改原数据，默认值为 False，表示不修改，值为 True 时表示修改。

（1）单值替换

【例 3-63】接【例 3-6】，将数据表 df 中的"财务费用-金融业务手续费"全部替换为"银行手续费"。

示例代码：

df.replace('财务费用-金融业务手续费','银行手续费')

运行结果：

	日期	凭证号	科目编号	科目名称	借	贷
0	2020-01-13	10001	100202	银行存款-结算户	99904.00	0.00
1	2020-01-13	10001	112202	应收账款-企业外部	0.00	99904.00
2	2020-01-15	20001	660304	银行手续费	1380.50	0.00
3	2020-01-15	20001	100202	银行存款-结算户	0.00	1380.50
4	2020-01-16	20002	660304	银行手续费	200.00	0.00
...	...	...	...	...	...	...
4890	2020-12-31	30091	410401	利润分配-未分配利润	0.00	299184.82
4891	2020-12-31	30092	410402	利润分配-提取法定盈余公积	50049.00	0.00
4892	2020-12-31	30092	410101	盈余公积-法定盈余公积	0.00	50049.00
4893	2020-12-31	30093	410402	利润分配-提取法定盈余公积	0.00	50049.00
4894	2020-12-31	30093	410401	利润分配-未分配利润	50049.00	0.00

4895 rows × 6 columns

（2）列表替换

【例 3-64】接【例 3-6】，将数据表 df 中的"利润分配-未分配利润""利润分配-提取法定盈余公积"全部替换为"利润分配"。

示例代码：

df.replace(['利润分配-未分配利润','利润分配-提取法定盈余公积'],'利润分配')

运行结果：

	日期	凭证号	科目编号	科目名称	借	贷
0	2020-01-13	10001	100202	银行存款-结算户	99904.00	0.00
1	2020-01-13	10001	112202	应收账款-企业外部	0.00	99904.00
2	2020-01-15	20001	660304	财务费用-金融业务手续费	1380.50	0.00
3	2020-01-15	20001	100202	银行存款-结算户	0.00	1380.50
4	2020-01-16	20002	660304	财务费用-金融业务手续费	200.00	0.00
...	...	...	...	...	...	...
4890	2020-12-31	30091	410401	利润分配	0.00	299184.82
4891	2020-12-31	30092	410402	利润分配	50049.00	0.00
4892	2020-12-31	30092	410101	盈余公积-法定盈余公积	0.00	50049.00
4893	2020-12-31	30093	410402	利润分配	0.00	50049.00
4894	2020-12-31	30093	410401	利润分配	50049.00	0.00

4895 rows × 6 columns

（3）字典替换

【例 3-65】接【例 3-6】，将数据表 df 中的"利润分配-未分配利润""利润分配-提取法定盈余公积"分别替换为"未分配利润""提取法定盈余公积"。

示例代码：

```
df.replace({'利润分配-未分配利润':'未分配利润','利润分配-提取法定盈余公积':'提取法定盈余公积'})
```

运行结果：

	日期	凭证号	科目编号	科目名称	借	贷
0	2020-01-13	10001	100202	银行存款-结算户	99904.00	0.00
1	2020-01-13	10001	112202	应收账款-企业外部	0.00	99904.00
2	2020-01-15	20001	660304	财务费用-金融业务手续费	1380.50	0.00
3	2020-01-15	20001	100202	银行存款-结算户	0.00	1380.50
4	2020-01-16	20002	660304	财务费用-金融业务手续费	200.00	0.00
...	...	...	...	...	...	...
4890	2020-12-31	30091	410401	未分配利润	0.00	299184.82
4891	2020-12-31	30092	410402	提取法定盈余公积	50049.00	0.00
4892	2020-12-31	30092	410101	盈余公积-法定盈余公积	0.00	50049.00
4893	2020-12-31	30093	410402	提取法定盈余公积	0.00	50049.00
4894	2020-12-31	30093	410401	未分配利润	50049.00	0.00

4895 rows × 6 columns

除了以上方法外，我们还可以使用 loc()、iloc()函数修改指定数据。

以修改行数据为例，如果 loc()函数中的行标签不在 index 中，则会在最后新增一行数据；如果该行标签在 index 中，则会对该标签所在行的数据进行修改。

【例 3-66】接【例 3-6】，将数据表 df 中行标签为 4894 的行数据修改为"2020-12-31, 30098,100202,'银行存款-结算户',9999.00,0.00"。

示例代码：

```
# 传入的数据需要与对应列的数据类型保持一致
# 通过 to_datetime()函数把传入的单个日期转换为 Timestamp 数据类型
df.loc[4894]=[pd.to_datetime('2020-12-31'),30098,100202,'银行存款-结算户',9999.00,0.00]
df
```

运行结果：

	日期	凭证号	科目编号	科目名称	借	贷
0	2020-01-13	10001	100202	银行存款-结算户	99904.00	0.00
1	2020-01-13	10001	112202	应收账款-企业外部	0.00	99904.00
2	2020-01-15	20001	660304	财务费用-金融业务手续费	1380.50	0.00
3	2020-01-15	20001	100202	银行存款-结算户	0.00	1380.50
4	2020-01-16	20002	660304	财务费用-金融业务手续费	200.00	0.00
...	...	...	...	...	...	...
4890	2020-12-31	30091	410401	利润分配-未分配利润	0.00	299184.82
4891	2020-12-31	30092	410402	利润分配-提取法定盈余公积	50049.00	0.00
4892	2020-12-31	30092	410101	盈余公积-法定盈余公积	0.00	50049.00
4893	2020-12-31	30093	410402	利润分配-提取法定盈余公积	0.00	50049.00
4894	2020-12-31	30098	100202	银行存款-结算户	9999.00	0.00

4895 rows × 6 columns

iloc()与 loc()的区别在于，如果 iloc()中的整数索引超过 index 的最大长度，程序就会报错。因此 iloc()只能对该索引位置所在行的数据进行修改，而无法像 loc()那样添加新的行。

【例 3-67】接【例 3-6】，将数据表 df 中行索引位置为 4894 的行数据修改为"2020-12-31，30099,112202,'应收账款-企业外部',8888.00,0.00"。

示例代码：

```
df.iloc[4894]=[pd.to_datetime('2020-12-31'),30099,112202,'应收账款-企业外部',8888.00,0.00]
df
```

运行结果：

	日期	凭证号	科目编号	科目名称	借	贷
0	2020-01-13	10001	100202	银行存款-结算户	99904.00	0.00
1	2020-01-13	10001	112202	应收账款-企业外部	0.00	99904.00
2	2020-01-15	20001	660304	财务费用-金融业务手续费	1380.50	0.00
3	2020-01-15	20001	100202	银行存款-结算户	0.00	1380.50
4	2020-01-16	20002	660304	财务费用-金融业务手续费	200.00	0.00
...						
4890	2020-12-31	30091	410401	利润分配-未分配利润	0.00	299184.82
4891	2020-12-31	30092	410402	利润分配-提取法定盈余公积	50049.00	0.00
4892	2020-12-31	30092	410101	盈余公积-法定盈余公积	0.00	50049.00
4893	2020-12-31	30093	410402	利润分配-提取法定盈余公积	0.00	50049.00
4894	2020-12-31	30099	112202	应收账款-企业外部	8888.00	0.00

4895 rows × 6 columns

3.7.3 数据的删除

1. drop()函数

我们可以使用 drop()函数删除 DataFrame 中的行或列。

语法格式：

```
DataFrame.drop(labels,axis,index,columns,inplace)
```

参数说明如下。

labels：表示要删除的行或列的标签，可以是单个标签或列表。

axis：默认 axis=0，表示按行操作；axis=1，表示按列操作。

index：指定要删除的行标签，可以是单个标签或列表。

columns：指定要删除的列标签，可以是单个标签或列表。

inplace：是否修改原数据，默认值为 False，表示不修改，值为 True 时表示修改。

（1）删除指定行

【例 3-68】接【例 3-6】，使用 drop()函数删除数据表 df 中的前两行数据。

示例代码：

```
df.drop([0,1])   # 也可以写成：df.drop(index=[0,1])
```

运行结果：

	日期	凭证号	科目编号	科目名称	借	贷
2	2020-01-15	20001	660304	财务费用-金融业务手续费	1380.50	0.00
3	2020-01-15	20001	100202	银行存款-结算户	0.00	1380.50
4	2020-01-16	20002	660304	财务费用-金融业务手续费	200.00	0.00
5	2020-01-16	20002	100202	银行存款-结算户	0.00	200.00
6	2020-01-17	20003	22210103	应交税费-应交税金-未交增值税	63945.42	0.00
...	...	...	...	...	...	...
4890	2020-12-31	30091	410401	利润分配-未分配利润	0.00	299184.82
4891	2020-12-31	30092	410402	利润分配-提取法定盈余公积	50049.00	0.00
4892	2020-12-31	30092	410101	盈余公积-法定盈余公积	0.00	50049.00
4893	2020-12-31	30093	410402	利润分配-提取法定盈余公积	0.00	50049.00
4894	2020-12-31	30093	410401	利润分配-未分配利润	50049.00	0.00

4893 rows × 6 columns

注意，当 drop() 函数中传入的参数未指定 index 或 columns 时，就需要设置参数 axis。若按行删除，则指定 axis=0（默认值，可省略）；若按列删除，则指定 axis=1。

（2）删除指定列

【例 3-69】接【例 3-6】，使用 drop() 函数删除数据表 df 中的前两列数据。

示例代码：

```
df.drop(['日期','凭证号'],axis=1)   # 也可以写成 df.drop(columns=['日期','凭证号'])
```

运行结果：

	科目编号	科目名称	借	贷
0	100202	银行存款-结算户	99904.00	0.00
1	112202	应收账款-企业外部	0.00	99904.00
2	660304	财务费用-金融业务手续费	1380.50	0.00
3	100202	银行存款-结算户	0.00	1380.50
4	660304	财务费用-金融业务手续费	200.00	0.00
...	...	...	...	...
4890	410401	利润分配-未分配利润	0.00	299184.82
4891	410402	利润分配-提取法定盈余公积	50049.00	0.00
4892	410101	盈余公积-法定盈余公积	0.00	50049.00
4893	410402	利润分配-提取法定盈余公积	0.00	50049.00
4894	410401	利润分配-未分配利润	50049.00	0.00

4895 rows × 4 columns

2. del 关键字

我们可以使用 Python 中的 del 关键字删除数据，但 del 关键字只能删除列。另外，del 关键字的删除操作会作用于原数据，并且一次只能删除一列。

【例 3-70】接【例 3-6】，使用 del 关键字删除数据表 df 中的"科目编号"这一列数据。

示例代码：

```
del df['科目编号']
df
```

运行结果：

	日期	凭证号	科目名称	借	贷
0	2020-01-13	10001	银行存款-结算户	99904.00	0.00
1	2020-01-13	10001	应收账款-企业外部	0.00	99904.00
2	2020-01-15	20001	财务费用-金融业务手续费	1380.50	0.00
3	2020-01-15	20001	银行存款-结算户	0.00	1380.50
4	2020-01-16	20002	财务费用-金融业务手续费	200.00	0.00
...					
4890	2020-12-31	30091	利润分配-未分配利润	0.00	299184.82
4891	2020-12-31	30092	利润分配-提取法定盈余公积	50049.00	0.00
4892	2020-12-31	30092	盈余公积-法定盈余公积	0.00	50049.00
4893	2020-12-31	30093	利润分配-提取法定盈余公积	0.00	50049.00
4894	2020-12-31	30093	利润分配-未分配利润	50049.00	0.00

4895 rows × 5 columns

可以看到，此时的原数据 df 已经被修改。关于 pandas 删除某行或某列数据的用法中，drop() 函数比 del 关键字更有灵活性，更为实用。

3.7.4 数据的增加

1. 按行增加数据

（1）增加一行数据

我们可以使用 loc() 函数增加行数据，3.7.2 节中介绍过，如果 loc() 函数中的行索引标签不在 index 中，则会在最后新增一行数据。这里要注意，增加的数据类型与每一列的数据类型要保持一致。

【例 3-71】接【例 3-6】，在数据表 df 中的最后增加一行数据"2020-12-31,30093,410401,'利润分配-未分配利润',50049.00,0.00"，其行标签为 5000。

示例代码：

```
# 传入的数据需要与对应列的数据类型保持一致
# 通过 to_datetime()函数把传入的单个日期转换为 Timestamp 类型
df.loc[5000] = [pd.to_datetime('2020-12-31'),30093,410401,'利润分配-未分配利润',
                50049.00,0.00]
df
```

运行结果：

	日期	凭证号	科目编号	科目名称	借	贷
0	2020-01-13	10001	100202	银行存款-结算户	99904.00	0.00
1	2020-01-13	10001	112202	应收账款-企业外部	0.00	99904.00
2	2020-01-15	20001	660304	财务费用-金融业务手续费	1380.50	0.00
3	2020-01-15	20001	100202	银行存款-结算户	0.00	1380.50
4	2020-01-16	20002	660304	财务费用-金融业务手续费	200.00	0.00
...						
4891	2020-12-31	30092	410402	利润分配-提取法定盈余公积	50049.00	0.00
4892	2020-12-31	30092	410101	盈余公积-法定盈余公积	0.00	50049.00
4893	2020-12-31	30093	410402	利润分配-提取法定盈余公积	0.00	50049.00
4894	2020-12-31	30093	410401	利润分配-未分配利润	50049.00	0.00
5000	2020-12-31	30093	410401	利润分配-未分配利润	50049.00	0.00

4896 rows × 6 columns

（2）增加多行数据

可以使用 concat()函数实现，类似多个数据表的纵向合并，concat()函数会在 3.15 节中进行讲解。

2. 按列增加数据

为 DataFrame 增加一列新数据，需要确保增加列的数据长度与原数据保持一致。

（1）直接赋值

可以直接为 DataFrame 对象赋值，这个方法默认在数据表的最后添加新列，如果增加的一列数据完全相同，则可以直接输入。

📖【例 3-72】接【例 3-71】，在数据表 df 中的最后增加一列数据，数据全部填充为"张三"，其列标签为"操作员"。

示例代码：

```
df['操作员'] = '张三'
df
```

运行结果：

	日期	凭证号	科目编号	科目名称	借	贷	操作员
0	2020-01-13	10001	100202	银行存款-结算户	99904.00	0.00	张三
1	2020-01-13	10001	112202	应收账款-企业外部	0.00	99904.00	张三
2	2020-01-15	20001	660304	财务费用-金融业务手续费	1380.50	0.00	张三
3	2020-01-15	20001	100202	银行存款-结算户	0.00	1380.50	张三
4	2020-01-16	20002	660304	财务费用-金融业务手续费	200.00	0.00	张三
...	...	...	...	...	...	...	...
4891	2020-12-31	30092	410402	利润分配-提取法定盈余公积	50049.00	0.00	张三
4892	2020-12-31	30092	410101	盈余公积-法定盈余公积	0.00	50049.00	张三
4893	2020-12-31	30093	410402	利润分配-提取法定盈余公积	0.00	50049.00	张三
4894	2020-12-31	30093	410401	利润分配-未分配利润	50049.00	0.00	张三
5000	2020-12-31	30093	410401	利润分配-未分配利润	50049.00	0.00	张三

4896 rows × 7 columns

但是增加的列一般需要通过原数据进行计算。

📖【例 3-73】接【例 3-72】，在数据表 df 中的最后增加一列数据，数据等于"借"列金额减去"贷"列金额的差额，其列标签为"金额"。

示例代码：

```
df['金额'] = df['借'] - df['贷']  # 也可以写为 df.eval('金额 = 借 - 贷',inplace = True)
df
```

运行结果：

	日期	凭证号	科目编号	科目名称	借	贷	操作员	金额
0	2020-01-13	10001	100202	银行存款-结算户	99904.00	0.00	张三	99904.00
1	2020-01-13	10001	112202	应收账款-企业外部	0.00	99904.00	张三	-99904.00
2	2020-01-15	20001	660304	财务费用-金融业务手续费	1380.50	0.00	张三	1380.55
3	2020-01-15	20001	100202	银行存款-结算户	0.00	1380.50	张三	-1380.55
4	2020-01-16	20002	660304	财务费用-金融业务手续费	200.00	0.00	张三	200.00
...	...	...	...	...	...	...	...	...
4891	2020-12-31	30092	410402	利润分配-提取法定盈余公积	50049.00	0.00	张三	50049.00
4892	2020-12-31	30092	410101	盈余公积-法定盈余公积	0.00	50049.00	张三	-50049.00
4893	2020-12-31	30093	410402	利润分配-提取法定盈余公积	0.00	50049.00	张三	-50049.00
4894	2020-12-31	30093	410401	利润分配-未分配利润	50049.00	0.00	张三	50049.00
5000	2020-12-31	30093	410401	利润分配-未分配利润	50049.00	0.00	张三	50049.00

4896 rows × 8 columns

（2）使用 loc()函数

前面介绍过使用 loc()函数增加行数据，同样，我们也可以使用 loc()函数增加列数据。

【例 3-74】接【例 3-73】，在数据表 df 中的最后增加一列数据，数据为 "凭证号" 所在列的数据，其列标签为 "凭证编号"。

示例代码：

```
df.loc[:,'凭证编号'] = df['凭证号']
df
```

运行结果：

	日期	凭证号	科目编号	科目名称	借	贷	操作员	金额	凭证编号
0	2020-01-13	10001	100202	银行存款-结算户	99904.00	0.00	张三	99904.00	10001
1	2020-01-13	10001	112202	应收账款-企业外部	0.00	99904.00	张三	-99904.00	10001
2	2020-01-15	20001	660304	财务费用-金融业务手续费	1380.50	0.00	张三	1380.50	20001
3	2020-01-15	20001	100202	银行存款-结算户	0.00	1380.50	张三	-1380.50	20001
4	2020-01-16	20002	660304	财务费用-金融业务手续费	200.00	0.00	张三	200.00	20002
...	...	...	...	...	...	...	...	...	...
4891	2020-12-31	30092	410402	利润分配-提取法定盈余公积	50049.00	0.00	张三	50049.00	30092
4892	2020-12-31	30092	410101	盈余公积-法定盈余公积	0.00	50049.00	张三	-50049.00	30092
4893	2020-12-31	30093	410402	利润分配-提取法定盈余公积	0.00	50049.00	张三	-50049.00	30093
4894	2020-12-31	30093	410401	利润分配-未分配利润	50049.00	0.00	张三	50049.00	30093
5000	2020-12-31	30093	410401	利润分配-未分配利润	50049.00	0.00	张三	50049.00	30093

4896 rows × 9 columns

（3）在指定位置插入列

pandas 提供了 insert()函数，其功能是在任意位置添加新列，这个函数有 3 个参数，使用更加灵活。

语法格式：

```
df.insert(loc, column, value)
```

参数说明如下。

loc：表示需要插入的索引位置。

column：表示列标签名。

value：表示需要插入的数据，可以是 Series 或数组。

【例 3-75】接【例 3-74】，在数据表 df 中的第 3 列 "科目编号" 的后面插入一列数据，数据为 "借" 所在列的数据，列标签为 "借方"。

示例代码：

```
df.insert(3,'借方',df['借'])
df
```

运行结果：

	日期	凭证号	科目编号	借方	科目名称	借	贷	操作员	金额	凭证编号
0	2020-01-13	10001	100202	99904.00	银行存款-结算户	99904.00	0.00	张三	99904.00	10001
1	2020-01-13	10001	112202		应收账款-企业外部	0.00	99904.00	张三	-99904.00	10001
2	2020-01-15	20001	660304	1380.50	财务费用-金融业务手续费	1380.50	0.00	张三	1380.50	20001
3	2020-01-15	20001	100202		银行存款-结算户	0.00	1380.50	张三	-1380.50	20001
4	2020-01-16	20002	660304	200.00	财务费用-金融业务手续费	200.00	0.00	张三	200.00	20002
...	...	...	...	...	...	...	...	...	...	...
4891	2020-12-31	30092	410402	50049.00	利润分配-提取法定盈余公积	50049.0	0.00	张三	50049.00	30092
4892	2020-12-31	30092	410101	0.00	盈余公积-法定盈余公积	0.0	50049.00	张三	-50049.00	30092
4893	2020-12-31	30093	410402	0.00	利润分配-提取法定盈余公积	0.0	50049.00	张三	-50049.00	30093
4894	2020-12-31	30093	410401	50049.00	利润分配-未分配利润	50049.0	0.00	张三	50049.00	30093
5000	2020-12-31	30093	410401	50049.00	利润分配-未分配利润	50049.0	0.00	张三	50049.00	30093

4896 rows × 10 columns

3.8 数据的排序

在进行数据分析时，我们经常需要对数据进行排序，这时就需要用到 sort_values()函数。
语法格式：

DataFrame.sort_values(by, axis, ascending, inplace, na_position)

参数说明如下。

axis：默认 axis=0，按照列排序，即纵向排序；axis=1，则是横向排序。

by：如果 axis=0，则 by="列标签"；如果 axis=1，则 by="行标签"。

ascending：取值为 True 表示按升序排列，取值为 False 表示按降序排列，如果 by=['列标签 1','列标签 2']，则该参数可以是[True, False]，即第一字段升序，第二个字段降序。

inplace：是否修改原数据，默认值为 False，表示不修改，值为 True 时表示修改。

na_position：取值为 first 或者 last，默认值为 last，表示缺失值排在最后面。

3.8.1 单条件排序

【例 3-76】接【例 3-6】，在数据表 df 中选取出"管理费用"科目"借"列金额不为 0 的所有明细数据，然后以"借"列为条件，将选取出的管理费用明细进行降序排列。

示例代码：

```
df 2 = df [df ['科目名称'].str.contains('管理费用') & df ['借']!=0]
df 2.sort_values('借',ascending=False,inplace=True)
df 2
```

运行结果：

	日期	凭证号	科目编号	科目名称	借	贷
3960	2020-11-27	30009	66020201	管理费用-职工薪酬-工资	252581.00	0.00
3192	2020-09-29	30041	66020201	管理费用-职工薪酬-工资	62598.00	0.00
3650	2020-10-30	30032	66020201	管理费用-职工薪酬-工资	52233.00	0.00
2732	2020-08-31	30028	66020201	管理费用-职工薪酬-工资	49687.00	0.00
2238	2020-07-30	30017	66020201	管理费用-职工薪酬-工资	45255.00	0.00
...	...	...	...	...	...	...
4546	2020-12-28	30032	66029999	管理费用-其他支出-其他支出	1.31	0.00
1121	2020-04-28	30023	6602021102	管理费用-职工薪酬-设定提存计划-失业保险费	-149.06	0.00
1117	2020-04-28	30023	6602020302	管理费用-职工薪酬-社会保险费-工伤保险费	-424.79	0.00
1120	2020-04-28	30023	6602021101	管理费用-职工薪酬-设定提存计划-基本养老保险费	-4769.60	0.00
3849	2020-10-31	30066	66029999	管理费用-其他支出-其他支出	-30400.00	0.00

147 rows × 6 columns

3.8.2 多条件排序

1. 情形 1

【例 3-77】接【例 3-76】，以日期和借方金额所在列为条件，将选取出的管理费用明细进行降序排列。

示例代码：

```
#多条件排序
df 2.sort_values(['日期','借'],ascending=False,inplace=True)
df 2
```

运行结果：

	日期	凭证号	科目编号	科目名称	借	贷
4776	2020-12-31	30080	66029901	管理费用-其他支出-办公费	9785.00	0.00
4571	2020-12-29	30037	66029923	管理费用-其他支出-广告宣传费	3792.00	0.00
4567	2020-12-29	20037	66029902	管理费用-其他支出-差旅费	832.47	0.00
4552	2020-12-28	30034	66020201	管理费用-职工薪酬-工资	6000.00	0.00
4546	2020-12-28	30032	66029999	管理费用-其他支出-其他支出	1.31	0.00
...	...	...	...	...	...	...
168	2020-01-31	30015	6602020302	管理费用-职工薪酬-社会保险费-工伤保险费	424.79	0.00
172	2020-01-31	30015	6602021102	管理费用-职工薪酬-设定提存计划-失业保险费	149.06	0.00
47	2020-01-20	20009	66029902	管理费用-其他支出-差旅费	100.00	0.00
27	2020-01-19	20008	6602991101	管理费用-其他支出-车辆使用费-耗油费	200.00	0.00
25	2020-01-19	20007	66029999	管理费用-其他支出-其他支出	48.00	0.00

147 rows × 6 columns

2. 情形 2

【例 3-78】接【例 3-76】，以日期列为条件，将选取出的管理费用明细进行降序排列，如果日期相同，则以"借"列为条件进行升序排列。

示例代码：

```
#多条件排序
df 2.sort_values(['日期','借'],ascending=[False,True],inplace=True)
df 2
```

运行结果：

	日期	凭证号	科目编号	科目名称	借	贷
4776	2020-12-31	30080	66029901	管理费用-其他支出-办公费	9785.00	0.00
4567	2020-12-29	20037	66029902	管理费用-其他支出-差旅费	832.47	0.00
4571	2020-12-29	30037	66029923	管理费用-其他支出-广告宣传费	3792.00	0.00
4546	2020-12-28	30032	66029999	管理费用-其他支出-其他支出	1.31	0.00
4552	2020-12-28	30034	66020201	管理费用-职工薪酬-工资	6000.00	0.00
...	...	...	...	...	...	...
171	2020-01-31	30015	6602021101	管理费用-职工薪酬-设定提存计划-基本养老保险费	4769.60	0.00
165	2020-01-31	30014	66020201	管理费用-职工薪酬-工资	24883.00	0.00
47	2020-01-20	20009	66029902	管理费用-其他支出-差旅费	100.00	0.00
25	2020-01-19	20007	66029999	管理费用-其他支出-其他支出	48.00	0.00
27	2020-01-19	20008	6602991101	管理费用-其他支出-车辆使用费-耗油费	200.00	0.00

147 rows × 6 columns

3.9 字符串的处理

在 pandas 中进行字符串的处理，需要先获取 Series 对象的 str 属性，然后在 str 属性上调用对应的函数。这里要注意，DataFrame 上没有 str 属性；且只能在文本格式的列上使用，不能在日期格式、数字格式的列上使用。

微课堂

字符串的处理

3.9.1 len()函数

使用 len()函数可以返回 Series 对象中每一个数据的长度。

首先，需要导入字符串处理的相关数据。

【例 3-79】 读取当前路径下的 Excel 工作簿"数据.xlsx"，并指定 sheet_name 参数的值为"字符串处理"。

示例代码：

```
import pandas as pd    # 导入 pandas 模块
source_file = "数据.xlsx"    # 定义 Excel 文件路径
# 读取 Excel 数据
df = pd.read_excel(
            source_file,    # Excel 文件路径
            sheet_name='字符串处理',    # 获取'字符串处理'工作表的数据
            )
df
```

运行结果：

	日期	凭证号	科目编号	科目名称	借	贷
0	2020-01-13	10001	100202	银行 存款-结 算户	99904.00	0.00
1	2020-01-13	10001	112202	应收账款 - 企业外部	0.00	99904.00
2	2020-01-15	20001	660304	财务 费用-金融业 务手续费	1380.50	0.00
3	2020-01-15	20001	100202	银行 存款-结 算户	0.00	1380.50
4	2020-01-16	20002	660304	财 务费用-金融 业务手续费	200.00	0.00
5	2020-01-16	20002	100202	银行存款-结 算户	0.00	200.00
6	2020-01-17	20003	22210103	应交税费-应交税金- 未交增值税	63945.42	0.00
7	2020-01-17	20003	22210112	应交税 费-应交税金-城建税	4476.18	0.00
8	2020-01-17	20003	22210118	应交税费-应交税金-教育费附加	1918.36	0.00
9	2020-01-17	20003	22210119	应交税费- 应交税金- 地方教育附加	1278.91	0.00
10	2020-01-17	20003	22210121	应交税费-应交税金-个人所得税	5389.64	0.00
11	2020-01-17	20003	100202	银行存款-结算户	0.00	5389.64
12	2020-01-17	20003	100202	银行存款-结算户	0.00	71618.87
13	2020-01-17	30001	6402040299	其他业务成本-其他板块-外部-其他	194191.63	0.00
14	2020-01-17	30001	22020299	应付账款-企业外部-其他	0.00	194191.63

然后，通过 len()函数输出 Series 对象中每一个数据的长度。

【例 3-80】 接【例 3-79】，使用 len()函数计算数据表 df 中"科目编号"这一列每一个编号的长度。

示例代码：

```
df['科目编号'] = df ['科目编号'].astype(str)    # 把科目编号的数字类型修改为字符串类型
df['科目编号'].str.len()
```

运行结果：

```
0        6
1        6
2        6
3        6
4        6
5        6
6        8
7        8
8        8
```

```
9          8
10         8
11         6
12         6
13        10
14         8
Name: 科目编号, dtype: int64
```

3.9.2 | strip()函数

strip()函数用来清空字符串两侧的空格。lstrip()函数可以清空字符串左侧的空格，rstrip()函数可以清空字符串右侧的空格。

✎ 【例 3-81】接【例 3-79】，将数据表 df 中"科目名称"这一列数据转换为列表。

示例代码：

```
df['科目名称'].tolist()
```

运行结果：

```
['      银行  存款-结     算户 ',
 ' 应收账款   - 企业外部   ',
 '     财务  费用- 金融业 务手续费     ',
 '  银  行存款- 结   算户   ',
 '财 务费用-金融 业务手续费',
 '    银 行存款-结 算户',
 ' 应交税费- 应交税金- 未交增值税',
 ' 应交税 费-应交税金-城建税 ',
 '应交税费-应交税金-教育费附加',
 '   应交税费- 应交税金- 地方教育附加',
 '应交税费-应交税金-个人所得税',
 '       银行存款-结算户',
 ' 银行存款-结算户   ',
 '其他业务成本-其他板块-外部-其他',
 '      应付账款-企业外部-其他  ']
```

将"科目名称"这一列数据转换为列表后，可以更加直观地发现，部分科目名称的两端和中间都存在空格，我们可以使用 strip()函数清空字符串两侧的空格。

✎ 【例 3-82】接【例 3-79】，使用 strip()函数清空数据表 df 中"科目名称"这一列数据两侧的空格。

示例代码：

```
df['科目名称'].str.strip().tolist()   # 清空字符串两侧的空格后转换为列表
```

运行结果：

```
['银行  存款-结     算户',
 '应收账款   - 企业外部',
 '财务  费用- 金融业 务手续费',
```

```
'银 行存款-  结  算户',
'财 务费用-金融 业务手续费',
'银 行存款-结 算户',
'应交税费- 应交税金- 未交增值税',
'应交税 费-应交税金-城建税',
'应交税费-应交税金-教育费附加',
'应交税费- 应交税金- 地方教育附加',
'应交税费-应交税金-个人所得税',
'银行存款-结算户',
'银行存款-结算户',
'其他业务成本-其他板块-外部-其他',
'应付账款-企业外部-其他']
```

可以看到，每一个科目名称两端的空格都被删除，但是文本中间的空格依然存在。

3.9.3 replace()函数

3.7.2 节介绍了 DataFrame 的 replace()函数，它可以一次性替换单个或多个值，但是其只能实现全字匹配，即查找的文本要与被替换的文本完全一致。

这里主要介绍基于 Series 文本对象的 replace()函数，其可以实现匹配目标文本中的一部分，比如匹配空格或者某个字符。

【例 3-83】接【例 3-79】，使用 replace()函数清空数据表 df 中"科目名称"这一列数据中的全部空格。

示例代码：

```
df['科目名称'].str.replace(' ','').tolist()  # 删除空格后转换为列表
```

运行结果：

```
['银行存款-结算户',
 '应收账款-企业外部',
 '财务费用-金融业务手续费',
 '银行存款-结算户',
 '财务费用-金融业务手续费',
 '银行存款-结算户',
 '应交税费-应交税金-未交增值税',
 '应交税费-应交税金-城建税',
 '应交税费-应交税金-教育费附加',
 '应交税费-应交税金-地方教育附加',
 '应交税费-应交税金-个人所得税',
 '银行存款-结算户',
 '银行存款-结算户',
 '其他业务成本-其他板块-外部-其他',
 '应付账款-企业外部-其他']
```

可以看到，"科目名称"这一列数据中的空格全部被删除。

3.9.4 startswith()函数

startswith()函数可以用来判断 Series 对象中的每一个值是否以指定的字符开头。

【例 3-84】接【例 3-80】，使用 startswith()函数判断数据表 df 中"科目编号"这一列数据是否以文本"2221"开头。

示例代码：

```
# 前面已经把科目编号的数据类型修改为字符串类型
df['科目编号'].str.startswith('2221')
```

运行结果：

```
0      False
1      False
2      False
3      False
4      False
5      False
6       True
7       True
8       True
9       True
10      True
11     False
12     False
13     False
14     False
Name: 科目编号, dtype: bool
```

可以看到，运行结果是布尔型的 Series 对象，可以直接作为布尔索引的条件进行条件查询。

【例 3-85】接【例 3-80】，使用 startswith()函数选取数据表 df 中"科目编号"这一列数据中以文本"2221"开头的所有明细。

示例代码：

```
df[df['科目编号'].str.startswith('2221')]
```

运行结果：

	日期	凭证号	科目编号	科目名称	借	贷
6	2020-01-17	20003	22210103	应交税费-应交税金-未交增值税	63945.42	0.00
7	2020-01-17	20003	22210112	应交税 费-应交税金-城建税	4476.18	0.00
8	2020-01-17	20003	22210118	应交税费-应交税金-教育费附加	1918.36	0.00
9	2020-01-17	20003	22210119	应交税费- 应交税金-地方教育附加	1278.91	0.00
10	2020-01-17	20003	22210121	应交税费-应交税金-个人所得税	5389.64	0.00

3.9.5 contains()函数

contains()函数用来判断 Series 对象中的每一个值是否包含指定的字符。

同 startswith()函数，contains()函数输出的结果也是布尔型的 Series 对象，可以直接作为布尔索引的条件进行条件查询。

【例 3-86】接【例 3-80】，使用 contains() 函数选取数据表 df 中"科目名称"这一列数据中包含文本"税金"的所有明细。

示例代码：

```
df[df['科目名称'].str.contains('税金')]
```

运行结果：

	日期	凭证号	科目编号	科目名称	借	贷
6	2020-01-17	20003	22210103	应交税费-应交税金-未交增值税	63945.42	0.00
7	2020-01-17	20003	22210112	应交税 费-应交税金-城建税	4476.18	0.00
8	2020-01-17	20003	22210118	应交税费-应交税金-教育费附加	1918.36	0.00
9	2020-01-17	20003	22210119	应交税费-应交税金-地方教育附加	1278.91	0.00
10	2020-01-17	20003	22210121	应交税费-应交税金-个人所得税	5389.64	0.00

3.9.6　split() 函数

split() 函数的作用相当于 Excel 中的分列，它可以根据指定的字符对 Series 对象进行分列，当设置参数 expand=True 时，会把分割出来的内容单独作为一列。

【例 3-87】接【例 3-80】，以"-"作为分割符，使用 split() 函数对数据表 df 中"科目名称"这一列数据进分列。

示例代码：

```
df['科目名称'].str.split('-',expand = True)
```

运行结果：

	0	1	2	3
0	银行 存款	结 算户	None	None
1	应收账款	企业外部	None	None
2	财务 费用	金融业 务手续费	None	None
3	银 行存款	结 算户	None	None
4	财 务费用	金融 业务手续费	None	None
5	银行存款	结 算户	None	None
6	应交税费	应交税金	未交增值税	None
7	应交税 费	应交税金	城建税	None
8	应交税费	应交税金	教育费附加	None
9	应交税费	应交税金	地方教育附加	None
10	应交税费	应交税金	个人所得税	None
11	银行存款	结算户	None	None
12	银行存款	结算户	None	None
13	其他业务成本	其他板块	外部	其他
14	应付账款	企业外部	其他	None

我们可以把分割后的结果添加到原数据的最后。

【例 3-88】接【例 3-87】，把分割后的结果添加到数据表 df 的最后，列标签依次为"科目1、科目2、科目3、科目4"。

示例代码：

```
# 把删除空格后的文本重新赋值给"科目名称"这一列
df['科目名称'] = df['科目名称'].str.replace(' ','')
df[['科目 1','科目 2','科目 3','科目 4']] = df['科目名称'].str.split('-',expand = True)
df
```

运行结果：

	日期	凭证号	科目编号	科目名称	借	贷	科目1	科目2	科目3	科目4
0	2020-01-13	10001	100202	银行存款-结算户	99904.00	0.00	银行存款	结算户	None	None
1	2020-01-13	10001	112202	应收账款-企业外部	0.00	99904.00	应收账款	企业外部	None	None
2	2020-01-15	20001	660304	财务费用-金融业务手续费	1380.50	0.00	财务费用	金融业务手续费	None	None
3	2020-01-15	20001	100202	银行存款-结算户	0.00	1380.50	银行存款	结算户	None	None
4	2020-01-16	20002	660304	财务费用-金融业务手续费	200.00	0.00	财务费用	金融业务手续费	None	None
5	2020-01-16	20002	100202	银行存款-结算户	0.00	200.00	银行存款	结算户	None	None
6	2020-01-17	20003	22210103	应交税费-应交税金-未交增值税	63945.42	0.00	应交税费	应交税金	未交增值税	None
7	2020-01-17	20003	22210112	应交税费-应交税金-城建税	4476.18	0.00	应交税费	应交税金	城建税	None
8	2020-01-17	20003	22210118	应交税费-应交税金-教育费附加	1918.36	0.00	应交税费	应交税金	教育费附加	None
9	2020-01-17	20003	22210119	应交税费-应交税金-地方教育费附加	1278.91	0.00	应交税费	应交税金	地方教育费附加	None
10	2020-01-17	20003	22210121	应交税费-应交税金-个人所得税	5389.64	0.00	应交税费	应交税金	个人所得税	None
11	2020-01-17	20003	100202	银行存款-结算户	0.00	5389.64	银行存款	结算户	None	None
12	2020-01-17	20003	100202	银行存款-结算户	0.00	71618.87	银行存款	结算户	None	None
13	2020-01-17	30001	6402040299	其他业务成本-其他板块-外部-其他	194191.63	0.00	其他业务成本	其他板块	外部	其他
14	2020-01-17	30001	22020299	应付账款-企业外部-其他	0.00	194191.63	应付账款	企业外部	其他	None

3.9.7 cat()函数

cat()函数可以用来连接不同列之间的值，形成新列。

【例 3-89】接【例 3-88】，以"/"作为分隔符，使用 cat()函数连接"科目编号"与"科目名称"，在数据表 df 的最后新增一列，列标签为"科目编号名称"，数据为 cat()函数连接后的新文本。

示例代码：

```
# 也可以写为 df['科目编号名称'] = df['科目编号'] + '/' + df['科目名称']
df['科目编号名称'] = df['科目编号'].str.cat(df['科目名称'], sep='/')
df
```

运行结果：

	日期	凭证号	科目编号	科目名称	借	贷	科目1	科目2	科目3	科目4	科目编号名称
0	2020-01-13	10001	100202	银行存款-结算户	99904.00	0.00	银行存款	结算户	None	None	100202/银行存款-结算户
1	2020-01-13	10001	112202	应收账款-企业外部	0.00	99904.00	应收账款	企业外部	None	None	112202/应收账款-企业外部
2	2020-01-15	20001	660304	财务费用-金融业务手续费	1380.50	0.00	财务费用	金融业务手续费	None	None	660304/财务费用-金融业务手续费
3	2020-01-15	20001	100202	银行存款-结算户	0.00	1380.50	银行存款	结算户	None	None	100202/银行存款-结算户
4	2020-01-16	20002	660304	财务费用-金融业务手续费	200.00	0.00	财务费用	金融业务手续费	None	None	660304/财务费用-金融业务手续费
5	2020-01-16	20002	100202	银行存款-结算户	0.00	200.00	银行存款	结算户	None	None	100202/银行存款-结算户
6	2020-01-17	20003	22210103	应交税费-应交税金-未交增值税	63945.42	0.00	应交税费	应交税金	未交增值税	None	22210103/应交税费-应交税金-未交增值税
7	2020-01-17	20003	22210112	应交税费-应交税金-城建税	4476.18	0.00	应交税费	应交税金	城建税	None	22210112/应交税费-应交税金-城建税
8	2020-01-17	20003	22210118	应交税费-应交税金-教育费附加	1918.36	0.00	应交税费	应交税金	教育费附加	None	22210118/应交税费-应交税金-教育费附加
9	2020-01-17	20003	22210119	应交税费-应交税金-地方教育费附加	1278.91	0.00	应交税费	应交税金	地方教育费附加	None	22210119/应交税费-应交税金-地方教育费附加
10	2020-01-17	20003	22210121	应交税费-应交税金-个人所得税	5389.64	0.00	应交税费	应交税金	个人所得税	None	22210121/应交税费-应交税金-个人所得税
11	2020-01-17	20003	100202	银行存款-结算户	0.00	5389.64	银行存款	结算户	None	None	100202/银行存款-结算户
12	2020-01-17	20003	100202	银行存款-结算户	0.00	71618.87	银行存款	结算户	None	None	100202/银行存款-结算户
13	2020-01-17	30001	6402040299	其他业务成本-其他板块-外部-其他	194191.63	0.00	其他业务成本	其他板块	外部	其他	6402040299/其他业务成本-其他板块-外部-其他
14	2020-01-17	30001	22020299	应付账款-企业外部-其他	0.00	194191.63	应付账款	企业外部	其他	None	22020299/应付账款-企业外部-其他

3.10 时间序列的处理

在 Python 数据分析过程中经常会遇到时间日期类型的数据，比如财务数据中的记账日期、交易日期、报告日期等，这样的数据称为时间序列数据。在处理包含时间日期的数据时，一般需要把时间日期所在列设置为 DataFrame 的索引，以便直接使用日期来选取行数据。

微课堂

时间序列的处理

3.10.1 按日期筛选数据

我们在读取数据后，要保证日期所在列的数据类型为 datetime64，然后将其设置为索引，这样日期所在列就会被转换为 DatetimeIndex 类型，使用 DatetimeIndex 类型的日期索引查询数据会更加方便。

【例 3-90】接【例 3-6】，将数据表 df 中的"日期"列设置为行索引。

示例代码：

```
df.set_index('日期',inplace=True)   # 把"日期"列设置为行索引
df
```

运行结果：

日期	凭证号	科目编号	科目名称	借	贷
2020-01-13	10001	100202	银行存款-结算户	99904.00	0.00
2020-01-13	10001	112202	应收账款-企业外部	0.00	99904.00
2020-01-15	20001	660304	财务费用-金融业务手续费	1380.50	0.00
2020-01-15	20001	100202	银行存款-结算户	0.00	1380.50
2020-01-16	20002	660304	财务费用-金融业务手续费	200.00	
...					
2020-12-31	30091	410401	利润分配-未分配利润	0.00	299184.82
2020-12-31	30092	410402	利润分配-提取法定盈余公积	50049.00	0.00
2020-12-31	30092	410101	盈余公积-法定盈余公积	0.00	50049.00
2020-12-31	30093	410402	利润分配-提取法定盈余公积	0.00	50049.00
2020-12-31	30093	410401	利润分配-未分配利润	50049.00	0.00

4895 rows × 5 columns

我们可以根据年份来获取某部分数据，也可以根据年月或者年月日来获取数据。

示例代码：

```
df['2020']   # 选取 2020 年的数据
df['2020':'2022']   # 选取 2020—2022 年的数据
df['2020-01']   # 选取 2020 年 1 月的数据
df['2020-01':'2020-06']   # 选取 2020 年 1—6 月的数据
df['2020-01-13':'2020-01-13']   # 获取某天的数据，只能采用时间区间表示
df['2020-01-13':'2020-01-15']   # 获取 2020 年 1 月 13—15 日的数据
```

1. 根据年月来获取数据

【例 3-91】接【例 3-90】，选取数据表 df 中 2020 年 1—6 月的数据。

示例代码：

```
df['2020-01':'2020-06']   # 选取 2020 年 1—6 月的数据
```

运行结果：

日期	凭证号	科目编号	科目名称	借	贷
2020-01-13	10001	100202	银行存款-结算户	99904.00	0.00
2020-01-13	10001	112202	应收账款-企业外部	0.00	99904.00
2020-01-15	20001	660304	财务费用-金融业务手续费	1380.50	0.00
2020-01-15	20001	100202	银行存款-结算户	0.00	1380.50
2020-01-16	20002	660304	财务费用-金融业务手续费	200.00	0.00
...	...	...	...	...	...
2020-06-30	30062	6602991101	管理费用-其他支出-车辆使用费-耗油费	0.00	1000.00
2020-06-30	30062	66029914	管理费用-其他支出-咨询费	0.00	3512.08
2020-06-30	30062	66029999	管理费用-其他支出-其他支出	0.00	6274.00
2020-06-30	30062	660302	财务费用-利息收入	0.00	-859.66
2020-06-30	30062	660304	财务费用-金融业务手续费	0.00	987.50

2086 rows × 5 columns

2. 根据年月日来获取数据

【例 3-92】接【例 3-90】，选取数据表 df 中 2020 年 1 月 13—15 日的数据。

示例代码：

```
df['2020-01-13':'2020-01-15']   # 选取 2020 年 1 月 13—15 日的数据
```

运行结果：

日期	凭证号	科目编号	科目名称	借	贷
2020-01-13	10001	100202	银行存款-结算户	99904.00	0.00
2020-01-13	10001	112202	应收账款-企业外部	0.00	99904.00
2020-01-15	20001	660304	财务费用-金融业务手续费	1380.50	0.00
2020-01-15	20001	100202	银行存款-结算户	0.00	1380.50

3.10.2 按日期显示数据

to_period()函数可以把日期转换为年份、季度、月份显示，此方法基于 DatetimeIndex 类型，需要把 DatetimeIndex 类型转换为 PeriodIndex 类型。具体方法就是通过 Y（年份）、Q（季度）、M（月份）3 个参数的传入实现不同日期的显示。

1. 按月份显示

【例 3-93】接【例 3-90】，把数据表 df 中的行索引改为按月份显示。

示例代码：

```
df.to_period('M')
```

运行结果：

日期	凭证号	科目编号	科目名称	借	贷
2020-01	10001	100202	银行存款-结算户	99904.00	0.00
2020-01	10001	112202	应收账款-企业外部	0.00	99904.00
2020-01	20001	660304	财务费用-金融业务手续费	1380.50	0.00
2020-01	20001	100202	银行存款-结算户	0.00	1380.50
2020-01	20002	660304	财务费用-金融业务手续费	200.00	0.00
...	...	...	...	...	...
2020-12	30091	410401	利润分配-未分配利润	0.00	299184.82
2020-12	30092	410402	利润分配-提取法定盈余公积	50049.00	0.00
2020-12	30092	410101	盈余公积-法定盈余公积	0.00	50049.00
2020-12	30093	410402	利润分配-提取法定盈余公积	0.00	50049.00
2020-12	30093	410401	利润分配-未分配利润	50049.00	0.00

4895 rows × 5 columns

2. 按季度显示

【例 3-94】接【例 3-90】，把数据表 df 中的行索引改为按季度显示。

示例代码：

```
df.to_period('Q')
```

运行结果：

日期	凭证号	科目编号	科目名称	借	贷
2020Q1	10001	100202	银行存款-结算户	99904.00	0.00
2020Q1	10001	112202	应收账款-企业外部	0.00	99904.00
2020Q1	20001	660304	财务费用-金融业务手续费	1380.50	0.00
2020Q1	20001	100202	银行存款-结算户	0.00	1380.50
2020Q1	20002	660304	财务费用-金融业务手续费	200.00	0.00
...	...	...	...	...	...
2020Q4	30091	410401	利润分配-未分配利润	0.00	299184.82
2020Q4	30092	410402	利润分配-提取法定盈余公积	50049.00	0.00
2020Q4	30092	410101	盈余公积-法定盈余公积	0.00	50049.00
2020Q4	30093	410402	利润分配-提取法定盈余公积	0.00	50049.00
2020Q4	30093	410401	利润分配-未分配利润	50049.00	0.00

4895 rows × 5 columns

3.10.3 按日期统计数据

resample()函数基于 DatetimeIndex 对象，可以对日期进行重新采样，通过与 sum()函数的结合，可以按不同日期形式统计数据。

示例代码：

```
# 按周统计数据
df[['借','贷']].resample('W').sum()

# 按月份统计数据，"MS"表示每个月第一天为开始日期，"M"表示每个月最后一天
df[['借','贷']].resample('M').sum()
df[['借','贷']].resample('MS').sum()
df[['借','贷']].resample('M').sum().to_period('M')

# 按季度统计数据，"QS"表示每个季度第一天为开始日期，"Q"表示每个季度最后一天
df[['借','贷']].resample('Q').sum()
df[['借','贷']].resample('QS').sum()
df[['借','贷']].resample('Q').sum().to_period('Q')

# 按年度统计数据，"AS"表示每年第一天为开始日期，"A"表示每年最后一天
df[['借','贷']].resample('A').sum()
df[['借','贷']].resample('AS').sum()
df[['借','贷']].resample('A').sum().to_period('A')
```

我们以按月份统计为例进行讲解。

【例 3-95】接【例 3-90】，将数据表 df 中的数据按月份求和统计，索引日期显示为每月最后一天。

示例代码：

```
df[['借','贷']].resample('M').sum()   #  "M" 表示每个月最后一天
```

运行结果：

日期	借	贷
2020-01-31	22538973.68	22538973.68
2020-02-29	8403688.29	8403688.29
2020-03-31	10228236.78	10228236.78
2020-04-30	14249811.30	14249811.30
2020-05-31	11075388.67	11075388.67
2020-06-30	15921908.98	15921908.98
2020-07-31	23032363.52	23032363.52
2020-08-31	16327449.09	16327449.09
2020-09-30	25564985.35	25564985.35
2020-10-31	13924657.18	13924657.18
2020-11-30	17707150.09	17707150.09
2020-12-31	16746041.41	16746041.41

【例 3-96】接【例 3-90】，将数据表 df 中的数据按月份求和统计，索引日期显示为每月第一天。

示例代码：

```
df[['借','贷']].resample('MS').sum()   #  "MS" 表示每个月第一天为开始日期
```

运行结果：

日期	借	贷
2020-01-01	22538973.68	22538973.68
2020-02-01	8403688.29	8403688.29
2020-03-01	10228236.78	10228236.78
2020-04-01	14249811.30	14249811.30
2020-05-01	11075388.67	11075388.67
2020-06-01	15921908.98	15921908.98
2020-07-01	23032363.52	23032363.52
2020-08-01	16327449.09	16327449.09
2020-09-01	25564985.35	25564985.35
2020-10-01	13924657.18	13924657.18
2020-11-01	17707150.09	17707150.09
2020-12-01	16746041.41	16746041.41

✎ **【例 3-97】** 接【例 3-90】，将数据表 df 中的数据按月份求和统计，索引日期按年月显示。

示例代码：

```
df[['借','贷']].resample('M').sum().to_period('M')   # 统计后按年月显示
```

运行结果：

日期	借	贷
2020-01	22538973.68	22538973.68
2020-02	8403688.29	8403688.29
2020-03	10228236.78	10228236.78
2020-04	14249811.30	14249811.30
2020-05	11075388.67	11075388.67
2020-06	15921908.98	15921908.98
2020-07	23032363.52	23032363.52
2020-08	16327449.09	16327449.09
2020-09	25564985.35	25564985.35
2020-10	13924657.18	13924657.18
2020-11	17707150.09	17707150.09
2020-12	16746041.41	16746041.41

3.10.4　日期的提取

我们可以通过 Series 对象的 dt 属性获取 datetime64 类型日期中的年月日信息。如果该日期列不是 datetime64 类型，应首先使用 to_datetime()函数将该列转换为 datetime64 类型。

✎ **【例 3-98】** 接【例 3-6】，分别提取数据表 df 中"日期"列的年月日，并新增至数据表 df 的最后 3 列。

示例代码：

```
df['年']=df['日期'].dt.year
df['月']=df['日期'].dt.month
df['日']=df['日期'].dt.day
df
```

运行结果：

	日期	凭证号	科目编号	科目名称	借	贷	年	月	日
0	2020-01-13	10001	100202	银行存款-结算户	99904.00	0.00	2020	1	13
1	2020-01-13	10001	112202	应收账款-企业外部	0.00	99904.00	2020	1	13
2	2020-01-15	20001	660304	财务费用-金融业务手续费	1380.50	0.00	2020	1	15
3	2020-01-15	20001	100202	银行存款-结算户	0.00	1380.50	2020	1	15
4	2020-01-16	20002	660304	财务费用-金融业务手续费	200.00	0.00	2020	1	16
...	...	...	...	...	...	...	...	...	...
4890	2020-12-31	30091	410401	利润分配-未分配利润	0.00	299184.82	2020	12	31
4891	2020-12-31	30092	410402	利润分配-提取法定盈余公积	50049.00	0.00	2020	12	31
4892	2020-12-31	30092	410101	盈余公积-法定盈余公积	0.00	50049.00	2020	12	31
4893	2020-12-31	30093	410402	利润分配-提取法定盈余公积	0.00	50049.00	2020	12	31
4894	2020-12-31	30093	410401	利润分配-未分配利润	50049.00	0.00	2020	12	31

4895 rows × 9 columns

3.10.5 | 日期的偏移

在 pandas 中，DateOffset 是一组用于表示日期和时间偏移量的类，它们用于执行与日期和时间相关的加减运算。通过使用 DateOffset()函数，可以对日期和时间进行增加或减少，以生成新的日期和时间值。

✎【例 3-99】接【例 3-98】，分别将"日期"列中的年月日向前移动 5 个有效单位，并新增至数据表 df 的最后 3 列。

示例代码：

```
# 导入 pandas.tseries.offsets 模块中的 DateOffset 类
from pandas.tseries.offsets import DateOffset
# 使用 DateOffset 进行日期偏移
df['日期1'] = df['日期'] + DateOffset(years=5)   # 按年偏移
df['日期2'] = df['日期'] + DateOffset(months=5)   # 按月偏移
df['日期3'] = df['日期'] + DateOffset(days=5)   # 按天偏移
df
```

运行结果：

	日期	凭证号	科目编号	科目名称	借	贷	年	月	日	日期1	日期2	日期3
0	2020-01-13	10001	100202	银行存款-结算户	99904.00	0.00	2020	1	13	2025-01-13	2020-06-13	2020-01-18
1	2020-01-13	10001	112202	应收账款-企业外部	0.00	99904.00	2020	1	13	2025-01-13	2020-06-13	2020-01-18
2	2020-01-15	20001	660304	财务费用-金融业务手续费	1380.50	0.00	2020	1	15	2025-01-15	2020-06-15	2020-01-20
3	2020-01-15	20001	100202	银行存款-结算户	0.00	1380.50	2020	1	15	2025-01-15	2020-06-15	2020-01-20
4	2020-01-16	20002	660304	财务费用-金融业务手续费	200.00	0.00	2020	1	16	2025-01-16	2020-06-16	2020-01-21
...												
4890	2020-12-31	30091	410401	利润分配-未分配利润	0.00	299184.82	2020	12	31	2025-12-31	2021-05-31	2021-01-05
4891	2020-12-31	30092	410402	利润分配-提取法定盈余公积	50049.00	0.00	2020	12	31	2025-12-31	2021-05-31	2021-01-05
4892	2020-12-31	30092	410101	盈余公积-法定盈余公积	0.00	50049.00	2020	12	31	2025-12-31	2021-05-31	2021-01-05
4893	2020-12-31	30093	410402	利润分配-提取法定盈余公积	0.00	50049.00	2020	12	31	2025-12-31	2021-05-31	2021-01-05
4894	2020-12-31	30093	410401	利润分配-未分配利润	50049.00	0.00	2020	12	31	2025-12-31	2021-05-31	2021-01-05

4895 rows × 12 columns

我们可以看到，"日期 1"这一列中的年份都增加了 5 年，"日期 2"这一列中的月份都增加了 5 个月，"日期 3"中这一列中的日期都增加了 5 天。注意，"日期 3"中最后几行的日期由 2020-12-31 变为 2021-01-05，是由于 2020-12-31 是 2020 年最后一天，增加 5 天后，年份和月份都要改变。

3.11 数据的统计函数

数据分析的重点就是掌握数据的统计特征，前面我们介绍过 describe() 函数可以对整个 DataFrame 对象进行统计描述，可以用于简要地了解数据表的统计特征，本节将通过多个常用的统计函数帮助大家更加全面地掌握 DataFrame 对象的统计特征。

统计函数的参数一般是输入 axis=0 或 axis=1，axis=0（默认值）表示按行实现函数功能，axis=1 则表示按列实现函数功能。

微课堂

数据的统计函数

【例 3-100】读取当前路径下的 Excel 工作簿"数据.xlsx"，并指定 sheet_name 参数的值为"数据统计"，将"交易日"所在列设置为行索引。

示例代码：

```
import pandas as pd    # 导入 pandas 模块
source_file = "数据.xlsx"    # 定义 Excel 文件路径
# 读取 Excel 数据
df = pd.read_excel(
                source_file,    # Excel 文件路径
                sheet_name='数据统计',    # 获取'数据统计'工作表的数据
                )
df.set_index('交易日',inplace=True)
df
```

运行结果：

交易日	开盘价	最高价	最低价	收盘价
2018-01-02	50.36	50.70	50.35	50.57
2018-01-03	50.57	50.70	50.20	50.67
2018-01-04	50.75	53.23	50.70	53.15
2018-01-05	53.15	53.15	52.00	52.42
2018-01-08	52.43	52.43	51.23	51.72
...	...	...	...	...
2020-12-25	86.19	87.48	83.74	85.95
2020-12-28	85.47	86.37	83.90	85.41
2020-12-29	85.86	86.18	84.00	85.15
2020-12-30	84.85	88.55	84.80	87.16
2020-12-31	87.95	88.90	86.28	88.23

730 rows × 4 columns

1. 最小值

【例 3-101】接【例 3-100】，求数据表 df 每一列的最小值。

示例代码：

```
df.min()
```

运行结果：

```
开盘价      28.80
最高价      28.85
最低价      28.46
收盘价      28.51
dtype: float64
```

2. 最大值

【例 3-102】接【例 3-100】，求数据表 df 每一列的最大值。

示例代码：

```
df.max()
```

运行结果：

```
开盘价      92.49
最高价      93.89
最低价      89.88
收盘价      93.18
dtype: float64
```

3. 平均值

【例 3-103】接【例 3-100】，求数据表 df 每一列的平均值。

示例代码：

```
df.mean()
```

运行结果：

```
开盘价      47.392370
最高价      48.110795
最低价      46.648397
收盘价      47.400959
dtype: float64
```

4. 中位数

【例 3-104】接【例 3-100】，求数据表 df 每一列的中位数。

示例代码：

```
df.median()
```

运行结果：

```
开盘价      43.335
最高价      43.830
最低价      42.465
收盘价      43.300
dtype: float64
```

5. 方差

【例 3-105】接【例 3-100】，求数据表 df 每一列的方差。

示例代码：

```
df.var()
```

运行结果：

```
开盘价      231.623624
最高价      243.077818
最低价      221.038841
收盘价      232.646224
dtype: float64
```

6. 标准差

【例 3-106】接【例 3-100】，求数据表 df 每一列的标准差。

示例代码：

```
df.std()
```

运行结果：

开盘价	15.219186
最高价	15.590953
最低价	14.867375
收盘价	15.252745

dtype: float64

7. 数据移位

【例 3-107】接【例 3-100】，将数据表 df 的每一行均向下移动一行。

示例代码：

```
df.shift(1)
```

运行结果：

交易日	开盘价	最高价	最低价	收盘价
2018-01-02	NaN	NaN	NaN	NaN
2018-01-03	50.36	50.70	50.35	50.57
2018-01-04	50.57	50.70	50.20	50.67
2018-01-05	50.75	53.23	50.70	53.15
2018-01-08	53.15	53.15	52.00	52.42
...	...	...	...	...
2020-12-25	86.11	88.77	85.11	86.19
2020-12-28	86.19	87.48	83.74	85.95
2020-12-29	85.47	86.37	83.90	85.41
2020-12-30	85.86	86.18	84.00	85.15
2020-12-31	84.85	88.55	84.80	87.16

730 rows × 4 columns

8. 一阶差分

【例 3-108】接【例 3-100】，求数据表 df 每一交易日的变动额。

示例代码：

```
df.diff()
```

运行结果：

交易日	开盘价	最高价	最低价	收盘价
2018-01-02	NaN	NaN	NaN	NaN
2018-01-03	0.21	0.00	-0.15	0.10
2018-01-04	0.18	2.53	0.50	2.48
2018-01-05	2.40	-0.08	1.30	-0.73
2018-01-08	-0.72	-0.72	-0.77	-0.70
...	...	...	...	...
2020-12-25	0.08	-1.29	-1.37	-0.24
2020-12-28	-0.72	-1.11	0.16	-0.54
2020-12-29	0.39	-0.19	0.10	-0.26
2020-12-30	-1.01	2.37	0.80	2.01
2020-12-31	3.10	0.35	1.48	1.07

730 rows × 4 columns

diff()函数可以用来计算时间序列数据的一阶差分，即计算当前观测值与前一个观测值之间的差异，我们可以理解为计算 DataFrame 中相邻元素之间的差值。在此例中，运行结果中 2010 年 2 月 9 日的数据等于原数据中 2010 年 2 月 9 日的数据减去 2010 年 2 月 8 日的数据，以此类推。

9. 变动百分比

【例 3-109】接【例 3-100】，计算数据表 df 每个交易日的变动百分比。

示例代码：

```
df_pct=df.pct_change()
df_pct
```

运行结果：

交易日	开盘价	最高价	最低价	收盘价
2018-01-02	NaN	NaN	NaN	NaN
2018-01-03	0.004170	0.000000	-0.002979	0.001977
2018-01-04	0.003559	0.049901	0.009960	0.048944
2018-01-05	0.047291	-0.001503	0.025641	-0.013735
2018-01-08	-0.013547	-0.013547	-0.014808	-0.013354
...	...	...	...	...
2020-12-25	0.000929	-0.014532	-0.016097	-0.002785
2020-12-28	-0.008354	-0.012689	0.001911	-0.006283
2020-12-29	0.004563	-0.002200	0.001192	-0.003044
2020-12-30	-0.011763	0.027501	0.009524	0.023605
2020-12-31	0.036535	0.003953	0.017453	0.012276

730 rows × 4 columns

10. 求和

【例 3-110】接【例 3-109】，删除数据表 df_pct 中的缺失值所在行，并对每个交易日的变动百分比进行求和统计。

示例代码：

```
df_pct=df_pct.dropna()  # 删除缺失值所在行
df_pct.sum()
```

运行结果：

```
开盘价    0.721608
最高价    0.701312
最低价    0.675495
收盘价    0.704430
dtype: float64
```

11. 累计求和

【例 3-111】接【例 3-110】，对数据表 df_pct 每个交易日的变动百分比进行累计求和。

示例代码：

```
df_pct.cumsum()
```

运行结果：

	开盘价	最高价	最低价	收盘价
交易日				
2018-01-03	0.004170	0.000000	-0.002979	0.001977
2018-01-04	0.007729	0.049901	0.006981	0.050922
2018-01-05	0.055020	0.048398	0.032622	0.037187
2018-01-08	0.041473	0.034852	0.017814	0.023833
2018-01-09	0.027550	0.034280	0.019376	0.029054
...	...	...	...	...
2020-12-25	0.700627	0.684748	0.645416	0.677876
2020-12-28	0.692273	0.672059	0.647327	0.671593
2020-12-29	0.696836	0.669859	0.648519	0.668549
2020-12-30	0.685073	0.697360	0.658043	0.692154
2020-12-31	0.721608	0.701312	0.675495	0.704430

729 rows × 4 columns

12. 协方差

【例 3-112】接【例 3-110】，求数据表 df_pct 的协方差。

示例代码：

```
df_pct.cov()
```

运行结果：

	开盘价	最高价	最低价	收盘价
开盘价	0.000453	0.000199	0.000282	0.000071
最高价	0.000199	0.000389	0.000216	0.000295
最低价	0.000282	0.000216	0.000377	0.000221
收盘价	0.000071	0.000295	0.000221	0.000411

13. 相关系数

【例 3-113】接【例 3-110】，求数据表 df_pct 的相关系数。

示例代码：

```
df_pct.corr()
```

运行结果：

	开盘价	最高价	最低价	收盘价
开盘价	1.000000	0.473753	0.683513	0.163994
最高价	0.473753	1.000000	0.564455	0.736785
最低价	0.683513	0.564455	1.000000	0.562062
收盘价	0.163994	0.736785	0.562062	1.000000

3.12 数据透视表

数据透视表是数据分析的最重要工具之一。pandas 的数据透视表可以结合 Excel 的数据透视表，Excel 数据透视表的操作步骤：确定透视的数据区域 → 选择行标签 → 选择列标签 → 选择值的聚合方式。

语法格式：

pd.pivot_table(data, values, index, columns, aggfunc, fill_value)

参数说明如下。

data：表示要进行透视表操作的数据源。

values：表示要进行汇总计算的字段或字段列表，默认为所有数值型变量。

index：表示数据透视表的行分组字段或字段列表。

columns：表示数据透视表的列分组字段或字段列表。

aggfunc：表示对于值字段的汇总计算方法，默认是求均值，也可以是其他函数如 sum、count、min、max 等。

fill_value：表示用于填充缺失值的特定值（在聚合后生成的数据透视表中）。

【例 3-114】读取当前路径下的 Excel 工作簿"数据.xlsx"，并指定 sheet_name 参数的值为"数据透视表"。

示例代码：

```
import pandas as pd    # 导入 pandas 模块
source_file = "数据.xlsx"  # 定义 Excel 文件路径
# 读取 Excel 数据
df = pd.read_excel(
            source_file,    # Excel 文件路径
            sheet_name='数据透视表',  # 获取"数据透视表"工作表的数据
            dtype={'凭证号': str,'科目编号': str }  #设置凭证号、科目编号为字符串类型
            )
df
```

运行结果：

	日期	凭证号	科目编号	科目名称	借	贷	一级科目	二级科目	三级科目	四级科目
0	2020-01-13	10001	100202	银行存款-结算户	99904.00	0.00	银行存款	结算户	NaN	NaN
1	2020-01-13	10001	112202	应收账款-企业外部	0.00	99904.00	应收账款	企业外部	NaN	NaN
2	2020-01-15	20001	660304	财务费用-金融业务手续费	1380.50	0.00	财务费用	金融业务手续费	NaN	NaN
3	2020-01-15	20001	100202	银行存款-结算户	0.00	1380.50	银行存款	结算户	NaN	NaN
4	2020-01-16	20002	660304	财务费用-金融业务手续费	200.00	0.00	财务费用	金融业务手续费	NaN	NaN
...	...	...	...	...	...	...	...	...	...	...
4890	2020-12-31	30091	410401	利润分配-未分配利润	0.00	299184.82	利润分配	未分配利润	NaN	NaN
4891	2020-12-31	30092	410402	利润分配-提取法定盈余公积	50049.00	0.00	利润分配	提取法定盈余公积	NaN	NaN
4892	2020-12-31	30092	410101	盈余公积-法定盈余公积	0.00	50049.00	盈余公积	法定盈余公积	NaN	NaN
4893	2020-12-31	30093	410402	利润分配-提取法定盈余公积	0.00	50049.00	利润分配	提取法定盈余公积	NaN	NaN
4894	2020-12-31	30093	410401	利润分配-未分配利润	50049.00	0.00	利润分配	未分配利润	NaN	NaN

4895 rows × 10 columns

【例 3-115】接【例 3-114】，根据数据表 df 生成数据透视表，要求：以"科目名称"为分组字段，对借方金额进行聚合统计，统计方法为求和。

示例代码：

```
pd.pivot_table(df,index='科目名称',values='借',aggfunc='sum')
```

运行结果：

	借
科目名称	
其他业务成本-其他板块-内部-其他	9924927.93
其他业务成本-其他板块-外部-其他	20430079.78
其他业务收入-其他板块-内部-其他收入	10869767.78
其他业务收入-其他板块-外部-其他收入	20712410.45
其他应付款-企业外部	338456.81
...	...
财务费用-金融业务手续费	17656.50
资产减值损失-应收款项减值损失	-4145.57
银行存款-结算户	37892782.66
销售费用-其他支出-其他	4860.00
预付账款-企业外部	2095.00

【例 3-116】 接【例 3-114】，根据数据表 df 生成数据透视表，要求：以"一级科目""二级科目"为分组字段，对借、贷方金额进行聚合统计，统计方法分别为求和、计数。

示例代码：

```
pd.pivot_table(df,
               index=['一级科目','二级科目'],
               values=['借','贷'],
               aggfunc=['sum','count'])
```

运行结果：

		sum		count	
		借	贷	借	贷
一级科目	**二级科目**				
其他业务成本	其他板块	30355007.71	30355007.71	392	392
其他业务收入	其他板块	31582178.23	31582178.23	1242	1242
其他应付款	企业外部	338456.81	338456.81	33	38
	其他	126555.22	119354.22	118	118
其他应收款	企业内部	5086.00	5086.00	2	2
...		...	...	...	...
财务费用	金融业务手续费	17656.50	17656.50	28	28
资产减值损失	应收款项减值损失	-4145.57	-4145.57	2	2
银行存款	结算户	37892782.66	37688513.87	707	707
销售费用	其他支出	4860.00	4860.00	2	2
预付账款	企业外部	2095.00	2095.00	2	2

30 rows × 4 columns

可以发现，运行结果中的行索引与列索引都形成多级索引。

【例 3-117】 接【例 3-114】，选取数据表 df 中"一级科目"为"管理费用"的所有明细，根据选取的管理费用明细生成数据透视表，要求：以"一级科目""三级科目"为分组字段，把"日期"作为列分组字段并改为按月显示，对借方金额进行聚合统计，统计方法为求和，同时把缺失值替换为 0。

示例代码：

```
# 选取"一级科目"为"管理费用"的所有明细
dff = df[df['一级科目'].isin(['管理费用'])]
pd.pivot_table(dff,
               index = ['一级科目','三级科目'],
               columns = df['日期'].dt.to_period('M'),
```

```
                    values = '借',
                    aggfunc = 'sum',
                    fill_value = 0)
```

运行结果：

一级科目	三级科目	2020-01	2020-02	2020-03	2020-04	2020-05	2020-06	2020-07	2020-08	2020-09	2020-10	2020-11	2020-12
管理费用	业务招待费	0.00	900.00	0.00	0.00	0.00	0.00	0.00	0.00	0.00	0.00	0.00	0.00
	住房公积金	3578.00	3578.00	3578.00	4281.00	4281.00	4281.00	4636.00	4636.00	4636.00	4636.00	3208.00	3208.00
	其他支出	48.00	0.00	100.00	60.00	6000.00	6274.00	6000.00	6080.00	6460.00	-30340.00	80.00	151.31
	办公费	0.00	0.00	10.00	138.61	3441.64	300.00	0.00	769.90	0.00	0.00	330.00	9885.00
	咨询费	0.00	0.00	0.00	2095.00	1800.00	3512.08	0.00	0.00	0.00	0.00	0.00	0.00
	工会经费	596.20	596.20	596.20	713.43	713.43	713.43	772.54	772.54	0.00	1545.08	534.54	534.54
	工资	24883.00	25371.00	25883.00	31661.00	36561.00	42897.00	45255.00	49687.00	62598.00	88633.00	258581.00	48122.00
	差旅费	100.00	0.00	100.00	0.00	0.00	0.00	200.00	0.00	0.00	604.06	3060.20	1871.34
	广告宣传费	0.00	0.00	0.00	0.00	0.00	0.00	0.00	0.00	0.00	0.00	0.00	3792.00
	社会保险费	3495.23	3495.23	1758.79	368.20	2104.63	2104.64	2104.63	2104.63	6813.33	3674.21	2556.66	2556.66
	职工教育经费	447.15	447.15	447.15	535.08	535.08	535.08	579.41	579.41	0.00	1158.81	400.91	400.91
	职工福利费	0.00	0.00	0.00	0.00	0.00	0.00	300.00	0.00	0.00	0.00	0.00	0.00
	设定提存计划	4918.66	4918.66	0.00	-4918.66	0.00	0.00	0.00	0.00	0.00	0.00	0.00	0.00
	车辆使用费	200.00	0.00	1600.00	0.00	0.00	1000.00	980.00	900.00	650.00	1300.00	0.00	2000.00

3.13 数据的分组聚合

数据透视表的功能是对数据进行分组和聚合。但是，pandas 又提供了专门的分组函数 groupby()，它可以根据某个或某几个字段对数据进行分组。

groupby()函数可以先按指定字段对 DataFrame 进行分组，并生成一个分组器对象，然后把分组器对象的各个字段按一定的聚合统计方法进行输出，我们可以使用 agg()函数进行聚合统计。

通过 groupby()函数进行分组操作后，分组字段会成为索引，如果不想把分组字段作为索引，可以设置参数 as_index=False。

微课堂

数据的分组聚合

【例 3-118】接【例 3-114】，根据数据表 df 进行分组聚合，要求：以"科目名称"为分组字段，对借方金额进行聚合统计，统计方法为求和。

示例代码：

```
df.groupby('科目名称')[['借']].sum()  # 如果要取其他聚合值，改聚合函数就可以
```

运行结果：

科目名称	借
其他业务成本-其他板块-内部-其他	9924927.93
其他业务成本-其他板块-外部-其他	20430079.78
其他业务收入-其他板块-内部-其他收入	10869767.78
其他业务收入-其他板块-外部-其他收入	20712410.45
其他应付款-企业外部	338456.81
...	...
财务费用-金融业务手续费	17656.50
资产减值损失-应收款项减值损失	-4145.57
银行存款-结算户	37892782.66
销售费用-其他支出-其他	4860.00
预付账款-企业外部	2095.00

77 rows × 1 columns

【例 3-119】接【例 3-114】，根据数据表 df 进行分组聚合，要求：以"一级科目""二级科目"为分组字段，对借、贷方金额进行聚合统计，统计方法都为求和。

示例代码：

```
df.groupby(['一级科目','二级科目'])[['借','贷']].sum()
```

运行结果：

一级科目	二级科目	借	贷
其他业务成本	其他板块	30355007.71	30355007.71
其他业务收入	其他板块	31582178.23	31582178.23
其他应付款	企业外部	338456.81	338456.81
	其他	126555.22	119354.22
其他应收款	企业内部	5086.00	5086.00
...	...	...	...
财务费用	金融业务手续费	17656.50	17656.50
资产减值损失	应收款项减值损失	-4145.57	-4145.57
银行存款	结算户	37892782.66	37688513.87
销售费用	其他支出	4860.00	4860.00
预付账款	企业外部	2095.00	2095.00

30 rows × 2 columns

如果我们需要对不同列采用不同的聚合计算方式，可以使用 agg()函数对分组对象进行聚合统计。

【例 3-120】接【例 3-114】，根据数据表 df 进行分组聚合，要求：以"一级科目""二级科目"为分组字段，对借、贷方金额进行聚合统计，统计方法分别为求和、计数。

示例代码：

```
# 对不同列采用不同的聚合计算方式，可以对分组对象使用 agg()函数
df.groupby(['一级科目','二级科目'])[['借','贷']].agg(['sum','count'])
```

运行结果：

一级科目	二级科目	借 sum	借 count	贷 sum	贷 count
其他业务成本	其他板块	30355007.71	392	30355007.71	392
其他业务收入	其他板块	31582178.23	1242	31582178.23	1242
其他应付款	企业外部	338456.81	38	338456.81	38
	其他	126555.22	118	119354.22	118
其他应收款	企业内部	5086.00	2	5086.00	2
...	...	...	...	...	...
财务费用	金融业务手续费	17656.50	28	17656.50	28
资产减值损失	应收款项减值损失	-4145.57	2	-4145.57	2
银行存款	结算户	37892782.66	707	37688513.87	707
销售费用	其他支出	4860.00	2	4860.00	2
预付账款	企业外部	2095.00	2	2095.00	2

30 rows × 4 columns

3.14 数据的重塑

在数据分析中，往往需要对数据进行重塑，也被称为数据透视。pandas 提供了多种数据重塑的方法，这些方法可以将数据表中的行、列数据按照一定的规则进行转换。

3.14.1 transpose()函数

我们可以使用 transpose()函数对 DataFrame 进行转置，pandas 中的转置原理与 Excel 中的转置原理相同。

【例 3-121】接【例 3-5】，对数据表 df 进行转置。

示例代码：

```
df.transpose()   # 也可以写成 df.T
```

运行结果：

	1002	1122	1123	1221	2202
科目名称	银行存款	应收账款	预付账款	其他应收款	应付账款
期末余额	1000	2000	3000	4000	5000

3.14.2 unstack()函数

unstack()函数，用于将数据的索引"解堆叠"为列，即把长格式数据转换为宽格式数据。默认情况下，unstack()函数将操作最内层（最右侧）的索引级别转换为新的列。

【例 3-122】接【例 3-114】，在数据表 df 中选取 "一级科目"为"管理费用"的所有明细，对选取的管理费用明细进行分组聚合，要求：以"一级科目""三级科目""日期（按月显示）"为分组字段，对借方金额进行聚合统计，统计方法为求和。

示例代码：

```
# 选取"一级科目"为"管理费用"的所有明细
df2=df[df['一级科目'].isin(['管理费用'])]
df3=df2.groupby(['一级科目','三级科目',df['日期'].dt.to_period('M')])[['借']].agg('sum')
df3
```

运行结果：

一级科目	三级科目	日期	借
管理费用	业务招待费	2020-02	900.00
	住房公积金	2020-01	3578.00
		2020-02	3578.00
		2020-03	3578.00
		2020-04	4281.00
...	...	...	...
	车辆使用费	2020-07	980.00
		2020-08	900.00
		2020-09	650.00
		2020-10	1300.00
		2020-12	2000.00

99 rows × 1 columns

【例 3-123】 接【例 3-122】，将数据表 df3 由长格式转换为宽格式。

示例代码：

```
df_unstack = df3.unstack()
df_unstack
```

运行结果：

一级科目	三级科目	日期	2020-01	2020-02	2020-03	2020-04	2020-05	2020-06	2020-07	2020-08	2020-09	2020-10	2020-11	2020-12
管理费用	业务招待费		NaN	900.00	NaN	NaN	NaN	NaN	NaN	NaN	NaN	NaN	NaN	NaN
	住房公积金		3578.00	3578.00	3578.00	4281.00	4281.00	4281.00	4636.00	4636.00	4636.00	4636.00	3208.00	3208.00
	其他支出		48.00	NaN	100.00	60.00	6003.00	6274.00	6000.00	6080.00	6460.00	-30340.00	80.00	151.31
	办公费		NaN	NaN	10.00	138.61	3441.64	300.00	NaN	769.90	NaN	NaN	330.00	9885.00
	咨询费		NaN	NaN	NaN	2095.00	1803.00	3512.08	NaN	NaN	NaN	NaN	NaN	NaN
	工会经费		596.20	596.20	596.20	713.43	713.43	713.43	772.54	772.54	NaN	1545.08	534.54	534.54
	工资		24883.00	25371.00	25883.00	31861.00	36561.00	42897.00	45255.00	49687.00	62598.00	88633.00	258581.00	48122.00
	差旅费		100.00	NaN	100.00	NaN	NaN	NaN	200.00	NaN	NaN	604.06	3060.20	1871.34
	广告宣传费		NaN	NaN	NaN	NaN	NaN	NaN	NaN	NaN	NaN	NaN	NaN	3792.00
	社会保险费		3495.23	3495.23	1758.21	368.20	2104.63	2104.64	2104.63	2104.63	6813.33	3674.21	2556.66	2556.66
	职工教育经费		447.15	447.15	447.15	535.08	535.08	535.08	579.41	579.41	NaN	1158.81	400.91	400.91
	职工福利费		NaN	NaN	NaN	NaN	NaN	NaN	300.00	NaN	NaN	NaN	NaN	NaN
	设定提存计划		4918.66	4918.66	NaN	-4918.66	NaN	NaN	NaN	NaN	NaN	NaN	NaN	NaN
	车辆使用费		200.00	NaN	1600.00	NaN	NaN	1000.00	980.00	900.00	650.00	1300.00	NaN	2000.00

可以看到，数据表从长格式转换为宽格式，其实是把最内层的行索引转换为了列分组字段，只是数据展示的形式发生了变化。

3.14.3 stack()函数

stack()函数用于将数据的列"堆叠"为索引，将宽格式数据转换为长格式数据。

stack()与 unstack()互为逆操作，这两个函数可用于频繁切换数据结构以满足不同的分析和展示需求。使用 stack()函数可以将列变成索引，用于处理长格式数据；而 unstack()函数可以将索引变成列，用于处理宽格式数据。

【例 3-124】 接【例 3-123】，将数据表 df_unstack 由宽格式转换为长格式。

示例代码：

```
df_stack = df_unstack.stack()
df_stack
```

运行结果：

一级科目	三级科目	日期	值
管理费用	业务招待费	2020-02	900.00
	住房公积金	2020-01	3578.00
		2020-02	3578.00
		2020-03	3578.00
		2020-04	4281.00
...	...	...	...
	车辆使用费	2020-07	980.00
		2020-08	900.00
		2020-09	650.00
		2020-10	1300.00
		2020-12	2000.00

99 rows × 1 columns

可以看到，数据表从宽格式转换为了长格式，其实是把列分组字段转换为了行索引；如果存在多级索引，则会默认把列分组字段转换为最内层的行索引。

3.14.4 pivot()函数

pivot()函数的原理与 unstack()函数类似，都可以把数据表从长格式转换为宽格式，但 unstack()函数是行列索引之间的转换，而 pivot()函数只针对普通列进行操作。

语法格式：

DataFrame.pivot(index, columns, values)

参数说明如下。

index：表示要作为行索引的列标签。

columns：表示要作为列索引的列标签。

values：表示要在透视表中显示的数据字段。

【例 3-125】接【例 3-124】，先对数据表 df_stack 重置索引，再将其由长格式转换为宽格式。

第 1 步 将数据表 df_stack 的索引列还原为普通列。

示例代码：

```
df_reset = df_stack.reset_index()
df_reset
```

运行结果：

	一级科目	三级科目	日期	借
0	管理费用	业务招待费	2020-02	900.00
1	管理费用	住房公积金	2020-01	3578.00
2	管理费用	住房公积金	2020-02	3578.00
3	管理费用	住房公积金	2020-03	3578.00
4	管理费用	住房公积金	2020-04	4281.00
...	...	...	...	...
94	管理费用	车辆使用费	2020-07	980.00
95	管理费用	车辆使用费	2020-08	900.00
96	管理费用	车辆使用费	2020-09	650.00
97	管理费用	车辆使用费	2020-10	1300.00
98	管理费用	车辆使用费	2020-12	2000.00

99 rows × 4 columns

第 2 步 删除一级科目，将数据表由长格式转换为宽格式。

示例代码：

```
del df_reset['一级科目']
df_reset.pivot(index='三级科目',columns='日期',values='借')
```

运行结果：

日期 三级科目	2020-01	2020-02	2020-03	2020-04	2020-05	2020-06	2020-07	2020-08	2020-09	2020-10	2020-11	2020-12
业务招待费	NaN	900.00	NaN	NaN	NaN	NaN	NaN	NaN	NaN	NaN	NaN	NaN
住房公积金	3578.00	3578.00	3578.00	4281.00	4281.00	4281.00	4636.00	4636.00	4636.00	4636.00	3208.00	3208.00
其他支出	48.00	NaN	100.00	60.00	6000.00	5274.00	6000.00	6080.00	6460.00	-30340.00	80.00	151.31
办公费	NaN	NaN	10.00	138.61	3441.64	300.00	NaN	769.90	NaN	NaN	330.00	9885.00
咨询费	NaN	NaN	NaN	2095.00	1800.00	3512.08	NaN	NaN	NaN	NaN	NaN	NaN
工会经费	596.20	596.20	596.20	713.43	713.43	713.43	772.54	772.54	NaN	1545.08	534.54	534.54
工资	24883.00	25371.00	25883.00	31661.00	36561.00	42897.00	45255.00	49687.00	52598.00	88633.00	258581.00	48122.00
差旅费	100.00	NaN	100.00	NaN	NaN	NaN	200.00	NaN	NaN	604.06	3060.20	1871.34
广告宣传费	NaN	NaN	NaN	NaN	NaN	NaN	NaN	NaN	NaN	NaN	NaN	3792.00
社会保险费	3495.23	3495.23	1758.79	368.20	2104.63	2104.64	2104.63	2104.63	6813.33	3674.21	2556.66	2556.66
职工教育经费	447.15	447.15	447.15	535.08	535.08	535.08	579.41	579.41	NaN	1158.81	400.91	400.91
职工福利费	NaN	NaN	NaN	NaN	NaN	300.00	NaN	NaN	NaN	NaN	NaN	NaN
设定提存计划	4918.66	4918.66	NaN	-4918.66	NaN	NaN	NaN	NaN	NaN	NaN	NaN	NaN
车辆使用费	200.00	NaN	1600.00	NaN	NaN	1000.00	980.00	900.00	650.00	1300.00	NaN	2000.00

通过使用 pivot()函数，我们可以轻松地重塑数据，并根据指定的列创建透视表，以便进行更方便的数据分析和统计。

3.15 数据的合并

在 Python 数据分析过程中，经常需要对 DataFrame 进行连接或者合并，合并的方式是多样化的，有可能是左右合并，也有可能是上下合并。

微课堂

数据的合并

3.15.1 merge()函数

merge()函数只能用于两个 DataFrame 的左右合并。
语法格式：
pd.merge(left, right, how, on, left_on, right_on, left_index, right_index, sort, suffixes)
参数说明如下。

left：左边位置的 DataFrame。

right：右边位置的 DataFrame。

how：数据合并的方式，可以是 left、right、outer 或 inner，默认值为 inner。left 为左连接，以左边 DataFrame 的键为基准进行配对；right 为右连接，以右边 DataFrame 的键为基准进行配对；outer 为外连接，会取两个 DataFrame 的键的并集进行拼接；inner 为内连接，会取两个 DataFrame 的键的交集进行拼接。

on：用来合并的列名，必须同时存在于两个 DataFrame 中，默认值为两个 DataFrame 中相同的列名。若不存在相同的列名，则需要使用 left_on 和 right_on 来设置。

left_on：左边 DataFrame 中用作连接键的列。

right_on：右边 DataFrame 中用作连接键的列。

left_index：左边 DataFrame 的行索引用作连接键。

right_index：右边 DataFrame 的行索引用作连接键。

sort：根据连接键对合并后的数据进行排列，默认值为 False。

suffixes：对两个 DataFrame 中出现的重复列名，添加后缀名予以区分，默认是（'_x','_y'），例如待合并的 DataFrame 中都存在'data'列，则合并后的结果会出现'data_x'、'data_y'。

参数 left、right 表明 merge()函数只能用于左右合并，不能用于表的上下合并。

【例 3-126】接【例 3-8】，分别读取工作表"数据合并 1""数据合并 2"，使用 merge() 函数将两个数据表进行左右合并，并设置相关参数。

第1步 读取工作表"数据合并 1"。

示例代码：

```
df1 = df['数据合并 1']
df1
```

运行结果：

	产品	收入	成本	销量	单价	单位成本	成本率	毛利率
0	C	7507946	5846896	66442	113	88	0.78	0.22
1	D	7194376	3340246	36706	196	91	0.46	0.54
2	E	6316740	2172072	22164	285	98	0.34	0.66
3	F	11409550	6624900	73610	155	90	0.58	0.42
4	G	5195769	1859964	20217	257	92	0.36	0.64

第2步 读取工作表"数据合并 2"。

示例代码：

```
df2 = df['数据合并 2']
df2
```

运行结果：

	产品	收入	成本	销量	单价	单位成本	成本率	毛利率
0	A	11604880	2846480	54740	212	52	0.25	0.75
1	B	7554855	6043884	71951	105	84	0.80	0.20
2	C	3859400	1833215	19297	200	95	0.47	0.53
3	D	7260183	2568228	49389	147	52	0.35	0.65
4	E	9207666	2745405	42237	218	65	0.30	0.70

第3步 以"产品"作为合并的列名，对两个工作表进行左右合并。

示例代码：

```
pd.merge(df1,df2,on='产品')
```

运行结果：

	产品	收入_x	成本_x	销量_x	单价_x	单位成本_x	成本率_x	毛利率_x	收入_y	成本_y	销量_y	单价_y	单位成本_y	成本率_y	毛利率_y
0	C	7507946	5846896	66442	113	88	0.78	0.22	3859400	1833215	19297	200	95	0.47	0.53
1	D	7194376	3340246	36706	196	91	0.46	0.54	7260183	2568228	49389	147	52	0.35	0.65
2	E	6316740	2172072	22164	285	98	0.34	0.66	9207666	2745405	42237	218	65	0.30	0.70

可以看到，Python 自动给两个工作表中相同的列名添加了后缀。

第4步 将连接方式改为左连接，设置参数 suffixes 为('2021','2022')。

示例代码：

```
pd.merge(df1,df2,how='left',on='产品',suffixes=('2021','2022'))
```

运行结果：

	产品	收入2021	成本2021	销量2021	单价2021	单位成本2021	成本率2021	毛利率2021	收入2022	成本2022	销量2022	单价2022	单位成本2022	成本率2022	毛利率2022
0	C	7507946	5846896	66442	113	88	0.78	0.22	3859400.0	1833215.0	19297.0	200.00	95.00	0.47	0.53
1	D	7194376	3340246	36706	196	91	0.46	0.54	7260183.0	2568228.0	49389.0	147.00	52.00	0.35	0.65
2	E	6316740	2172072	22164	285	98	0.34	0.66	9207666.0	2745405.0	42237.0	218.00	65.00	0.30	0.70
3	F	11409550	6624900	73610	155	90	0.58	0.42	NaN	NaN	NaN	NaN	NaN	NaN	NaN
4	G	5195769	1859964	20217	257	92	0.36	0.64	NaN	NaN	NaN	NaN	NaN	NaN	NaN

第5步 我们把工作表"数据合并2"的"产品"设置为行索引，观察其如何与工作表"数据合并1"进行左右合并。

示例代码：

```
df2.set_index('产品',inplace=True)
df2
```

运行结果：

产品	收入	成本	销量	单价	单位成本	成本率	毛利率
A	11604880	2846480	54740	212	52	0.25	0.75
B	7554855	6043884	71951	105	84	0.80	0.20
C	3859400	1833215	19297	200	95	0.47	0.53
D	7260183	2568228	49389	147	52	0.35	0.65
E	9207666	2745405	42237	218	65	0.30	0.70

第6步 由于工作表"数据合并1"的"产品"为普通列，而工作表"数据合并2"的"产品"为行索引，因此要通过 left_on、right_index 参数分别指定左右两个工作表的连接键。

示例代码：

```
pd.merge(df1,df2,
    how= 'outer',left_on='产品', right_index=True,
    suffixes=['2021','2022'],sort=True)
```

运行结果：

	产品	收入2021	成本2021	销量2021	单价2021	单位成本2021	成本率2021	毛利率2021	收入2022	成本2022	销量2022	单价2022	单位成本2022	成本率2022	毛利率2022
NaN	A	NaN	NaN	NaN	NaN	NaN	NaN	NaN	11604880.0	2846480.0	54740.0	212.00	52.00	0.25	0.75
NaN	B	NaN	NaN	NaN	NaN	NaN	NaN	NaN	7554855.0	6043884.0	71951.0	105.00	84.00	0.80	0.20
0.0	C	7507946.0	5846896.0	66442.0	113.00	88.00	0.78	0.22	3859400.0	1833215.0	19297.0	200.00	95.00	0.47	0.53
1.0	D	7194376.0	3340246.0	36706.0	196.00	91.00	0.46	0.54	7260183.0	2568228.0	49389.0	147.00	52.00	0.35	0.65
2.0	E	6316740.0	2172072.0	22164.0	285.00	98.00	0.34	0.66	9207666.0	2745405.0	42237.0	218.00	65.00	0.30	0.70
3.0	F	11409550.0	6624900.0	73610.0	155.00	90.00	0.58	0.42	NaN	NaN	NaN	NaN	NaN	NaN	NaN
4.0	G	5195769.0	1859964.0	20217.0	257.00	92.00	0.36	0.64	NaN	NaN	NaN	NaN	NaN	NaN	NaN

3.15.2 concat()函数

concat()函数不仅可以对 DataFrame 进行左右合并，还可以进行上下合并。

语法格式：

```
pd.concat(objs, axis, join, ignore_index, keys)
```

参数说明如下。

objs：DataFrame 对象列表。

axis：默认 axis =0，即纵向合并（上下合并）；axis =1，即横向合并（左右合并）。

join：合并方式，可以是'inner'或'outer'，默认值为'outer'。

ignore_index：布尔值，默认值为 False。如果值为 True，则表示不保存连接轴上的索引，而产生一段新的整数索引。

keys：序列，默认值为 None；表示使用传递的键作为构建索引的最外层。

1. 上下合并

如果需要上下合并，则需设置参数 axis=0，但是默认情况下参数 axis=0，所以这里可以直接忽略该参数。

【例 3-127】接【例 3-126】，使用 concat()函数将两个工作表进行上下合并，并设置相关参数。

示例代码：

```
pd.concat([df1,df2],ignore_index=True)
```

运行结果：

	产品	收入	成本	销量	单价	单位成本	成本率	毛利率
0	C	7507946	5846896	66442	113	88	0.78	0.22
1	D	7194376	3340246	36706	196	91	0.46	0.54
2	E	6316740	2172072	22164	285	98	0.34	0.66
3	F	11409550	6624900	73610	155	90	0.58	0.42
4	G	5195769	1859964	20217	257	92	0.36	0.64
5	A	11604880	2846480	54740	212	52	0.25	0.75
6	B	7554855	6043884	71951	105	84	0.80	0.20
7	C	3859400	1833215	19297	200	95	0.47	0.53
8	D	7260183	2568228	49389	147	52	0.35	0.65
9	E	9207666	2745405	42237	218	65	0.30	0.70

2. 左右合并

如果需要左右合并，需要设置参数 axis=1。

【例 3-128】接【例 3-126】，使用 concat()函数将两个工作表进行左右合并，并设置相关参数。

第 1 步 将工作表进行左右合并。

示例代码：

```
pd.concat([df1,df2],axis=1)
```

运行结果：

	产品	收入	成本	销量	单价	单位成本	成本率	毛利率	产品	收入	成本	销量	单价	单位成本	成本率	毛利率
0	C	7507946	5846896	66442	113	88	0.78	0.22	A	11604880	2846480	54740	212	52	0.25	0.75
1	D	7194376	3340246	36706	196	91	0.46	0.54	B	7554855	6043884	71951	105	84	0.80	0.20
2	E	6316740	2172072	22164	285	98	0.34	0.66	C	3859400	1833215	19297	200	95	0.47	0.53
3	F	11409550	6624900	73610	155	90	0.58	0.42	D	7260183	2568228	49389	147	52	0.35	0.65
4	G	5195769	1859964	20217	257	92	0.36	0.64	E	9207666	2745405	42237	218	65	0.30	0.70

可以看到，运行结果中并未对两个工作表的重复列名进行区分，为了对其加以区分，我们可以进一步设置参数 keys=['2021', '2022']。

第 2 步 分别将"产品"设置为两个工作表的行索引，再进行左右合并，连接方式为内连接，参数 keys 为['2021', '2022']。

示例代码：

```
df1.set_index('产品',inplace=True)
df2.set_index('产品',inplace=True)
pd.concat([df1,df2],axis=1, join='inner',keys=['2021', '2022'])
```

运行结果：

	2021							2022						
	收入	成本	销量	单价	单位成本	成本率	毛利率	收入	成本	销量	单价	单位成本	成本率	毛利率
产品														
C	7507946	5846896	66442	113	88	0.78	0.22	3859400	1833215	19297	200	95	0.47	0.53
D	7194376	3340246	36706	196	91	0.46	0.54	7260183	2568228	49389	147	52	0.35	0.65
E	6316740	2172072	22164	285	98	0.34	0.66	9207666	2745405	42237	218	65	0.30	0.70

3.16 数据的转换

微课堂

数据的转换

3.16.1 map()函数

map()函数只适用于 Series，即可以对 DataFrame 的某一列数据进行处理，实现对 Series 中每个值的映射。

首先，我们导入数据。

✎【例 3-129】读取当前路径下的 Excel 工作簿"数据.xlsx"，并指定 sheet_name 参数的值为"数据转换"。

示例代码：

```
import pandas as pd    # 导入 pandas 模块
source_file = "数据.xlsx"    # 定义 Excel 文件路径
# 读取 Excel 数据
df = pd.read_excel(
             source_file,    # Excel 文件路径
             sheet_name='数据转换',    # 获取"数据转换"工作表的数据
             dtype={'科目编号': str }    # 设置科目编号为字符串类型
             )
df
```

运行结果：

	科目编号	期初方向	期初金额	本期借方	本期贷方	期末方向	期末余额
0	1002	借	2478768.80	37892782.66	37688513.87	借	2683037.59
1	1122	借	99903.55	32545026.10	32245876.10	借	399053.55
2	1123	平	0.00	2095.00	2095.00	平	0.00
3	1181	平	0.00	139220.00	139220.00	平	0.00
4	1221	平	0.00	5086.00	5086.00	平	0.00
5	1231	贷	4995.20	0.00	-4145.57	贷	849.63
6	2202	贷	99483.98	30116280.74	30290861.56	贷	274064.80

✎【例 3-130】接【例 3-129】，通过 map()函数对"科目编号"所在列的每一个值进行映射，并把映射结果插入为新列。

示例代码：

```
d = {'1002':'银行存款', '1122':'应收账款', '1123':'预付账款', '1181':'备用金', '1221':'其他应收款','1231':'坏账准备','2202':'应付账款'}
df.insert(1,'科目名称',df['科目编号'].map(d))
df
```

运行结果：

	科目编号	科目名称	期初方向	期初金额	本期借方	本期贷方	期末方向	期末余额
0	1002	银行存款	借	2478768.80	37892782.66	37688513.87	借	2683037.59
1	1122	应收账款	借	99903.55	32545026.10	32245876.10	借	399053.55
2	1123	预付账款	平	0.00	2095.00	2095.00	平	0.00
3	1181	备用金	平	0.00	139220.00	139220.00	平	0.00
4	1221	其他应收款	平	0.00	5086.00	5086.00	平	0.00
5	1231	坏账准备	贷	4995.20	0.00	-4145.57	贷	849.63
6	2202	应付账款	贷	99483.98	30116280.74	30290861.56	贷	274064.80

3.16.2 apply()函数

apply()函数既可以用于 Series 实现每个值的处理，也可以用于 DataFrame 实现某个轴的 Series 的处理。

1. 作用于 Series

【例 3-131】接【例 3-130】，通过 apply()函数对"科目编号"所在列的每一个值进行映射，并把映射结果插入为新列，要求：作用于 Series。

示例代码：

```
df['科目名称 2'] = df['科目编号'].apply(lambda x:d[x])
df
```

运行结果：

	科目编号	科目名称	期初方向	期初金额	本期借方	本期贷方	期末方向	期末余额	科目名称2
0	1002	银行存款	借	2478768.80	37892782.66	37688513.87	借	2683037.59	银行存款
1	1122	应收账款	借	99903.55	32545026.10	32245876.10	借	399053.55	应收账款
2	1123	预付账款	平	0.00	2095.00	2095.00	平	0.00	预付账款
3	1181	备用金	平	0.00	139220.00	139220.00	平	0.00	备用金
4	1221	其他应收款	平	0.00	5086.00	5086.00	平	0.00	其他应收款
5	1231	坏账准备	贷	4995.20	0.00	-4145.57	贷	849.63	坏账准备
6	2202	应付账款	贷	99483.98	30116280.74	30290861.56	贷	274064.80	应付账款

2. 作用于 DataFrame

【例 3-132】接【例 3-131】，通过 apply()函数对"科目编号"所在列的每一个值进行映射，并把映射结果插入为新列，要求：作用于 DataFrame。

示例代码：

```
df['科目名称 3']=df.apply(lambda x:d[x['科目编号']],axis=1)
df
```

运行结果：

	科目编号	科目名称	期初方向	期初金额	本期借方	本期贷方	期末方向	期末余额	科目名称2	科目名称3
0	1002	银行存款	借	2478768.80	37892782.66	37688513.87	借	2683037.59	银行存款	银行存款
1	1122	应收账款	借	99903.55	32545026.10	32245876.10	借	399053.55	应收账款	应收账款
2	1123	预付账款	平	0.00	2095.00	2095.00	平	0.00	预付账款	预付账款
3	1181	备用金	平	0.00	139220.00	139220.00	平	0.00	备用金	备用金
4	1221	其他应收款	平	0.00	5086.00	5086.00	平	0.00	其他应收款	其他应收款
5	1231	坏账准备	贷	4995.20	0.00	-4145.57	贷	849.63	坏账准备	坏账准备
6	2202	应付账款	贷	99483.98	30116280.74	30290861.56	贷	274064.80	应付账款	应付账款

需要注意的是，pandas 中的轴参数 axis=0 时，表示按行操作；axis=1 时，表示按列操作。在这里 apply()函数处理的是 DataFrame 中的"科目编号"所在列，属于按列操作，因此轴参数应该设置为 axis=1。

3.16.3 applymap()函数

applymap()函数只能用于 DataFrame，处理该 DataFrame 中的每个值。

【例 3-133】接【例 3-132】，通过 applymap()函数把"期初金额、本期借方、本期贷方、期末余额"所在列的每一个数据都修改为整数，并作用于原数据。

示例代码：

```
# 直接修改原数据的数据类型
df[['期初金额','本期借方','本期贷方','期末余额']]=df[['期初金额','本期借方','本期贷方','期末余额']].applymap(lambda x:int(x))
df
```

运行结果：

	科目编号	科目名称	期初方向	期初金额	本期借方	本期贷方	期末方向	期末余额	科目名称2	科目名称3
0	1002	银行存款	借	2478768	37892782	37688513	借	2683037	银行存款	银行存款
1	1122	应收账款	借	99903	32545026	32245876	借	399053	应收账款	应收账款
2	1123	预付账款	平	0	2095	2095	平	0	预付账款	预付账款
3	1181	备用金	平	0	139220	139220	平	0	备用金	备用金
4	1221	其他应收款	平	0	5086	5086	平	0	其他应收款	其他应收款
5	1231	坏账准备	贷	4995	0	-4145	贷	849	坏账准备	坏账准备
6	2202	应付账款	贷	99483	30116280	30290861	贷	274064	应付账款	应付账款

3.17 拓展 1：线性回归模型

Python 提供 statsmodels 模块，用于进行统计建模和推断分析。statsmodels 模块提供了一系列功能强大的统计模型和方法，用于探索数据、拟合模型、进行推断、进行统计测试等。关于回归分析，statsmodels 模块支持多种回归模型，包括线性回归、广义线性模型、加权最小二乘法、多项式回归等。statsmodels 模块提供对回归系数、拟合统计和模型诊断的全面分析。

我们主要讲解如何通过 statsmodels 模块构建线性回归模型。

【例 3-134】定义两个一维数组，分别作为自变量 x、因变量 y 的样本值，通过 statsmodels 模块来构建线性回归模型，输出线性回归方程的截距和斜率。

第 1 步 导入相关库，定义自变量 x、因变量 y 的样本值。

示例代码：

```
import statsmodels.api as sm   # 导入 statsmodels 模块的子模块 api
import numpy as np   # 导入 numpy 模块
x = np.array([18,25,55,68,27,36])   # 简单定义一个一维数组，作为自变量 x 的样本值
y = np.array([104,139,289,354,149,194])   # 简单定义一个一维数组，作为因变量 y 的样本值
print(x)
print(y)
```

运行结果：

```
[18 25 55 68 27 36]
[104 139 289 354 149 194]
```

第2步 构建普通最小二乘法回归模型，输出线性回归结果。

示例代码：

```
x_addcons = sm.add_constant(x)   # 对自变量 x 的样本新增一列常数项
result = sm.OLS(endog=y,exog=x_addcons).fit()   # 构建普通最小二乘法回归模型
result.summary()   # 输出线性回归结果
```

运行结果：

OLS Regression Results

Dep. Variable:	y	R-squared:	1.000
Model:	OLS	Adj. R-squared:	1.000
Method:	Least Squares	F-statistic:	5.976e+30
Date:	Fri, 07 Jul 2023	Prob (F-statistic):	1.68e-61
Time:	15:39:27	Log-Likelihood:	173.02
No. Observations:	6	AIC:	-342.0
Df Residuals:	4	BIC:	-342.5
Df Model:	1		
Covariance Type:	nonrobust		

	coef	std err	t	P>|t|	[0.025	0.975]
const	14.0000	8.61e-14	1.63e+14	0.000	14.000	14.000
x1	5.0000	2.05e-15	2.44e+15	0.000	5.000	5.000

Omnibus:	nan	Durbin-Watson:	1.410
Prob(Omnibus):	nan	Jarque-Bera (JB):	0.735
Skew:	-0.339	Prob(JB):	0.692
Kurtosis:	1.425	Cond. No.	100.

Notes:
[1] Standard Errors assume that the covariance matrix of the errors is correctly specified.

第3步 输出线性回归方程的截距和斜率。

示例代码：

```
result.params   # 输出截距和斜率
```

运行结果：

```
array([14.,   5.])
```

也可分别输出截距和斜率。

示例代码：

```
print(result.params[0])
print(result.params[1])
```

运行结果：

```
13.999999999999858
5.000000000000004
```

3.18 拓展 2：现金流模型

货币经历一定时间的投资和再投资所增加的价值被称为货币时间价值，基于货币时间价值产生了多种现金流模型。

为了实现现金流模型的高效计算，Python 提供了 numpy_financial 模块，下面我们通过案例讲解 numpy_financial 模块各类方法的具体应用。

3.18.1 基本模型

1. 普通年金终值

【例 3-135】假设年利率为 6%，每年年末往银行存入 10000 元，第 5 年年末可以取出多少钱？

示例代码：

```python
import numpy_financial as npf    # 导入 numpy_financial 模块
npf.fv(0.06, 5 , -10000,0)   # 普通年金终值
```

运行结果：

```
56370.92960000005
```

2. 偿债基金

【例 3-136】假设年利率为 6%，每年年末往银行存入多少元，第 5 年年末可以取出 56370.92 元？

示例代码：

```python
npf.pmt(0.06, 5 ,0 ,56370.92)    # 偿债基金
```

运行结果：

```
-9999.998296994547
```

3. 普通年金现值

【例 3-137】假设年利率为 6%，租一套房子，每年租金 10000 元，5 年到期。现在往银行预存一笔钱，用来每年交房租，现在应该在银行存入多少钱？

示例代码：

```python
npf.pv(0.06, 5 ,10000)    # 普通年金现值
```

运行结果：

```
-42123.637855657165
```

4. 投资回收

【例 3-138】假设年利率为 6%，借款 20000 元，投资某个寿命期为 5 年的项目，每年至少要收回多少现金？

示例代码：

```python
npf.pmt(0.06, 5 ,-20000)    # 投资回收
```

运行结果：

```
4747.9280086237895
```

3.18.2 投资项目评价指标

企业在生产经营过程中，经常需要进行项目投资，比如开发新产品、购买新设备、建造生

产线等，这些投资项目都需要投入资本，并进行项目的资本预算，评价项目是否可行。

投资项目评价使用的基本方法是现金流量折现法，评价指标主要有净现值和内含报酬率。

1. 净现值

净现值是指特定项目未来现金净流量现值与原始投资额现值的差额，是评价项目是否可行的重要指标之一。

如果净现值大于 0，则表明投资报酬率大于资本成本，该项目可以增加股东财富；反之，则不改变，甚至减少股东财富。

【例 3-139】甲公司投资一项目，项目寿命期的现金净流量依次为-1900 万元、895 万元、895 万元、895 万元、895 万元、1395 万元，求该项目的净现值。假设折现率为 10%。

示例代码：

```
现金净流量 = [-1900,895,895,895,895,1395]  # 定义一组现金净流量
npf.npv(0.1,现金净流量)  # 计算净现值
```

运行结果：

```
1803.2148201501377
```

2. 内含报酬率

内含报酬率是指能够使未来现金净流量现值等于原始投资额现值的折现率，或者说是使项目净现值为 0 的折现率。

如果内含报酬率大于资本成本，则表明净现值大于 0，该项目可以增加股东财富；反之，则不改变，甚至减少股东财富。

【例 3-140】接【例 3-139】，求该项目的内含报酬率。

示例代码：

```
npf.irr(现金净流量)  # 计算内含报酬率
```

运行结果：

```
0.40427465061451073
```

3.19 拓展 3：组合迭代器

itertools 是 Python 的一个标准库，提供一组用于迭代器和迭代操作的函数。itertools 库中的函数可以用于构建、操作和组合迭代器，使处理迭代数据更加方便和高效。

这里主要介绍 itertools 库中的 combinations()函数，这是一个组合迭代器，返回指定长度的组合，组合中的元素不重复。

语法格式：

```
combinations(iterable, r)
```

参数说明如下。

iterable：可迭代对象。

r：关键字参数，新元素的长度，将 iterable 中的元素以长度 r 进行排列。

combinations()函数返回可迭代对象中长度为 r 的所有组合，不考虑顺序，会过滤掉元素值相同的元组。

【例 3-141】 现有 A、B、C 这 3 个不同的投资项目，请将全部项目排列出只包括两个不同项目的组合。

【思路分析】

首先可以确定不同组合内的项目数量可能为 1、2、3，把参数 r 确定为 2，可以输出可迭代对象中长度为 2 的所有组合，即每个组合只包括两个不同的项目。

示例代码：

```
import itertools    # 导入 itertools 库
for e in itertools.combinations('ABC',2):
    print(e)    # 输出长度为 2 的组合
```

运行结果：

```
('A', 'B')
('A', 'C')
('B', 'C')
```

如果我们想要输出所有组合，就需要继续把参数 r 改为 1、3，为了方便，我们可以进一步通过循环遍历的方法来进行组合迭代。

【例 3-142】 现有 A、B、C 这 3 个不同的投资项目，请将全部项目排列出所有不同的组合。

示例代码：

```
for i in range(1, 4):
    for e in itertools.combinations('ABC',i):
        print(e)    # 输出长度为 i 的组合
```

运行结果：

```
('A',)
('B',)
('C',)
('A', 'B')
('A', 'C')
('B', 'C')
('A', 'B', 'C')
```

可以看到，combinations() 函数已经将全部项目排列出不同的组合。注意，第一个参数中的字符串 'ABC'，也可以换成元组 ('A','B','C') 或者列表 ['A','B','C']，因为它们都属于可迭代对象。

3.20　拓展 4：求解方程式

在财务数据分析中，经常会遇到各种财务管理模型，这些模型可能会涉及求解方程式。在 Python 中，我们可以使用 sympy 模块求解方程式。

sympy 模块是一个功能强大的符号计算库，可以在 Python 中进行高级数学计算和符号操作。

这里主要介绍如何通过 sympy 模块求解常见的一元一次方程及二元一次方程组。

1．求解一元一次方程

【例 3-143】 求解一元一次方程：$5x = 100$。

示例代码：

```
from sympy import *   # 从 sympy 模块中导入所有函数和类
x = Symbol('x')  # 定义一个名为 x 的符号变量
f = 5*x - 100   # 定义方程式
result = solve([f], [x])   # 求解方程式
print(result)   # 输出变量 result
print(result[x])   # 输出变量 x
```
运行结果：
```
{x: 20}
20
```

注意，solve()函数接受两个参数：第一个参数是一个方程列表，每个方程都是一个等式，这里只有一个方程，即 5*x – 100 = 0；第二个参数是未知数列表，这里只有一个未知数 x。函数返回一个列表，该列表包含方程的解。

2. 求解二元一次方程组

【例 3-144】求解下列二元一次方程组：

$$\begin{cases} 5x - 2y = 0 \\ 10x + y = 5 \end{cases}$$

示例代码：
```
y = Symbol('y')  # 定义一个名为 y 的符号变量
f1 = 5*x - 2*y   # 定义第一个方程式
f2 = 10*x + y - 5   # 定义第二个方程式
result=solve([f1,f2], [x,y])   # 求解方程组
print(result)   # 输出变量 result
print(result[x])   # 输出变量 x
print(result[y])   # 输出变量 y
```
运行结果：
```
{x: 2/5, y: 1}
2/5
1
```

思考与练习

1. 查看 DataFrame 对象每一列的数据类型，可以采用（　　　）。

   A. DataFrame.type

   B. DataFrame.type()

   C. DataFrame.dtypes

   D. DataFrame.dtypes()

2. 下列关于 df.duplicated(subset='分红年度',keep='last')的描述正确的是（　　　）。

   A. duplicated()函数用来检测重复值

   B. duplicated()函数用来删除重复值

   C. 指定"分红年度"这一列来标识重复项，第一次出现重复的值视为唯一值，后面的重复值标记为 True

   D. 指定"分红年度"这一列来标识重复项，保留最后一次出现重复值的所在行，删除前面的重复值所在行

3. 以下多条件查询方式正确的是（　　　）。

   A. df[(df['科目名称']=='管理费用') and (df['借']>10000)]

   B. df[(df['科目名称']=='管理费用') & (df['借']>10000)]

   C. df[(df['科目名称']=='管理费用') or (df['借']>10000)]

   D. df[(df['科目名称']=='管理费用') ~ (df['借']>10000)]

4. 以下关于数据合并的说法正确的是（　　　）。

   A. merge()函数只能用于两个 DataFrame 型数据的上下合并

   B. merge()函数不仅可以对 DataFrame 型数据进行上下合并，还支持左右合并

   C. concat()函数只能用于两个 DataFrame 型数据的左右合并

   D. concat()函数不仅可以对 DataFrame 型数据进行左右合并，还支持上下合并

5. 以下关于数据转换方法的说法正确的是（　　　）。

   A. map()函数只适用于 DataFrame

   B. map()函数不仅适用于 DataFrame，还适用于 Series

   C. apply()函数不仅适用于 DataFrame，还适用于 Series

   D. applymap()函数不仅适用于 DataFrame，还适用于 Series

🏆 强化实训

  1. 基于"数据.xlsx"中的"序时账"工作表，将"科目名称"进行分列处理，并新增两列为"一级科目""二级科目"。

  2. 在实训 1 的结果基础上生成数据透视表，要求：选取"一级科目"为"财务费用"的所有明细，根据"一级科目""二级科目"进行分组，把"日期"作为列标签且以季度显示，对借方金额进行聚合统计，统计方法为求和，同时把缺失值替换为 0。

第4章

Python 财务数据可视化

📘 学习目标

- 掌握 matplotlib 图形绘制基础知识
- 能够通过 matplotlib 绘制折线图、柱状图、条形图、面积图、饼图、堆叠图等基本统计图形
- 能够灵活设置 matplotlib 各类图形的基本参数
- 掌握 matplotlib 多子图、共享坐标轴的绘制方法
- 灵活应用 pandas 中的 plot 绘图方法

📚 思维导图

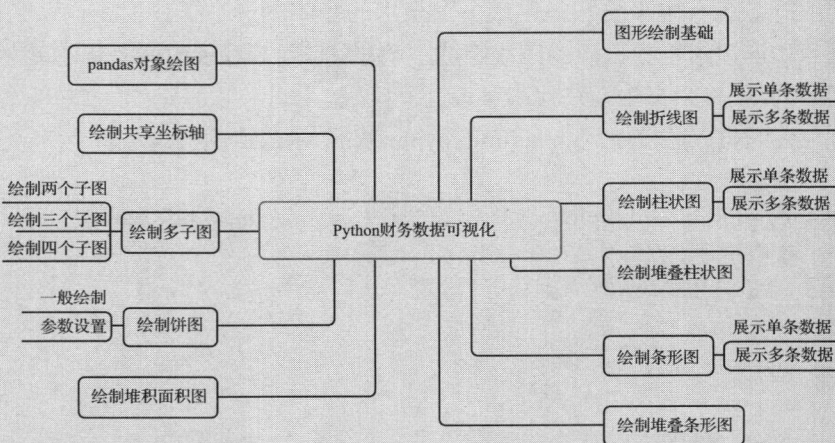

通过前面章节的学习，我们已经掌握了 pandas 数据分析的基础知识，包括数据的采集、清洗以及如何按照自己的思路重新组织数据。在此基础上，我们可以进一步学习使用 matplotlib 库展示数据分析结果。

matplotlib 是一个用于生成出版级质量图表的绘图工具，也是 Python 中最受欢迎的数据可视化模块之一，我们通常将 matplotlib 视为 Python 默认的可视化绘图库，因为它非常灵活，我们可以根据需要控制图形中的任何元素。matplotlib 通常与 numpy、pandas 一起使用，是数据分析中不可或缺的重要工具之一。通过 Jupyter 与 matplotlib 的结合使用，可以实现高效率的交互式数据可视化，能够轻松绘制出各类静态 2D 统计图形。

matplotlib 不属于 Python 的标准库，在下载安装后，才能正常导入 matplotlib 库；但是，我们在安装 Anaconda 时，已经自动安装了 matplotlib 库，可以直接导入使用。

4.1 图形绘制基础

数据可视化的图表种类繁多、各式各样，我们只需要掌握使用 matplotlib 绘制基本统计图形的方法，如折线图、柱状图、条形图、堆叠柱状图、堆叠条形图、堆积面积图、饼图等。

在使用 matplotlib 绘图前，我们需要了解 matplotlib 图形的组成部分。一幅完整的 matplotlib 图形通常会包括多个层级，这些层级也被称为容器。每个容器内都有很多基本要素，我们可以通过各种命令方法来操纵图形中的每一个部分，从而达到数据可视化的效果，一幅完整的图形实际上是各类子元素的集合。

财务数据分析涉及的基本统计图形相对简单，为了能够快速上手，我们只需要掌握 matplotlib 可视化的基本代码框架，即可应对大多数财务数据可视化的场景。

4.2 绘制折线图

折线图，也叫线图，是众多图表中的基本图形。折线图由一系列的数据点和连接这些数据点的线段组成。折线图常用来呈现时间趋势的变化（时间序列），其中 x 轴通常代表某段时间间隔。

我们可以直接使用 matplotlib.pyplot.plot()函数绘制折线图。

语法格式：

matplotlib.pyplot.plot(x,y,ls,lw,c,marker,ms,mec,mew,mfc,label)

参数说明如下。

微课堂

绘制折线图

x：x 轴上的数值。

y：y 轴上的数值。

linestyle 或者 ls：线型。

linewidth 或者 lw：线条宽度。

color 或者 c：颜色。

marker：标记符。

markersize 或者 ms：标记符的大小。

markeredgecolor 或者 mec：标记符的边框颜色。

markeredgewidth 或者 mew：标记符的边框粗细程度。

markerfacecolor 或者 mfc：标记符的填充色。

label：文本标签

关于 linestyle、color、marker 的参数值与说明，可以参考表 4-1。

表 4-1　　　　　　　　　关于 linestyle、color、marker 的参数值与说明

线型参数值 （linestyle）	说明	颜色参数值 （color）	说明	标记符参数值 （marker）	说明
-	实线（默认）	b	蓝色	.	实心圆
--	双划线	g	绿色	o	空心圆
-.	点划线	r	红色	v	下三角形
:	虚线	c	青绿色	^	上三角形
		m	洋红色	>	右三角形
		y	黄色	<	左三角形
		k	黑色	s	正方形
		w	白色	p	五边形
				*	五角星
				h 或者 H	六边形
				+	加号符
				×	叉号符
				d 或者 D	菱形
				| 或者 _	竖线/横线

4.2.1　展示单条数据

每类统计图形的绘制，都应该从绘制单条数据开始。

在正式绘制图形前，我们需要导入本章数据可视化涉及的数据表。

【例 4-1】甲公司 2016 年至 2020 年的营运资产相关报表项目数据如图 4-1 所示，根据此数据绘制可视化图形，展示 2016 年至 2020 年营运资产各项目的结构变化及变动趋势。

	A	B	C	D	E	F
1	年度	应收票据	应收账款	预付款项	其他应收款	存货
2	2016年	148,908,891.88	3,150,748.50	88,444,778.19	4,390,529.57	193,507,190.04
3	2017年	116,488,777.83	5,979,446.74	74,838,580.33	4,171,707.25	153,452,972.56
4	2018年	86,576,410.30	22,626,937.76	61,806,264.62	2,913,502.01	136,158,559.44
5	2019年	110,342,161.82	4,596,831.99	8,631,066.14	3,370,542.46	94,688,021.31
6	2020年	78,592,058.79	6,020,286.03	4,261,871.97	11,327,623.06	91,075,060.30

图 4-1　甲公司 2016 年至 2020 年的营运资产相关报表项目数据

导入相关库，并读取 Excel 工作簿"数据.xlsx"中的"营运资产"工作表数据。

示例代码：

```
import pandas as pd  # 导入 pandas 模块
import numpy as np   # 导入 numpy 模块
import matplotlib.pyplot as plt   # 导入 matplotlib 的子模块 pyplot
pd.set_option('display.float_format',lambda x : '%.2f' % x)   # 保留两位小数
plt.rcParams['font.sans-serif'] = ['SimHei']   # 设置字体为 SimHei
plt.rcParams['axes.unicode_minus'] = False   # 使负号正常显示
source_file = "数据.xlsx"   # 定义 Excel 本地路径
# 导入 Excel 数据
df = pd.read_excel(
            source_file,   # Excel 文件路径
```

```
                    sheet_name='营运资产',  # 获取'营运资产'工作表的数据
                    index_col=0,  # 把第 1 列数据设置为行索引
                    )
       df
```

运行结果：

年度	应收票据	应收账款	预付款项	其他应收款	存货
2016年	148908891.88	3150748.50	88444778.19	4390529.57	193507190.04
2017年	116488777.83	5979446.74	74838580.33	4171707.25	153452972.56
2018年	86576410.30	22626937.76	6180626462	2913502.01	136158559.44
2019年	110342161.82	4596831.99	8631066.14	3370542.46	94688021.31
2020年	78592058.79	6020286.03	4261871.97	11327623.06	91075060.30

📖✏️ 【例 4-2】接【例 4-1】，绘制折线图展示 2016 年至 2020 年"应收票据"的变动趋势。

示例代码：

```
# 单条数据  折线图
# 创建画布
plt.figure(figsize=(8,4),dpi=100)
# 绘制折线图
plt.plot(df.index,df.应收票据,ls='--',lw=1.5,c='y',marker='*',ms=10,mec='r',mew=1,mfc='g')
# 图标题
plt.title('标题',pad=10)
# x 轴标签
plt.xlabel('年度',labelpad=5)
# y 轴标签
plt.ylabel('金额',labelpad=5)
# 显示图例
plt.legend(['应收票据'])
```

运行结果：

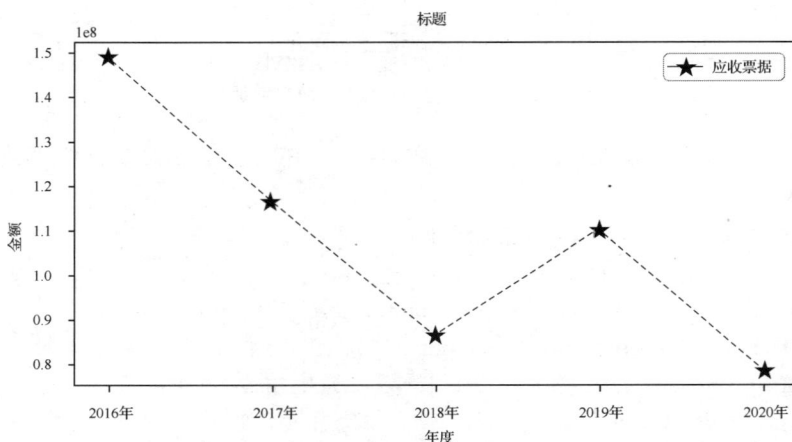

4.2.2 展示多条数据

我们经常需要绘制多条数据的折线图，此时，只需要在【例 4-1】的基础上增加 plt.plot()

函数即可绘制新的折线图。同时，对 plot()函数的相关参数进行自定义设置，可以呈现出不同风格的线型。

【例 4-3】接【例 4-1】，绘制折线图展示 2016 年至 2020 年所有报表项目的变动趋势。

示例代码：

```
# 多条数据  折线图
# 创建画布
plt.figure(figsize=(8,4),dpi=100)
# 绘制折线图
plt.plot(df.index,df.应收票据,ls='--',lw=1.5,c='y',marker='*',ms=10,mec='r',mew=1,mfc='g')
plt.plot(df.index,df.应收账款,ls='-',lw=1.5,c='y',marker='v',ms=10,mec='r',mew=1,mfc='g')
plt.plot(df.index,df.预付款项,ls='-',lw=1.5,c='y',marker='o',ms=10,mec='r',mew=1,mfc='g')
plt.plot(df.index,df.其他应收款,ls='-',lw=1.5,c='y',marker='x',ms=10,mec='r',mew=1,mfc='g')
plt.plot(df.index,df.存货,ls='-',lw=1.5,c='y',marker='+',ms=10,mec='r',mew=1,mfc='g')
# 图标题
plt.title('标题',pad=10)
#x 轴标签
plt.xlabel('年度',labelpad=5)
#y 轴标签
plt.ylabel('金额',labelpad=5)
# 显示图例
plt.legend(df.columns)
```

运行结果：

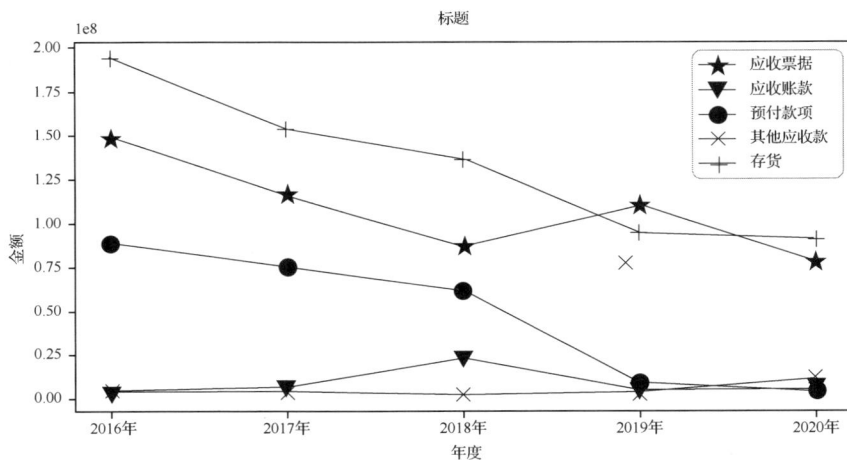

4.3 绘制柱状图

柱状图用来展示类别变量和数值变量之间的关系，每个柱代表一个类别，柱的长度代表这个类别的数值。

我们可以直接使用 matplotlib.pyplot.bar()函数绘制柱状图。

语法格式：

matplotlib.pyplot.bar(x, height, width, color, edgecolor, bottom, linewidth, align)

参数说明如下。

x：指定 x 轴上的数值。

height：指定 y 轴上的数值。

width：表示柱状图的宽度，取值范围为 0~1，默认值为 0.8。

color：柱状图的填充色。

edgecolor：柱状图的边框颜色。

bottom：可以用来绘制堆叠柱状图。

linewidth：柱状图的边框宽度。

align：指定 x 轴上的对齐方式，可取值'center'、'edge'，默认值为'center'。

4.3.1 | 展示单条数据

绘制柱状图时，需要定义 width 参数，即设置柱状图的宽度。如果不设置颜色，则采用默认颜色。

【例 4-4】接【例 4-1】，绘制柱状图展示 2016 年至 2020 年"应收票据"的变动趋势。

示例代码：

```python
# 单条数据   柱状图
# 创建画布
plt.figure(figsize=(7,4),dpi=100)
# 绘制柱状图
plt.bar(df.index,df.应收票据,width=0.2)
# 图标题
plt.title("标题",pad=10)
# x 轴标签
plt.xlabel("年度",labelpad=5)
# y 轴标签
plt.ylabel("金额",labelpad=5)
# 显示图例
plt.legend(['应收票据'])
```

运行结果：

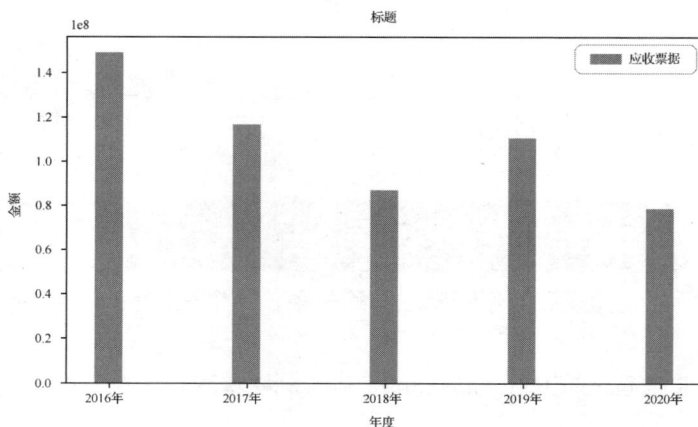

4.3.2 展示多条数据

对于多条数据的柱状图绘制，需要注意参数 x 的设置，它表示每一组数据对应的柱状图在 x 轴上的位置，如果相距太近，可能会导致多个柱状图重叠，从而影响可视化效果。

【例 4-5】接【例 4-1】，绘制柱状图展示 2016 年至 2020 年所有报表项目的变动趋势。

示例代码：

```
# 多条数据  柱状图
# 创建画布
plt.figure(figsize=(7,4),dpi=100)
# 根据行索引生成可以参与运算的数值型一维数组
x=np.arange(len(df.index))
# 绘制柱状图
plt.bar(x,df.应收票据,width=0.15)
plt.bar(x+0.15,df.应收账款,width=0.15)
plt.bar(x+0.15*2,df.预付款项,width=0.15)
plt.bar(x+0.15*3,df.其他应收款,width=0.15)
plt.bar(x+0.15*4,df.存货,width=0.15)
# 图标题
plt.title("标题",pad=10)
# x 轴标签
plt.xlabel("年度",labelpad=5)
# y 轴标签
plt.ylabel("金额",labelpad=5)
# x 轴刻度值
plt.xticks(x,df.index)
# 显示图例
plt.legend(df.columns)
```

运行结果：

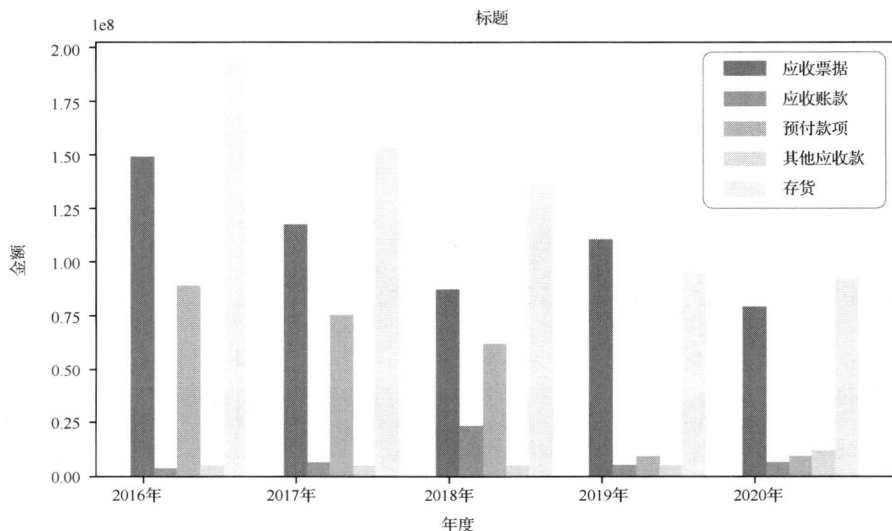

扫一扫

彩色效果

131

4.4　绘制堆叠柱状图

堆叠柱状图的绘制方法与柱状图基本相同，区别在于 bottom 参数的设置。

【例 4-6】接【例 4-1】，绘制堆叠柱状图展示 2016 年至 2020 年所有报表项目的变动趋势。

示例代码：

```
# 多条数据　堆叠柱状图
# 创建画布
plt.figure(figsize=(7,4),dpi=100)
# 绘制堆叠柱状图
plt.bar(df.index,df.应收票据)
plt.bar(df.index,df.应收账款,bottom=df.应收票据)
plt.bar(df.index,df.预付款项,bottom=df.应收票据+df.应收账款)
plt.bar(df.index,df.其他应收款,bottom=df.应收票据+df.应收账款+df.预付款项)
plt.bar(df.index,df.存货,bottom=df.应收票据+df.应收账款+df.预付款项+df.其他应收款)
# 图标题
plt.title("标题",pad=10)
# x 轴标签
plt.xlabel("年度",labelpad=5)
# y 轴标签
plt.ylabel("金额",labelpad=5)
# 显示图例
plt.legend(df.columns)
```

运行结果：

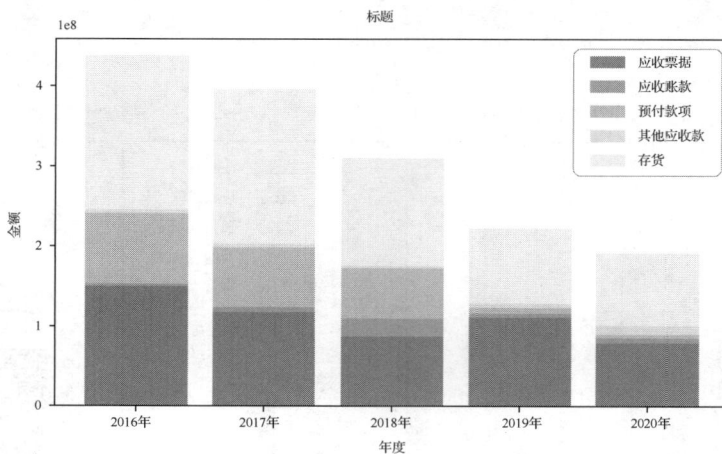

扫一扫

彩色效果

4.5　绘制条形图

如果柱状图的类别标签较长，可以采用横向柱状图，即条形图。条形图的绘制方法与柱状图基本相同。

我们可以直接使用 matplotlib.pyplot.barh() 函数绘制条形图。

语法格式：

matplotlib.pyplot.barh(y, width ,height,color, edgecolor, left, linewidth, align)

参数说明如下。

y：指定 y 轴上的数值。

width：指定 x 轴上的数值。

height：表示条形图的高度。

color：表示条形图的填充色。

edgecolor：表示条形图的边框颜色。

left：表示条形图的长度。

linewidth：表示条形图边框宽度。

align：指定 y 轴上对齐方式，可取值'center'、'edge'，默认值为'center'。

4.5.1 展示单条数据

绘制条形图时，需要定义 height 参数，即设置条形图的高度。如果不设置颜色，则采用默认颜色。

【例 4-7】接【例 4-1】，绘制条形图展示 2016 年至 2020 年"应收票据"的变动趋势。

示例代码：

```
# 单条数据  条形图
# 创建画布
plt.figure(figsize=(7,4),dpi=100)
# 绘制条形图
plt.barh(df.index,df.应收票据)
# 图标题
plt.title("标题",pad=10)
# x 轴标签
plt.xlabel("金额",labelpad=5)
# y 轴标签
plt.ylabel("年度",labelpad=5)
# 显示图例
plt.legend(['应收票据'])
```

运行结果：

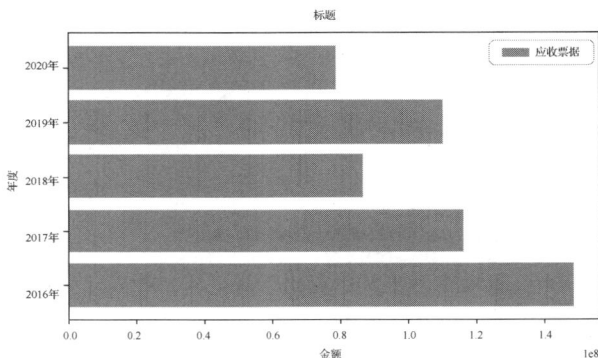

4.5.2 展示多条数据

具体绘制方法参照柱状图。

✎ 【例4-8】接【例4-1】，绘制条形图展示2016年至2020年所有报表项目的变动趋势。

示例代码：

```python
# 多条数据  条形图
# 创建画布
plt.figure(figsize=(7,4),dpi=100)
# 根据行索引生成可以参与运算的数值型一维数组
x=np.arange(len(df.index))
# 绘制条形图
plt.barh(x,df.应收票据,height=0.15)
plt.barh(x+0.15,df.应收账款,height=0.15)
plt.barh(x+0.15*2,df.预付款项,height=0.15)
plt.barh(x+0.15*3,df.其他应收款,height=0.15)
plt.barh(x+0.15*4,df.存货,height=0.15)
# 图标题
plt.title("标题",pad=10)
# x轴标签
plt.xlabel("金额",labelpad=5)
# y轴标签
plt.ylabel("年度",labelpad=5)
# y轴刻度值
plt.yticks(x,df.index)
# 显示图例
plt.legend(df.columns)
```

运行结果：

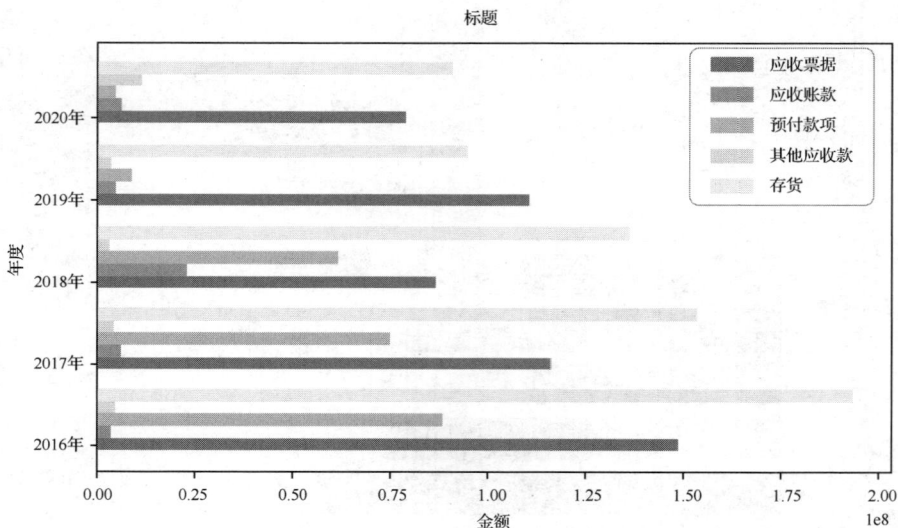

扫一扫

彩色效果

4.6 绘制堆叠条形图

堆叠条形图的绘制方法与条形图基本相同，区别在于 left 参数的设置。

【例 4-9】接【例 4-1】，绘制堆叠条形图展示 2016 年至 2020 年所有报表项目的变动趋势。

示例代码：

```
# 多条数据  堆叠条形图
# 创建画布
plt.figure(figsize=(7,4),dpi=100)
# 绘制堆叠条形图
plt.barh(df.index,df.应收票据)
plt.barh(df.index,df.应收账款,left=df.应收票据)
plt.barh(df.index,df.预付款项,left=df.应收票据+df.应收账款)
plt.barh(df.index,df.其他应收款,left=df.应收票据+df.应收账款+df.预付款项)
plt.barh(df.index,df.存货,left=df.应收票据+df.应收账款+df.预付款项+df.其他应收款)
# 图标题
plt.title("标题",pad=10)
# x 轴标签
plt.xlabel("金额",labelpad=5)
# y 轴标签
plt.ylabel("年度",labelpad=5)
# 显示图例
plt.legend(df.columns)
```

运行结果：

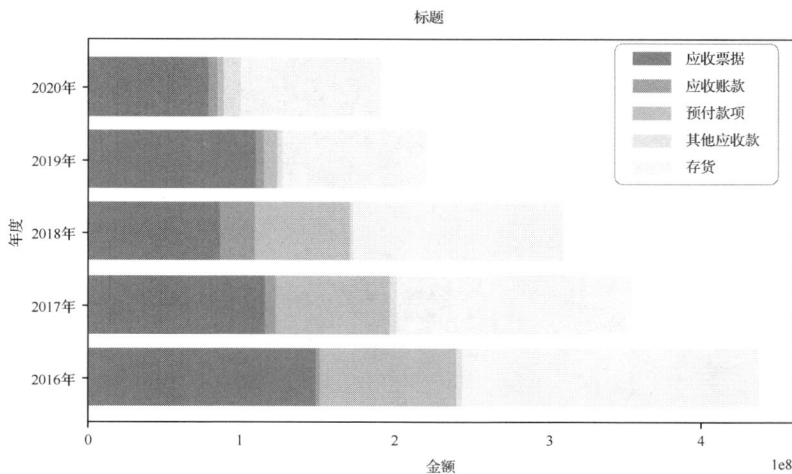

4.7 绘制堆积面积图

堆积面积图是将多个类别的数据变化堆积在一起，显示在一个图形中。

不同于多折线图的线条可能相互交叉，堆积面积图不会出现不同分类的数据点被遮盖或被隐藏的状况。

堆积面积图不仅可以展示各类的发展趋势，还可以表达总体的发展趋势和种类间的关系，比如重要程度、大致占比等。

我们可以直接使用 matplotlib.pyplot.stackplot()函数绘制堆积面积图。

语法格式：

matplotlib.pyplot.stackplot(x,*args,labels,colors)

参数说明如下。

x：一维数组。
*args：二维数组。
labels：标签列表。
colors：颜色列表。

由于 stackplot()函数的第二个参数是二维数组的形式，因此我们可以先把需要进行可视化的数据放在数组中，再把这个数组传入 stackplot()函数中。

【例 4-10】接【例 4-1】，绘制堆积面积图展示 2016 年至 2020 年所有报表项目的变动趋势。

示例代码：

```
# 多条数据  堆积面积图
# 创建画布
plt.figure(figsize=(8,5),dpi=100)
# 绘制堆积面积图
plt.stackplot(df.index, [df.应收票据,df.应收账款,df.预付款项,df.其他应收款,df.存货])
# 图标题
plt.title("标题",pad=10)
# x 轴标签
plt.xlabel("年度",labelpad=5)
# y 轴标签
plt.ylabel("金额",labelpad=5)
# 显示图例
plt.legend(df.columns)
```

运行结果：

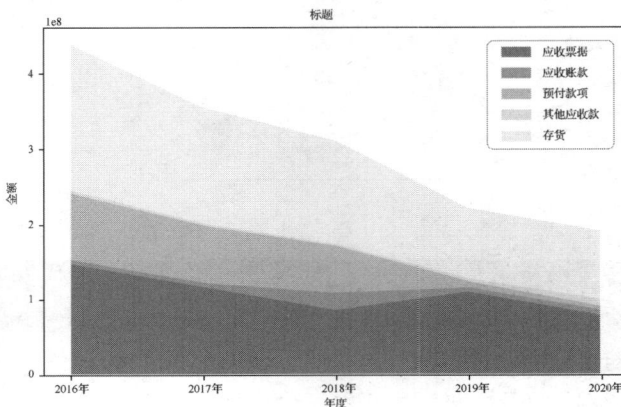

扫一扫

彩色效果

4.8 绘制饼图

饼图是一个被分成若干部分的圆，用于反映每个部分占整体的比重。

我们可以直接使用 matplotlib.pyplot.pie()函数绘制饼图。

语法格式：

matplotlib.pyplot.pie(x, explode, labels, colors, autopct, pctdistance, shadow, labeldistance, startangle, radius)

参数说明如下。

x：用于绘制饼图的数据序列。

explode：指定是否要将扇形脱离饼图，可以通过在数据序列中指定脱离的扇形，以及脱离的距离。

labels：用于指定每个扇形的标签文本。

colors：用于指定每个扇形的颜色。

autopct：用于指定扇形上要显示的数据标签的格式。

pctdistance：用于指定数据标签离扇形中心的距离，默认值为 0.6。

shadow：指定是否在饼图下方绘制阴影，默认为 False。

labeldistance：用于指定标签文本离扇形中心的距离，默认值为 1.1。

startangle：用于指定饼图的起始角度，默认值为 0。

radius：指定饼图的半径，默认值为 1。

4.8.1 一般绘制

我们要了解饼图的一般绘制。

【例 4-11】接【例 4-1】，绘制饼图展示 2016 年所有报表项目的结构占比。

示例代码：

```
# 单条数据  饼图
# 创建画布
plt.figure(figsize=(8,4),dpi=100)
# 绘制饼图
plt.pie(df.T["2016 年"],labels=df.T.index,autopct='%1.2f%%')
# 图标题
plt.title("标题")
```

运行结果：

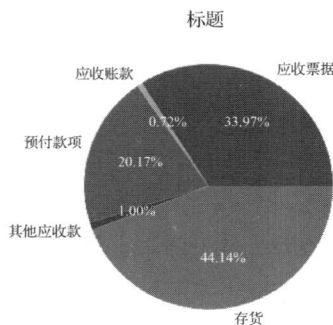

4.8.2 参数设置

我们可以进一步对饼图的相关参数进行自定义设置。

✎ 【例 4-12】接【例 4-11】，对饼图的相关参数进行自定义设置。

示例代码：

```
# 单条数据　饼图
# 创建画布
plt.figure(figsize=(8,4),dpi=100)
# 绘制饼图
plt.pie(df.T["2016 年"],
        labels=df.T.index,
        autopct='%1.2f%%',  # 数据标签的格式为保留两位小数的百分数
        explode=[0,0,0,0,0.1],  # 指定第 5 个扇形区域脱离的距离为 0.1
        pctdistance=1.2,  # 指定数据标签离扇形中心的距离为 1.2
        shadow=True,  # 绘制阴影
        labeldistance=0.5,  # 指定标签文本离扇形中心的距离为 0.5
        radius=1.2  # 半径为 1.2
        )
# 图标题
plt.title("标题")
```

运行结果：

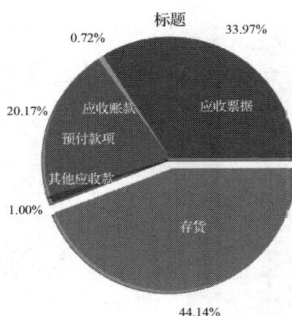

扫一扫

彩色效果

4.9 绘制多子图

在进行财务数据可视化时，有时我们希望在一个画布中展示多个不同的统计图形，这时需要把画布分割成多个子画布，然后在子画布中绘制图形。

我们可以使用 add_subplot()函数绘制子图，add_subplot()函数建立在画布 figure 上，比如 figure.add_subplot(221)，前两个数字 22 表示把画布 figure 分割为 2 行 2 列的网格布局，第 3 个数字 1 表示该网格布局中的第一个子画布区域，位于第 1 行第 1 列。要注意，子画布区域编号从 1 开始，其规则是从左至右依次递增，如 figure.add_subplot(223)，表示位于该网格布局中的第 2 行第 1 列的子画布区域，即第 3 个子画布区域。

微课堂

绘制多子图

了解子画布区域的编号规则后，我们就可以在子画布区域内绘制图形了。

4.9.1 绘制两个子图

✎【例 4-13】接【例 4-1】，分别绘制折线图展示 2016 年至 2020 年"应收票据、应收账款"的变动趋势，并将图形放置在子画布的区域内。

示例代码：

```
# 创建画布
fig=plt.figure(figsize=(10,4),dpi=100)
#在 1 行 2 列画布中的第 1 个位置生成第 1 个子图
ax1=fig.add_subplot(121)
# 绘制第 1 个子图
ax1.plot(df.index,df.应收票据,label='应收票据')
ax1.set_ylabel('金额')
ax1.set_xlabel('年度')
ax1.set_title('图一')
#在 1 行 2 列画布中的第 2 个位置生成第 2 个子图
ax2=fig.add_subplot(122)
# 绘制第 2 个子图
ax2.plot(df.index,df.应收账款,label='应收账款',ls='--')
ax2.set_ylabel('金额')
ax2.set_xlabel('年度')
ax2.set_title('图二')
# 完善画布元素
fig.legend()
fig.suptitle('标题',x=0.5,y=1.05,fontsize=15)
fig.tight_layout()
```

运行结果：

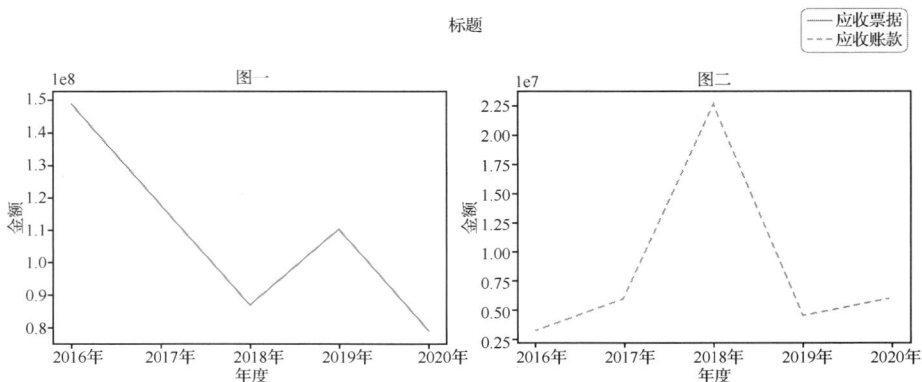

4.9.2 绘制三个子图

✎【例 4-14】接【例 4-1】，分别绘制折线图展示 2016 年至 2020 年"应收票据、应收账款、预付款项"的变动趋势，并将图形放置在子画布的区域内。

示例代码：

```
# 创建画布
fig=plt.figure(figsize=(10,8),dpi=100)
# 在 2 行 2 列画布中的第 1 个位置生成第 1 个子图
ax1=fig.add_subplot(221)
# 绘制第 1 个子图
ax1.plot(df.index,df.应收票据,label='应收票据')
ax1.set_ylabel('金额')
ax1.set_xlabel('年度')
ax1.set_title('图一')
# 在 2 行 2 列画布中的第 2 个位置生成第 2 个子图
ax2=fig.add_subplot(222)
# 绘制第 2 个子图
ax2.plot(df.index,df.应收账款,label='应收账款',ls='--')
ax2.set_ylabel('金额')
ax2.set_xlabel('年度')
ax2.set_title('图二')
# 在 2 行 2 列画布中的第 3 个位置生成第 3 个子图
ax3=fig.add_subplot(212)
# 绘制第 3 个子图
ax3.plot(df.index,df.预付款项,label='预付款项',ls='-.')
ax3.set_ylabel('金额')
ax3.set_xlabel('年度')
ax3.set_title('图三')
# 完善画布元素
fig.legend()
fig.suptitle('标题',x=0.5,y=1.05,fontsize=15)
fig.tight_layout()
```

运行结果：

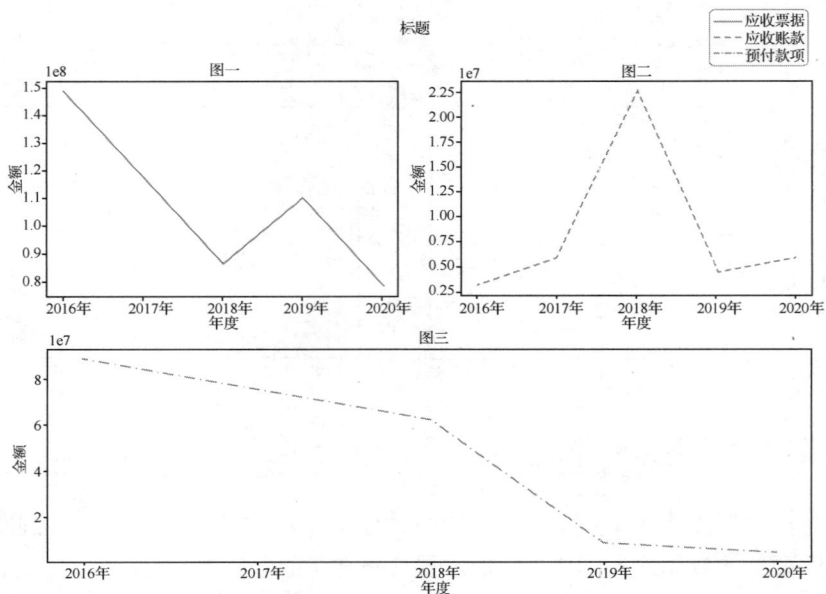

4.9.3 绘制四个子图

✎【例 4-15】接【例 4-1】，分别绘制折线图展示 2016 年至 2020 年 "应收票据、应收账款、预付款项、其他应收款" 的变动趋势，并将图形放置在子画布的区域内。

示例代码：

```
# 创建画布
fig=plt.figure(figsize=(10,6),dpi=100)
# 在 2 行 2 列画布中的第 1 个位置生成第 1 个子图
ax1=fig.add_subplot(221)
# 绘制第 1 个子图
ax1.plot(df.index,df.应收票据,label='应收票据')
ax1.set_ylabel('金额')
ax1.set_xlabel('年度')
ax1.set_title('图一')
# 在 2 行 2 列画布中的第 2 个位置生成第 2 个子图
ax2=fig.add_subplot(222)
# 绘制第 2 个子图
ax2.plot(df.index,df.应收账款,label='应收账款',ls='--')
ax2.set_ylabel('金额')
ax2.set_xlabel('年度')
ax2.set_title('图二')
# 在 2 行 2 列画布中的第 3 个位置生成第 3 个子图
ax3=fig.add_subplot(223)
# 绘制第 3 个子图
ax3.plot(df.index,df.预付款项,label='预付款项',ls='-.')
ax3.set_ylabel('金额')
ax3.set_xlabel('年度')
ax3.set_title('图三')
# 在 2 行 2 列画布中的第 4 个位置生成第 4 个子图
ax4=fig.add_subplot(224)
# 绘制第 4 个子图
ax4.plot(df.index,df.其他应收款,label='其他应收款',ls=':')
ax4.set_ylabel('金额')
ax4.set_xlabel('年度')
ax4.set_title('图四')
# 完善画布元素
fig.legend(loc='center', bbox_to_anchor=(0.5, 1),ncol=4)
fig.suptitle('标题',x=0.5,y=1.08,fontsize=15)
fig.tight_layout()
```

运行结果：

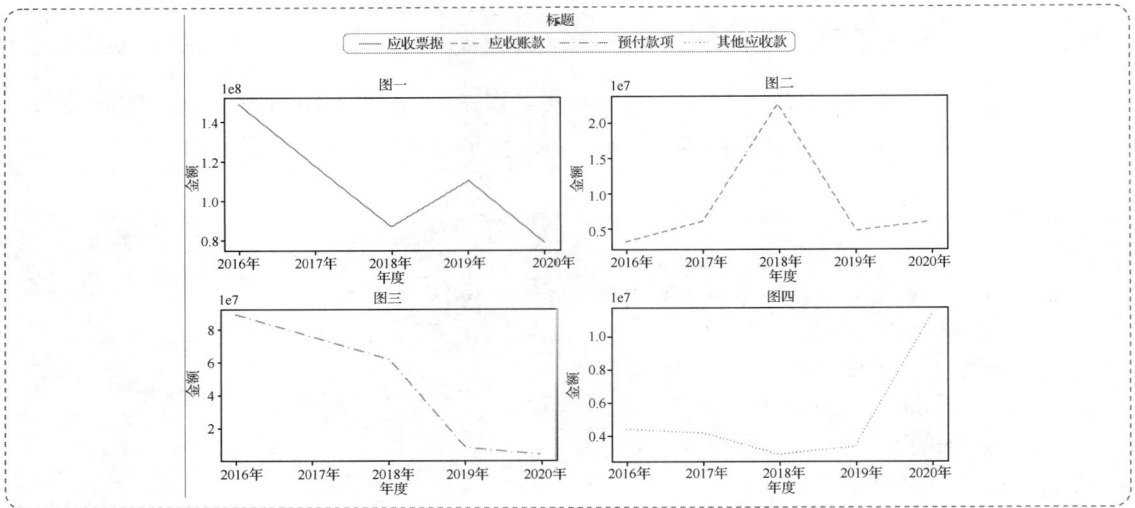

4.10 绘制共享坐标轴

4.9 节讲了子图绘制方法，可以在一个画布内绘制多个图形，但有时我们希望在同一个绘图区域内通过共享 x 轴的方式绘制多个图形，这时可以使用 twinx()函数。

【例 4-16】甲公司 2016 年至 2020 年的营业收入及营业收入增长率数据如图 4-2 所示，根据此数据绘制可视化图形，展示 2016 年至 2020 年营业收入的变动及增长趋势。

	A	B	C
1	年度	营业收入	增长率
2	2016年	2,640,503,629.95	-1.05%
3	2017年	2,583,652,335.22	-2.15%
4	2018年	2,585,696,901.89	0.08%
5	2019年	1,344,029,111.24	-48.02%
6	2020年	877,918,599.51	-34.68%

图 4-2

读取 Excel 工作簿"数据.xlsx"中的"营业收入"工作表数据。

示例代码：

```
import pandas as pd   # 导入 pandas 模块
import numpy as np   # 导入 numpy 模块
import matplotlib.pyplot as plt   # 导入 matplotlib 的子模块 pyplot
pd.set_option('display.float_format',lambda x : '%.2f ' % x)   # 保留两位小数
plt.rcParams['font.sans-serif'] = ['SimHei']   # 设置字体为 SimHei
plt.rcParams['axes.unicode_minus'] = False   # 使负号正常显示
source_file = "数据.xlsx"   # 定义 Excel 本地路径
# 导入 Excel 数据
df2 = pd.read_excel(
            source_file,   # Excel 文件路径
            sheet_name='营业收入',   # 获取'营业收入'工作表的数据
            index_col=0,   # 把第 1 列数据设置为行索引
            )
df2
```

运行结果：

年度	营业收入	增长率
2016年	2640503629.95	-0.01
2017年	2583652335.22	-0.02
2018年	2585696901.89	0.00
2019年	1344029111.24	-0.48
2020年	877918599.51	-0.35

【例 4-17】接【例 4-16】，分别绘制柱状图、折线图展示 2016 年至 2020 年营业收入、增长率的变动趋势，并通过共享 x 轴的方式将图形合并。

示例代码：

```
# 创建画布
fig=plt.figure(figsize=(10,5),dpi=80)
# 在 1 行 1 列画布中的第 1 列位置生成第 1 个子图
ax1=fig.add_subplot(111)
# 绘制柱状图并设置主坐标轴
ax1.bar(df2.index,df2.营业收入,label='营业收入')
ax1.set_ylabel('营业收入')
ax1.set_xlabel('年度')
# 绘制折线图并设置次坐标轴
ax2=ax1.twinx()    #twinx()函数表示共享 x 轴
ax2.plot(df2.index,df2.增长率,label='增长率',c='r')
ax2.set_ylabel('增长率')
# 显示图例
fig.legend(loc="upper right",bbox_to_anchor=(0.83, 0.85))
fig.suptitle('标题')
```

运行结果：

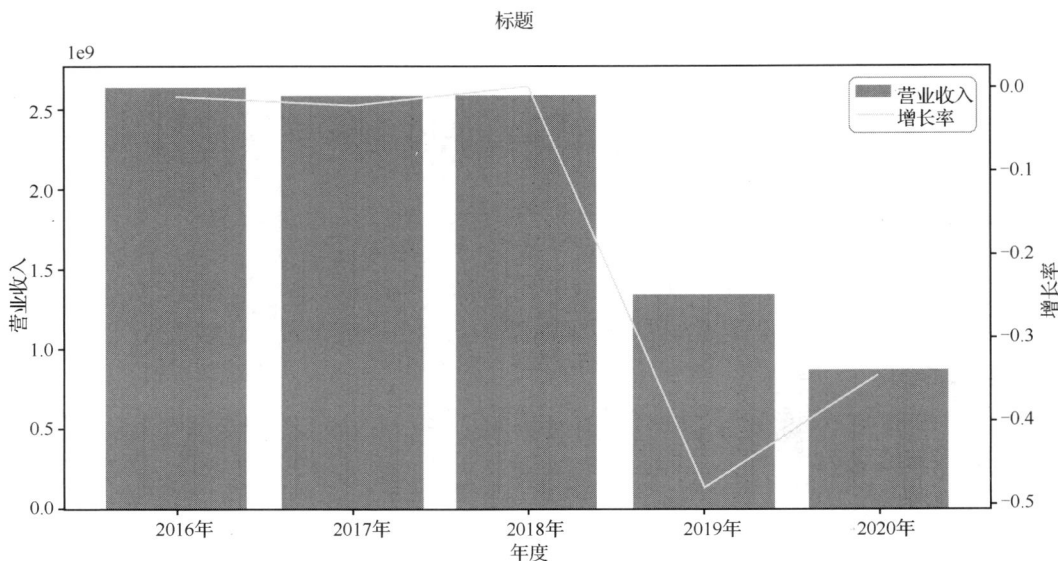

4.11　pandas 对象绘图

为了方便绘图，pandas 提供了 plot()函数，plot()函数支持 Series 和 DataFrame 对象，它可以简化 pandas 数据结构可视化的过程。在 DataFrame 上使用 plot()函数，则会根据 DataFrame 中每一列的数据分别绘制图形，默认为折线图，还会按照列标签的名称在适当的位置展示图例，比直接使用 matplotlib 绘图更节省时间。

微课堂

pandas 对象绘图

语法格式：

DataFrame.plot(x, y, kind, ax, subplots, sharex, sharey, layout, figsize, use_index, title, grid, legend, style, xticks, yticks, xlim, ylim, rot, fontsize, stacked, secondary_y, mark_right)

参数说明如下。

x：表示标签或者位置，默认值为 None。

y：表示标签或者位置，默认值为 None。

kind：表示绘图的类型，可以是'line'（折线图）、'bar'（柱状图）、'barh'（条形图）、'area'（面积图）、'pie'（饼状图）等；默认值为'line'，即折线图。

ax：子图，默认值为 None。

subplots：是否对每列分别绘制子图，默认值为 False。

sharex：共享 x 轴刻度、标签。

sharey：共享 y 轴刻度、标签。

layout：子图的行列布局，格式为(rows, columns)。

figsize：图形尺寸，格式为(width, height)。

use_index：用索引做 x 轴，默认值为 True。

title：图形的标题。

grid：图形是否有网格，默认值为 None。

legend：子图的图例。

style：对每列折线图设置线的类型，数据类型可为列表或字典。

xticks：设置 x 轴刻度值。

yticks：设置 y 轴刻度值。

xlim：设置 x 轴的范围。

ylim：设置 y 轴的范围。

rot：轴标签（轴刻度）的显示旋转度数，默认值为 None。

fontsize：设置轴刻度的文字大小。

stacked：表示是否堆积，在折线图和柱状图中默认值为 False，在区域图中默认值为 True。

secondary_y：设置第二个 y 轴（右辅助 y 轴），默认值为 False。

mark_right：当使用 secondary_y 时，在图例中自动用"(right)"标记列标签，默认值为 True。

下面使用 pandas 的 plot()函数对 DataFrame 对象绘制各类统计图形。

1．绘制折线图

我们在 plot()函数中传入参数 kind='line'，即可绘制折线图；由于该参数值默认为'line'，因此也可以直接省略该参数。

【例 4-18】接【例 4-1】，使用 pandas 的 plot()函数绘制折线图，展示 2016 年至 2020 年所有报表项目的变动趋势。

示例代码：

```
df.plot(kind='line')  # 折线图
```

运行结果：

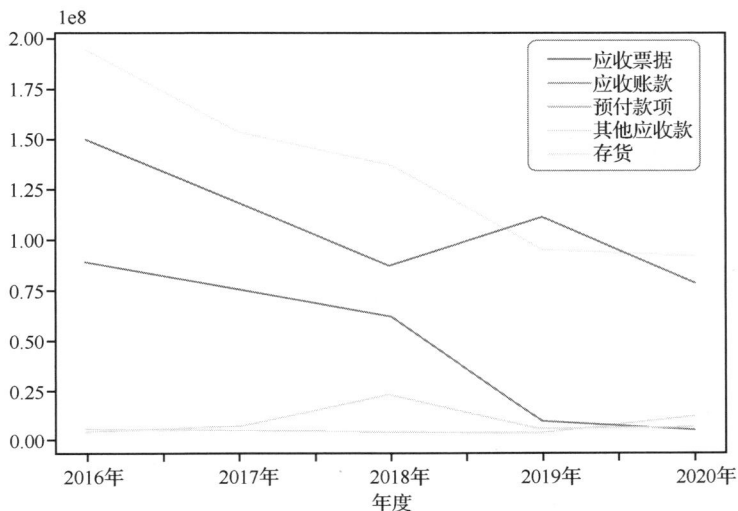

2. 绘制柱状图

在 plot()函数中传入参数 kind='bar'即可绘制柱状图。

【例 4-19】接【例 4-1】，使用 pandas 的 plot()函数绘制柱状图，展示 2016 年至 2020 年所有报表项目的变动趋势。

示例代码：

```
df.plot(kind='bar',rot=0)   # 绘制柱状图
```

运行结果：

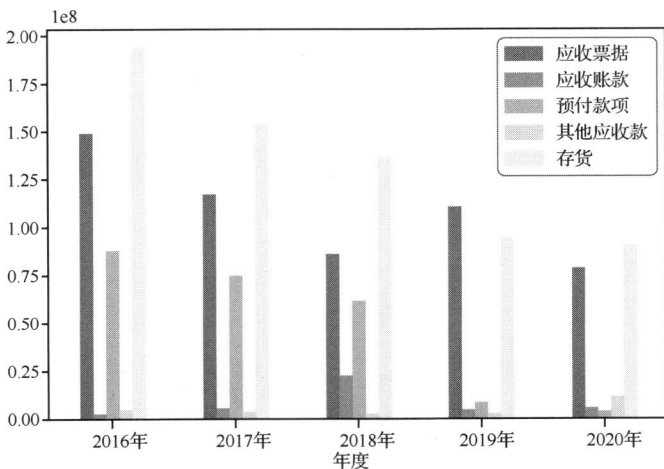

145

3. 绘制堆叠柱状图

在绘制柱状图的基础上传入参数 stacked=True，即可绘制堆叠柱状图。

✎【例 4-20】接【例 4-1】，使用 pandas 的 plot()函数绘制堆叠柱状图，展示 2016 年至 2020 年所有报表项目的变动趋势。

示例代码：

```
# 绘制堆叠柱状图，设置 stacked=True
df.plot(kind='bar',rot=0,stacked=True)
```

运行结果：

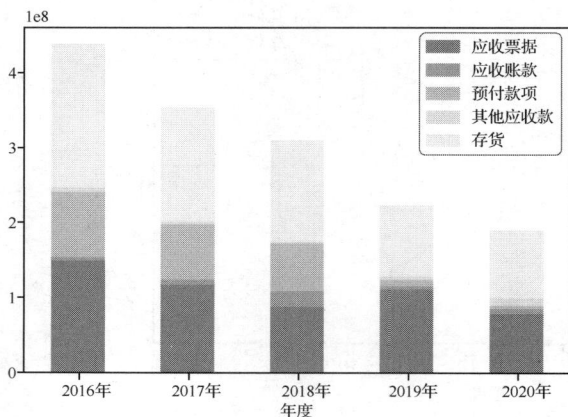

扫一扫

彩色效果

4. 绘制条形图

在 plot()函数中传入参数 kind='barh'，即可绘制条形图。

✎【例 4-21】接【例 4-1】，使用 pandas 的 plot()函数绘制条形图，展示 2016 年至 2020 年所有报表项目的变动趋势。

示例代码：

```
# 绘制条形图
df.plot(kind='barh',rot=0)
```

运行结果：

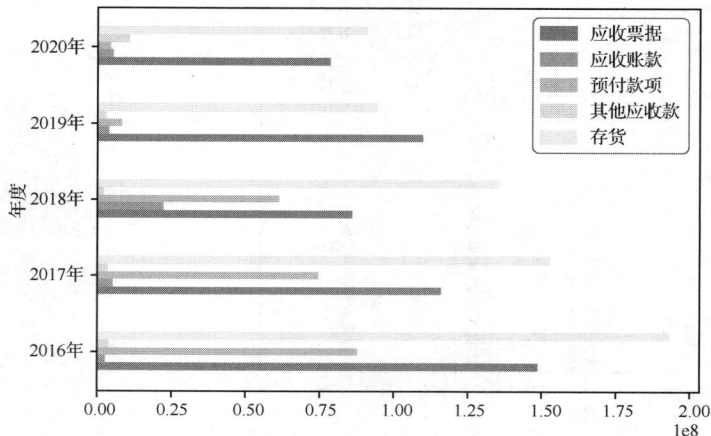

扫一扫

彩色效果

5. 绘制堆叠条形图

在绘制条形图的基础上传入参数 stacked=True，即可绘制堆叠条形图。

【例 4-22】接【例 4-1】，使用 pandas 的 plot()函数绘制堆叠条形图，展示 2016 年至 2020 年所有报表项目的变动趋势。

示例代码：

```
# 绘制堆叠条形图，设置 stacked=True
df.plot(kind='barh',rot=0,stacked=True)
```

运行结果：

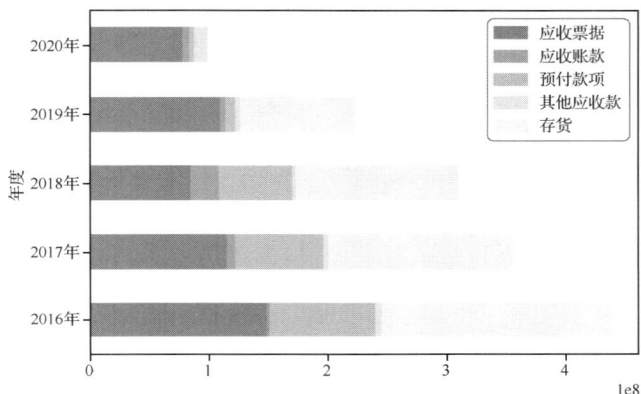

扫一扫

彩色效果

6. 绘制堆积面积图

在 plot()函数中传入参数 kind='area'，即可绘制堆积面积图，因为此时 plot()函数默认参数 stacked=True。

【例 4-23】接【例 4-1】，使用 pandas 的 plot()函数绘制堆积面积图，展示 2016 年至 2020 年所有报表项目的变动趋势。

示例代码：

```
# 绘制堆积面积图，默认 stacked=True
df.plot(kind='area')
```

运行结果：

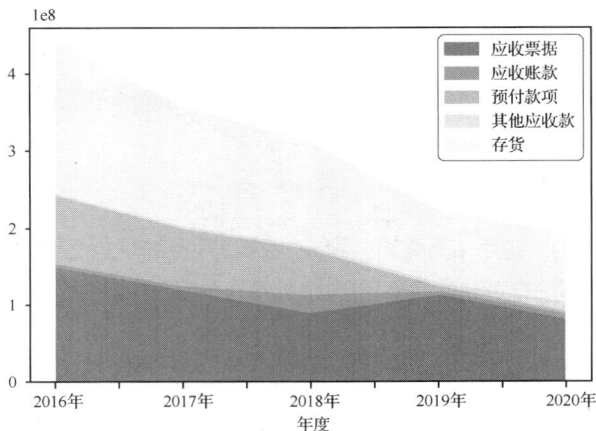

扫一扫

彩色效果

7. 绘制饼图及多子图

我们在 plot() 函数中传入参数 kind='pie'，即可绘制饼图；饼图的具体参数设置可以参照前面所讲的 matplotlib.pyplot.pie() 函数。

【例 4-24】 接【例 4-1】，使用 pandas 的 plot() 函数绘制饼图并开启多子图模式，展示 2016 年至 2020 年所有报表项目的结构占比。

示例代码：

```
# 绘制饼图
df.T.plot(kind='pie',
          subplots=True,   # 开启子图模式
          title='标题',
          layout=(2,3),    # 子图的布局为 2 行 3 列
          figsize=(15,10),
          legend=False,
          autopct='%1.2f%%',
          startangle=40,
          pctdistance=0.8)
```

运行结果：

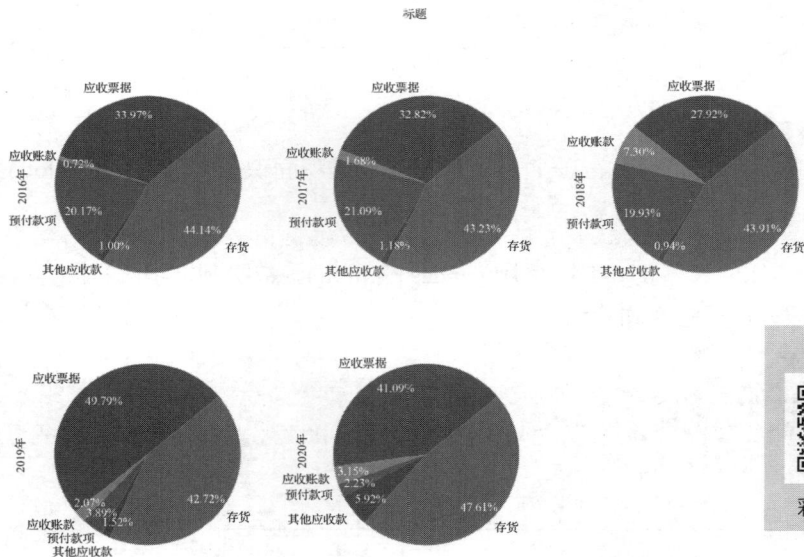

扫一扫

彩色效果

这里要注意，如果想要给饼图设置更多的参数，可以直接传入 matplotlib.pyplot.pie() 函数的参数，比如 autopct、pctdistance 等。

8. 绘制共享坐标轴

【例 4-25】 接【例 4-16】，使用 pandas 的 plot() 函数分别绘制柱状图、折线图，展示 2016 年至 2020 年营业收入、增长率的变动趋势，并通过共享 x 轴的方式将两个图形合并。

示例代码：

```
ax=df2.plot(y='营业收入',kind='bar') # 柱状图
df2.plot(y='增长率',kind='line',c='r',ls='--',marker='o',secondary_y=True,ax=ax)
```

运行结果:

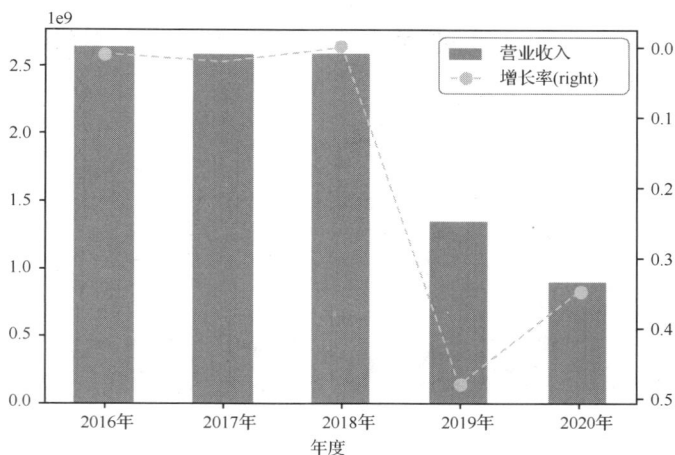

思考与练习

1. 在 matplotlib 的 plot()函数中，参数 linestyle 不包括（　　　）。

　　A. -　　　　　　B. --　　　　　　　　C. _　　　　　　　　D. -.

2. 以下关于 matplotlib 绘图方法的描述正确的是（　　　）。

　　A. 可以用 bar()方法绘制折线图　　　　B. 可以用 pie()方法绘制柱状图

　　C. 可以用 bar()方法绘制堆叠柱状图　　D. 可以用 stackplot()函数绘制饼图

3. 以下关于 matplotlib 绘制堆叠图的描述正确的是（　　　）。

　　A. 需要在 bar()函数中设置参数 left　　B. 需要在 bar()函数中设置参数 bottom

　　C. 需要在 barh()函数中设置参数 right　　D. 需要在 barh()函数中设置参数 top

4. 在 matplotlib 的 pie()函数中显示结构百分比，应该设置参数（　　　）。

　　A. explode　　　　B. autopct　　　　　C. shadow　　　　　　D. radius

5. 关于 fig.add_subplot(325)，以下说法正确的是（　　　）。

　　A. 该方法形成了 3 列 2 行的网格布局

　　B. 该方法形成了 3 行 2 列的网格布局

　　C. 该方法表示的是网格布局中第 2 行第 2 个子画布区域

　　D. 该方法表示的是网格布局中第 3 行第 2 个子画布区域

强化实训

　　根据"数据.xlsx"中的"营运资产"工作表数据，使用 matplotlib.pyplot.pie()函数绘制出 2016—2020 年 5 个年度的饼图，每个饼图占一个子画布区域。

应用篇

第 5 章

Python 在财务会计核算中的应用

学习目标

- 掌握应收账款账龄分析、固定资产折旧测算的原理
- 掌握 pandas 读取 Excel 数据的基本方法
- 掌握 pandas 增删改查方法在数据表中的具体应用
- 能够灵活使用 groupby()、pivot_table()函数进行分组聚合统计
- 能够使用 concat()函数进行数据表的合并
- 熟悉多层次索引的索引方法
- 能够根据财务会计核算原理构建自定义函数（模型）

思维导图

经过基础章节的学习，我们已经掌握了 Python 语法基础、财务数据分析基础、财务数据可视化基础，但是一个完整的 Python 财务数据分析模型就像一座高楼大厦，而 Python 数据分析基础技能只是零散的钢筋、水泥、石子，还需经过精心地建造才能呈现为我们想要的样子，所以我们需要进一步地将 Python 数据分析知识与会计审计等领域的理论实操相结合。

本章涉及会计审计实务工作中两个比较重要的应用场景：应收账款账龄分析，固定资产折旧测算。会计人员需要分析账龄，根据企业坏账准备计提政策计算坏账准备计提金额；审计人员则需要根据被审计单位提供的财务资料重新编制账龄分析表，以复核企业坏账准备计提金额的准确性。会计人员需要测算固定资产折旧；审计人员则需要根据被审计单位提供的财务资料重新测算固定资产折旧，以复核企业固定资产折旧计提金额的准确性。

5.1 应收账款账龄分析

在财务审计工作中，当审计人员对应收账款执行审计程序时，需要获取或编制应收账款账龄分析表。应收账款账龄分析，一是为了关注金额较大且账龄较长的未能收回款项的可收回性，二是为了根据企业坏账准备计提政策计算坏账准备计提金额。

进行应收账款账龄分析，首先要对应收账款的账龄进行划分，应收账款账龄既可以依据应收账款上期账龄、应收账款本期发生额划分，也可以依据历史年度的应收账款辅助余额表划分。

微课堂

应收账款账龄分析

【例 5-1】A 审计人员在执行应收账款科目的审计程序时，已获取甲公司 2012—2014 年度的应收账款辅助余额表，如图 5-1～图 5-3 所示，依次为 2012 年度、2013 年度、2014 年度的对应数据，请对甲公司 2014 年度应收账款期末余额进行账龄分析。

	A	B	C	D	E	F	G
1	往来单位	期初借方	期初贷方	本期借方	本期贷方	期末借方	期末贷方
2	A公司			13,780,000.00	5,084,800.00	8,695,200.00	
3	(A公司)小计：			13,780,000.00	5,084,800.00	8,695,200.00	
4	C公司			220,552.00	220,552.00		
5	(C公司)小计：			220,552.00	220,552.00		
6	L公司			4,000.02		4,000.02	
7	(L公司)小计：			4,000.02		4,000.02	
8	I公司			1,307,692.35		1,307,692.35	
9	(I公司)小计：			1,307,692.35		1,307,692.35	
10	J公司			1,317,863.29		1,317,863.29	
11	(J公司)小计：			1,317,863.29		1,317,863.29	
12	K公司			1,499,400.00	666,400.00	833,000.00	
13	(K公司)小计：			1,499,400.00	666,400.00	833,000.00	
14	合计：			18,129,507.66	5,971,752.00	12,157,755.66	

图 5-1　甲公司 2012 年度的应收账款辅助余额表

	A	B	C	D	E	F	G
1	往来单位	期初借方	期初贷方	本期借方	本期贷方	期末借方	期末贷方
2	A公司	8,695,200.00			7,295,773.00	1,399,427.00	
3	(A公司)小计：	8,695,200.00			7,295,773.00	1,399,427.00	
4	B公司			7,247,592.40	7,175,018.60	72,573.80	
5	(B公司)小计：			7,247,592.40	7,175,018.60	72,573.80	
6	C公司			300,231.36	170,000.00	130,231.36	
7	(C公司)小计：			300,231.36	170,000.00	130,231.36	
8	L公司	4,000.02		2,000.01	6,000.03		
9	(L公司)小计：	4,000.02		2,000.01	6,000.03		
10	H公司			6,036,796.64	5,788,373.00	248,423.64	
11	(H公司)小计：			6,036,796.64	5,788,373.00	248,423.64	
12	I公司	1,307,692.35		16,615,384.57	7,169,230.77	10,753,846.15	
13	(I公司)小计：	1,307,692.35		16,615,384.57	7,169,230.77	10,753,846.15	
14	J公司	1,317,863.29		24,436,922.99	20,359,299.10	5,395,487.18	
15	(J公司)小计：	1,317,863.29		24,436,922.99	20,359,299.10	5,395,487.18	
16	K公司	833,000.00				833,000.00	
17	(K公司)小计：	833,000.00				833,000.00	
18	合计：	12,157,755.66		54,638,927.97	47,963,694.50	18,832,989.13	

图 5-2　甲公司 2013 年度的应收账款辅助余额表

图 5-3　甲公司 2014 年度的应收账款辅助余额表

【分析思路】

以 K 公司为例讲解应收账款账龄划分的原理。

首先，选取出 2012—2014 年度 K 公司所有的明细数据，如图 5-4 所示。

图 5-4　2012—2014 年度 K 公司所有的明细数据

然后，按照"先进先出"的原则划分账龄，我们只需要关注 2014 年的应收账款期末借方余额以及各年度的借方发生额（即增加额）。原理如下。

（1）账龄在 1 年以内的应收账款：如果 G4 小于等于 E4，则取 G4；否则说明 G4 大于 E4，则取 E4，并对 G4-E4 的差额继续向下划分。

（2）账龄在 1—2 年的应收账款：如果 G4-E4 的差额小于等于 E3，则取 G4-E4；否则说明 G4-E4 大于 E3，则取 E3，并对 G4-E4-E3 的差额继续向下划分。

（3）账龄在 2—3 年的应收账款：如果 G4-E4-E3 的差额小于等于 E2，则取 G4-E4-E3；否则说明 G4-E4-E3 大于 E2，则取 E2，并把 G4-E4-E3-E2 的差额的账龄直接划分为 3 年以上。

K 公司 2014 年度的应收账款期末借方余额为 6479800 元；基于以上原理，其中账龄在 1 年以内的应收账款等于 2014 年度的应收账款本期借方发生额，即 5980000 元；账龄在 1—2 年的应收账款等于 2013 年度的应收账款本期借方发生额，即 0 元；账龄在 2—3 年的应收账款等于 6479800-5980000，即 499800 元。

【模型搭建】

第1步　导入相关库，并读取 Excel 工作簿"数据.xlsx"。

示例代码：

```
import pandas as pd   # 导入 pandas 模块
import warnings   # 导入 warnings 模块
warnings.filterwarnings('ignore')   # 忽略警告
```

```
pd.set_option('display.float_format',lambda x : '%.2f ' % x) # 保留两位小数
# 导入 Excel 数据
df = pd.read_excel('数据.xlsx',sheet_name = None)
```

第2步 获取 2012 年度应收账款辅助明细账。

示例代码：

```
# 获取 2012 年度应收账款辅助明细账
df1 = df ['1122 应收账款（2012）']
df1
```

运行结果：

	往来单位	期初借方	期初贷方	本期借方	本期贷方	期末借方	期末贷方
0	A公司	nan	nan	13780000.00	5084800.00	8695200.00	nan
1	(A公司)小计:	nan	nan	13780000.00	5084800.00	8695200.00	nan
2	C公司	nan	nan	220552.00	220552.00	nan	nan
3	(C公司)小计:	nan	nan	220552.00	220552.00	nan	nan
4	L公司	nan	nan	4000.02	nan	4000.02	nan
5	(L公司)小计:	nan	nan	4000.02	nan	4000.02	nan
6	I公司	nan	nan	1307692.35	nan	1307692.35	nan
7	(I公司)小计:	nan	nan	1307692.35	nan	1307692.35	nan
8	J公司	nan	nan	1317863.29	nan	1317863.29	nan
9	(J公司)小计:	nan	nan	1317863.29	nan	1317863.29	nan
10	K公司	nan	nan	1499400.00	666400.00	833000.00	nan
11	(K公司)小计:	nan	nan	1499400.00	666400.00	833000.00	nan
12	合计	nan	nan	18129507.66	5971752.00	12157755.66	nan

第3步 填充缺失值。

示例代码：

```
# 填充缺失值
df1.fillna(0,inplace = True)
df1
```

运行结果：

	往来单位	期初借方	期初贷方	本期借方	本期贷方	期末借方	期末贷方
0	A公司	0.00	0.00	13780000.00	5084800.00	8695200.00	0.00
1	(A公司)小计:	0.00	0.00	13780000.00	5084800.00	8695200.00	0.00
2	C公司	0.00	0.00	220552.00	220552.00	0.00	0.00
3	(C公司)小计:	0.00	0.00	220552.00	220552.00	0.00	0.00
4	L公司	0.00	0.00	4000.02	0.00	4000.02	0.00
5	(L公司)小计:	0.00	0.00	4000.02	0.00	4000.02	0.00
6	I公司	0.00	0.00	1307692.35	0.00	1307692.35	0.00
7	(I公司)小计:	0.00	0.00	1307692.35	0.00	1307692.35	0.00
8	J公司	0.00	0.00	1317863.29	0.00	1317863.29	0.00
9	(J公司)小计:	0.00	0.00	1317863.29	0.00	1317863.29	0.00
10	K公司	0.00	0.00	1499400.00	666400.00	833000.00	0.00
11	(K公司)小计:	0.00	0.00	1499400.00	666400.00	833000.00	0.00
12	合计	0.00	0.00	18129507.66	5971752.00	12157755.66	0.00

第4步 查询往来单位不包含"计"的所有明细数据。

示例代码：

```
# 查询不包含'计'的明细
df1 = df1[~df1['往来单位'].str.contains('计')]
df1
```

运行结果：

	往来单位	期初借方	期初贷方	本期借方	本期贷方	期末借方	期末贷方
0	A公司	0.00	0.00	13780000.00	5084800.00	8695200.00	0.00
2	C公司	0.00	0.00	220552.00	220552.00	0.00	0.00
4	L公司	0.00	0.00	4000.02	0.00	4000.02	0.00
6	I公司	0.00	0.00	1307692.35	0.00	1307692.35	0.00
8	J公司	0.00	0.00	1317863.29	0.00	1317863.29	0.00
10	K公司	0.00	0.00	1499400.00	666400.00	833000.00	0.00

第5步 增加一列"年度"。

示例代码：

```
# 增加一列'年度'
df1['年度'] = '2012'
df1
```

运行结果：

	往来单位	期初借方	期初贷方	本期借方	本期贷方	期末借方	期末贷方	年度
0	A公司	0.00	0.00	13780000.00	5084800.00	8695200.00	0.00	2012
2	C公司	0.00	0.00	220552.00	220552.00	0.00	0.00	2012
4	L公司	0.00	0.00	4000.02	0.00	4000.02	0.00	2012
6	I公司	0.00	0.00	1307692.35	0.00	1307692.35	0.00	2012
8	J公司	0.00	0.00	1317863.29	0.00	1317863.29	0.00	2012
10	K公司	0.00	0.00	1499400.00	666400.00	833000.00	0.00	2012

第6步 获取 2013 年度应收账款辅助明细账，并重复第 3 步到第 5 步。

示例代码：

```
# 获取 2013 年度应收账款辅助明细账
df2 = df['1122 应收账款（2013）']
# 填充缺失值
df2.fillna(0,inplace=True)
# 选取不包含'计'的明细
df2 = df2[~df2['往来单位'].str.contains('计')]
# 增加一列'年度'
df2['年度'] = '2013'
df2
```

运行结果：

	往来单位	期初借方	期初贷方	本期借方	本期贷方	期末借方	期末贷方	年度
0	A公司	8695200.00	0.00	0.00	7295773.00	1399427.00	0.00	2013
2	B公司	0.00	0.00	7247592.40	7175018.60	72573.80	0.00	2013
4	C公司	0.00	0.00	300231.36	170000.00	130231.36	0.00	2013
6	L公司	4000.02	0.00	2000.01	6000.03	0.00	0.00	2013
8	H公司	0.00	0.00	6036796.64	5788373.00	248423.64	0.00	2013
10	I公司	1307692.35	0.00	16615384.57	7169230.77	10753846.15	0.00	2013
12	J公司	1317863.29	0.00	24436922.99	20359299.10	5395487.18	0.00	2013
14	K公司	833000.00	0.00	0.00	0.00	833000.00	0.00	2013

第7步 获取 2014 年度应收账款辅助明细账，并重复第 3 步到第 5 步。

示例代码：

```
# 获取 2014 年度应收账款辅助明细账
df3 = df['1122 应收账款（2014）']
# 填充缺失值
df3.fillna(0,inplace=True)
# 选取不包含'计'的明细
df3 = df3[~df3['往来单位'].str.contains('计')]
```

```
# 增加一列'年度'
df3['年度'] = '2014'
df3
```

运行结果：

	往来单位	期初借方	期初贷方	本期借方	本期贷方	期末借方	期末贷方	年度
0	A公司	1399427.00	0.00	0.00	655827.00	743600.00	0.00	2014
2	B公司	72573.80	0.00	10016900.00	7738061.80	2351412.00	0.00	2014
4	C公司	130231.36	0.00	105378.00	235609.36	0.00	0.00	2014
6	D公司	0.00	0.00	461100.00	0.00	461100.00	0.00	2014
8	E公司	0.00	0.00	461100.00	0.00	461100.00	0.00	2014
10	F公司	0.00	0.00	17160000.00	16156465.20	1003534.80	0.00	2014
12	G公司	0.00	0.00	15729599.00	0.00	15729599.00	0.00	2014
14	H公司	248423.64	0.00	40126793.39	23717658.26	16657558.77	0.00	2014
16	I公司	10753846.15	0.00	0.00	3584615.38	7169230.77	0.00	2014
18	J公司	5395487.18	0.00	0.00	3596991.45	1798495.73	0.00	2014
20	K公司	833000.00	0.00	5980000.00	333200.00	6479800.00	0.00	2014

第8步 将处理后的 2012—2014 年度应收账款辅助明细账进行上下合并。

示例代码：

```
# 把 df1、df2、df3 进行上下合并
df4 = pd.concat([df1,df2,df3])
df4
```

运行结果：

	往来单位	期初借方	期初贷方	本期借方	本期贷方	期末借方	期末贷方	年度
0	A公司	0.00	0.00	13780000.00	5084800.00	8695200.00	0.00	2012
2	C公司	0.00	0.00	220552.00	220552.00	0.00	0.00	2012
4	L公司	0.00	0.00	4000.02	0.00	4000.02	0.00	2012
6	I公司	0.00	0.00	1307692.35	0.00	1307692.35	0.00	2012
8	J公司	0.00	0.00	1317863.29	0.00	1317863.29	0.00	2012
10	K公司	0.00	0.00	1499400.00	666400.00	833000.00	0.00	2012
0	A公司	8695200.00	0.00	0.00	7295773.00	1399427.00	0.00	2013
2	B公司	0.00	0.00	7247592.40	7175018.60	72573.80	0.00	2013
4	C公司	0.00	0.00	300231.36	170000.00	130231.36	0.00	2013
6	L公司	4000.02	0.00	2000.01	6000.03	0.00	0.00	2013
8	H公司	0.00	0.00	6036796.64	5788373.00	248423.64	0.00	2013
10	I公司	1307692.35	0.00	16615384.57	7169230.77	10753846.15	0.00	2013
12	J公司	1317863.29	0.00	24436922.99	20359299.10	5395487.18	0.00	2013
14	K公司	833000.00	0.00	0.00	0.00	833000.00	0.00	2013
0	A公司	1399427.00	0.00	0.00	655827.00	743600.00	0.00	2014
2	B公司	72573.80	0.00	10016900.00	7738061.80	2351412.00	0.00	2014
4	C公司	130231.36	0.00	105378.00	235609.36	0.00	0.00	2014
6	D公司	0.00	0.00	461100.00	0.00	461100.00	0.00	2014
8	E公司	0.00	0.00	461100.00	0.00	461100.00	0.00	2014
10	F公司	0.00	0.00	17160000.00	16156465.20	1003534.80	0.00	2014
12	G公司	0.00	0.00	15729599.00	0.00	15729599.00	0.00	2014
14	H公司	248423.64	0.00	40126793.39	23717658.26	16657558.77	0.00	2014
16	I公司	10753846.15	0.00	0.00	3584615.38	7169230.77	0.00	2014
18	J公司	5395487.18	0.00	0.00	3596991.45	1798495.73	0.00	2014
20	K公司	833000.00	0.00	5980000.00	333200.00	6479800.00	0.00	2014

第9步 以"往来单位""年度"两列进行分组，对其他列进行聚合计算。

示例代码：

```
# 以'往来单位''年度'两列进行分组，对其他列进行聚合计算
df4 = df4.groupby(['往来单位','年度']).sum()
df4
```

运行结果：

往来单位	年度	期初借方	期初贷方	本期借方	本期贷方	期末借方	期末贷方
A公司	2012	0.00	0.00	13780000.00	5084800.00	8695200.00	0.00
	2013	8695200.00	0.00	0.00	7295773.00	1399427.00	0.00
	2014	1399427.00	0.00	0.00	655827.00	743600.00	0.00
B公司	2013	0.00	0.00	7247592.40	7175018.60	72573.80	0.00
	2014	72573.80	0.00	10016900.00	7738061.80	2351412.00	0.00
C公司	2012	0.00	0.00	220552.00	220552.00	0.00	0.00
	2013	0.00	0.00	300231.36	170000.00	130231.36	0.00
	2014	130231.36	0.00	105378.00	235609.36	0.00	0.00
D公司	2014	0.00	0.00	461100.00	0.00	461100.00	0.00
E公司	2014	0.00	0.00	461100.00	0.00	461100.00	0.00
F公司	2014	0.00	0.00	17160000.00	16156465.20	1003534.80	0.00
G公司	2014	0.00	0.00	15729599.00	0.00	15729599.00	0.00
H公司	2013	0.00	0.00	6336796.64	5788373.00	248423.64	0.00
	2014	248423.64	0.00	40126793.39	23717658.26	16657558.77	0.00
I公司	2012	0.00	0.00	1307692.35	0.00	1307692.35	0.00
	2013	1307692.35	0.00	16515384.57	7169230.77	10753846.15	0.00
	2014	10753846.15	0.00	0.00	3584615.38	7169230.77	0.00
J公司	2012	0.00	0.00	1317863.29	0.00	1317863.29	0.00
	2013	1317863.29	0.00	24436922.99	20359299.10	5395487.18	0.00
	2014	5395487.18	0.00	0.00	3596991.45	1798495.73	0.00
K公司	2012	0.00	0.00	1499400.00	666400.00	833000.00	0.00
	2013	833000.00	0.00	0.00	0.00	833000.00	0.00
	2014	833000.00	0.00	5980000.00	333200.00	6479800.00	0.00
L公司	2012	0.00	0.00	4000.02	0.00	4000.02	0.00
	2013	4000.02	0.00	2000.01	6000.03	0.00	0.00

第10步 注意此时变量 df4 的行索引为多级索引，我们可以通过输入往来单位获取其 2012—2014 年度应收账款辅助明细账。

示例代码：

```
# 选取 K 公司
dff = df4.loc['K 公司',:]
dff
```

运行结果：

年度	期初借方	期初贷方	本期借方	本期贷方	期末借方	期末贷方
2012	0.00	0.00	1499400.00	666400.00	833000.00	0.00
2013	833000.00	0.00	0.00	0.00	833000.00	0.00
2014	833000.00	0.00	5980000.00	333200.00	6479800.00	0.00

第11步 在变量 dff 的基础上进一步获取 2014 年度的本期借方金额。

示例代码：

```
# 获取 2014 年度的本期借方金额
dff.loc['2014','本期借方']
```

运行结果：

```
5980000.00
```

第12步 在变量 dff 的基础上进一步获取 2014 年度的期末借方金额。

示例代码：

```
# 获取 2014 年度的期末借方金额
dff.loc['2014','期末借方']
```

运行结果：

```
6479800.00
```

第13步 有上述操作做铺垫，我们就可以根据往来账龄划分的原理构建自定义函数，该函数的执行逻辑：在该函数中代入往来单位名称 n，函数会自动从变量 df4 中查询一级行索引为 n 的明细，然后在此基础上进行自动计算、判断与账龄划分。

示例代码：

```
# 定义函数   根据往来单位划分账龄
def DT(n):

    x = df4.loc[n,:]    # 从变量 df4 中查询一级行索引为 n 的明细

    if x.loc['2014','期末借方'] <= x.loc['2014','本期借方']:
        s1={'1 年以内':x.loc['2014','期末借方'],
            '1 年至 2 年':0,
            '2 年至 3 年':0,
            '3 年以上':0}

        return s1

    elif x.loc['2014','期末借方']-x.loc['2014','本期借方']<= x.loc['2013','本期借方']:
        s2={'1 年以内':x.loc['2014','本期借方'],
            '1 年至 2 年':x.loc['2014','期末借方']-x.loc['2014','本期借方'],
            '2 年至 3 年':0,
            '3 年以上':0}

        return s2

    elif x.loc['2014','期末借方']-x.loc['2014','本期借方']-x.loc['2013','本期借方']<=x.loc['2012','本期借方']:
        s3={'1 年以内':x.loc['2014','本期借方'],
            '1 年至 2 年':x.loc['2013','本期借方'],
            '2 年至 3 年':x.loc['2014','期末借方']-x.loc['2014','本期借方']-x.loc['2013','本期借方'],
            '3 年以上':0}

        return s3
    else:
        s4={'1 年以内':x.loc['2014','本期借方'],
            '1 年至 2 年':x.loc['2013','本期借方'],
            '2 年至 3 年':x.loc['2012','本期借方'],
            '3 年以上':x.loc['2014','期末借方']-x.loc['2014','本期借方']-x.loc['2013','本期借方']-x.loc['2012','本期借方']}

        return s4
```

第 14 步 在该函数中代入"K 公司"，则返回 K 公司的账龄结果。

示例代码：

```
DT('K 公司')
```

运行结果：

```
{'1 年以内': 5980000.0, '1 年至 2 年': 0.0, '2 年至 3 年': 499800.0, '3 年以上': 0}
```

第15步 循环遍历变量 df3 中每一个往来单位并代入 DT()函数，把返回的每一个账龄结果添加至列表。

示例代码：

```
# 定义一个空列表
List = []
# 循环遍历 df3 中每一个往来单位
for name in df3['往来单位']:
    print(name)
    print(DT(df4,name))
    List.append(DT(df4,name))   # 把划分好的账龄添加至列表
```

运行结果：

```
A 公司
{'1 年以内': 0.0, '1 年至 2 年': 0.0, '2 年至 3 年': 743600.0, '3 年以上': 0}
B 公司
{'1 年以内': 2351412.0, '1 年至 2 年': 0, '2 年至 3 年': 0, '3 年以上': 0}
C 公司
{'1 年以内': 0.0, '1 年至 2 年': 0, '2 年至 3 年': 0, '3 年以上': 0}
D 公司
{'1 年以内': 461100.0, '1 年至 2 年': 0, '2 年至 3 年': 0, '3 年以上': 0}
E 公司
{'1 年以内': 461100.0, '1 年至 2 年': 0, '2 年至 3 年': 0, '3 年以上': 0}
F 公司
{'1 年以内': 1003534.8, '1 年至 2 年': 0, '2 年至 3 年': 0, '3 年以上': 0}
G 公司
{'1 年以内': 15729599.0, '1 年至 2 年': 0, '2 年至 3 年': 0, '3 年以上': 0}
H 公司
{'1 年以内': 16657558.77, '1 年至 2 年': 0, '2 年至 3 年': 0, '3 年以上': 0}
I 公司
{'1 年以内': 0.0, '1 年至 2 年': 7169230.77, '2 年至 3 年': 0, '3 年以上': 0}
J 公司
{'1 年以内': 0.0, '1 年至 2 年': 1798495.73, '2 年至 3 年': 0, '3 年以上': 0}
K 公司
{'1 年以内': 5980000.0, '1 年至 2 年': 0.0, '2 年至 3 年': 499800.0, '3 年以上': 0}
```

第16步 输出列表。

示例代码：

```
# 输出列表
List
```

运行结果：

```
[{'1 年以内': 0.0, '1 年至 2 年': 0.0, '2 年至 3 年': 743600.0, '3 年以上': 0},
 {'1 年以内': 2351412.0, '1 年至 2 年': 0, '2 年至 3 年': 0, '3 年以上': 0},
 {'1 年以内': 0.0, '1 年至 2 年': 0, '2 年至 3 年': 0, '3 年以上': 0},
 {'1 年以内': 461100.0, '1 年至 2 年': 0, '2 年至 3 年': 0, '3 年以上': 0},
 {'1 年以内': 461100.0, '1 年至 2 年': 0, '2 年至 3 年': 0, '3 年以上': 0},
```

{'1 年以内': 1003534.8, '1 年至 2 年': 0, '2 年至 3 年': 0, '3 年以上': 0},
{'1 年以内': 15729599.0, '1 年至 2 年': 0, '2 年至 3 年': 0, '3 年以上': 0},
{'1 年以内': 16657558.77, '1 年至 2 年': 0, '2 年至 3 年': 0, '3 年以上': 0},
{'1 年以内': 0.0, '1 年至 2 年': 7169230.77, '2 年至 3 年': 0, '3 年以上': 0},
{'1 年以内': 0.0, '1 年至 2 年': 1798495.73, '2 年至 3 年': 0, '3 年以上': 0},
{'1 年以内': 5980000.0, '1 年至 2 年': 0.0, '2 年至 3 年': 499800.0, '3 年以上': 0}]

第 17 步 把列表 List 转换为 DataFrame 对象，设置行索引为往来单位名称。

示例代码：

```
# 把列表 List 转换为 DataFrame 对象
# 设置行索引为往来单位名称
df5 = pd.DataFrame(List,index=df3['往来单位'].tolist())
df5
```

运行结果：

	1年以内	1年至2年	2年至3年	3年以上
A公司	0.00	0.00	743600.00	0
B公司	2351412.00	0.00	0.00	0
C公司	0.00	0.00	0.00	0
D公司	461100.00	0.00	0.00	0
E公司	461100.00	0.00	0.00	0
F公司	1003534.80	0.00	0.00	0
G公司	15729599.00	0.00	0.00	0
H公司	16657558.77	0.00	0.00	0
I公司	0.00	7169230.77	0.00	0
J公司	0.00	1798495.73	0.00	0
K公司	5980000.00	0.00	499800.00	0

第 18 步 增加"合计"行。

示例代码：

```
# 增加"合计"行
df5.loc['合计'] = df5.sum()
df5
```

运行结果：

	1年以内	1年至2年	2年至3年	3年以上
A公司	0.00	0.00	743600.00	0.00
B公司	2351412.00	0.00	0.00	0.00
C公司	0.00	0.00	0.00	0.00
D公司	461100.00	0.00	0.00	0.00
E公司	461100.00	0.00	0.00	0.00
F公司	1003534.80	0.00	0.00	0.00
G公司	15729599.00	0.00	0.00	0.00
H公司	16657558.77	0.00	0.00	0.00
I公司	0.00	7169230.77	0.00	0.00
J公司	0.00	1798495.73	0.00	0.00
K公司	5980000.00	0.00	499800.00	0.00
合计	42644304.57	8967726.50	1243400.00	0.00

5.2 固定资产折旧测算

固定资产折旧是指在固定资产使用寿命内，按照确定的方法对应计折旧额进行系统分摊。

企业应当根据与固定资产有关的经济利益的预期实现方式，合理选择固定资产折旧方法，可选用的固定资产折旧方法包括年限平均法、工作量法、双倍余额递减法、年数总和法等。

固定资产应当按月计提折旧，并根据用途计入相关资产的成本或者当期损益。折旧计提规则：当月增加的固定资产，当月不计提折旧，从下月起计提折旧；当月减少的固定资产，当月计提最后一个月，从下月起不计提折旧。

在实务工作中，绝大多数固定资产的折旧方法都是选择年限平均法，所以本节进行固定资产折旧测算的方法也是基于年限平均法。

年限平均法的核心公式：

固定资产折旧=（固定资产原值−净残值）/预计使用期限

固定资产折旧=（固定资产原值−净残值−减值−期初累计折旧）/剩余使用期限

影响固定资产折旧的因素：

（1）固定资产原值；

（2）预计净残值；

（3）固定资产减值准备；

（4）固定资产使用寿命。

【例5-2】A审计人员在执行固定资产科目的审计程序时，已获取甲公司2020年度的固定资产台账，如图5-5所示（截取部分），请对甲公司2020年度的固定资产折旧进行测算，分别计算固定资产累计折旧、期初折旧、本期折旧、净值。

图5-5　甲公司2020年度的固定资产台账（展示部分）

【分析思路】

以"台式计算机"为例讲解固定资产折旧测算的原理。

首先，选取某一种"台式计算机"的相关明细数据，如图5-6所示。

图5-6　某一种"台式计算机"的相关明细数据

然后，使用年限平均法进行折旧测算。

月折旧 ＝ 当前成本 × (1–残值率) ÷ 使用寿命 ＝ 4210.44 × （1–0.05） ÷ 60 ≈ 66.67（元）

由于当月增加的固定资产，当月不计提折旧，从下月起计提折旧，所以开始计提折旧日期为"启用日期"（2017 年 12 月）的次月，即 2018 年 1 月；由于当月减少的固定资产，当月提最后一个月，从下月起不计提折旧，所以测算到期日为开始计提折旧日期加上使用寿命（60 个月）再减去一个月，即 2022 年 12 月。

截至 2020 年 12 月，累计已折旧期限为 36 个月。

截至 2020 年 1 月，期初已折旧期限为 24 个月。

累计折旧 ＝ 累计已折旧期限 × 月折旧 ＝ 36 × 66.67 ＝ 2399.95（元）

期初折旧 ＝ 期初已折旧期限 × 月折旧 ＝ 24 × 66.67 ＝ 1599.97（元）

本期折旧 ＝ 累计折旧 － 期初折旧 ＝ 2399.95 － 1599.97 ＝ 799.98（元）

净值 ＝ 当前成本 － 累计折旧 ＝ 4210.44 － 2399.95 ＝ 1810.49（元）

【模型搭建】

第1步 导入相关库，并读取 Excel 工作簿 "数据.xlsx" 中的固定资产台账数据。

示例代码：

```python
import pandas as pd    # 导入 pandas 模块
# 导入 pandas.tseries.offsets 模块中的 DateOffset 类
from pandas.tseries.offsets import DateOffset
# 导入 dateutil.relativedelta 模块中的 relativedelta()函数
from dateutil.relativedelta import relativedelta
import datetime as dt    # 导入 datetime 模块
import warnings    # 导入 warnings 模块
warnings.filterwarnings('ignore')    # 忽略警告
pd.set_option('display.float_format',lambda x : '%.2f' % x) # 保留两位小数
# 导入固定资产台账数据
df = pd.read_excel('数据.xlsx',sheet_name='固定资产台账')
df
```

运行结果：

	资产编号	资产名称	资产小类	资产大类说明	资产中类说明	资产小类说明	资产细类说明	总数量	启用日期	原始成本	...	使用寿命	剩余寿命	折旧方法	是否折旧	入账日期	折旧日期	报废日期	报废成本	报废数量	损益
0	100600649	台式计算机 HP (EliteDesk 800 G2 纤小型 主机+V223 显示器)	电子设备 (160105)	电子设备	计算机设备	台式计算机	缺省	1	2017-12-21	4210.44	...	60	24	STL	YES	2017-12-22	2018-01-01	NaT	NaN	0	NaN
1	100600650	笔记本计算机 HP (288Pro G2 微塔式 主机+V223 显示器)	电子设备 (160105)	电子设备	计算机设备	台式计算机	缺省	1	2017-12-21	4313.44	...	60	24	STL	YES	2017-12-22	2018-01-01	NaT	NaN	0	NaN
2	100600651	台式计算机 HP (288Pro G2 微塔式 主机+V224 显示器)	电子设备 (160105)	电子设备	计算机设备	台式计算机	缺省	1	2017-12-21	1968.79	...	60	24	STL	YES	2017-12-22	2018-01-01	NaT	NaN	0	NaN
3	100600652	台式计算机 HP (288Pro G2 微塔式 主机+V225 显示器)	电子设备 (160105)	电子设备	计算机设备	台式计算机	缺省	1	2017-12-21	1968.79	...	60	24	STL	YES	2017-12-22	2018-01-01	NaT	NaN	0	NaN
4	100600653	台式计算机 HP (288Pro G2 微塔式 主机+V226 显示器)	电子设备 (160105)	电子设备	计算机设备	台式计算机	缺省	1	2017-12-21	1968.79	...	60	24	STL	YES	2017-12-22	2018-01-01	NaT	NaN	0	NaN
...											...										
111	102305262	密集架第1列2组	其他设备 (160199)	其他用具	家具用具	缺省	缺省	1	2020-12-31	13861.39	...	60	60	STL	YES	2020-12-28	2021-01-01	NaT	NaN	0	NaN
112	102305263	密集架第1列5组	其他设备 (160199)	其他用具	家具用具	缺省	缺省	1	2020-12-31	22722.77	...	60	60	STL	YES	2020-12-28	2021-01-01	NaT	NaN	0	NaN
113	100655660	搁座设备-蜗轮式升降机	机器设备 (160103)	机器设备	升降机	缺省	缺省	1	2018-08-27	137931.03	...	120	92	STL	YES	2018-08-27	2018-09-01	NaT	NaN	0	NaN
114	100657322	会议室设备	机器设备 (160103)	电子办公设备	电子办公设备	投影仪	缺省	1	2018-09-12	14970.16	...	120	93	STL	YES	2018-09-12	2018-10-01	NaT	NaN	0	NaN
115	100594833	三人连坐沙发	其他设备 (160199)	家具用具	家具用具	沙发椅	缺省	1	2017-11-28	2189.74	...	60	23	STL	YES	2017-11-28	2017-12-01	NaT	NaN	0	NaN

116 rows × 31 columns

第2步 选取尚未报废的固定资产明细，即选取报废数量为 0 的所有明细，因为已经报废的固定资产的原值与折旧会进行转出处理，不在当期折旧测算范围内。

示例代码：

```
# 选取尚未报废的固定资产明细
df2 = df[df['报废数量']==0.0]
# 选取指定列
df2 = df2[['资产名称','资产大类说明','资产中类说明','资产小类说明','总数量','启用日期','当前成本','残值率','使用寿命']]
df2
```

运行结果：

	资产名称	资产大类说明	资产中类说明	资产小类说明	总数量	启用日期	当前成本	残值率	使用寿命
0	台式计算机 HP (EliteDesk 800 G2 纤小型 主机+V223 显示器)	电子设备	计算机设备	台式计算机	1	2017-12-21	4210.44	0.05	60
1	笔记本计算机 HP (288Pro G2 微塔式 主机+V223 显示器)	电子设备	计算机设备	台式计算机	1	2017-12-21	4313.44	0.05	60
2	台式计算机 HP (288Pro G2 微塔式 主机+V224 显示器)	电子设备	计算机设备	台式计算机	1	2017-12-21	1968.79	0.05	60
3	台式计算机 HP (288Pro G2 微塔式 主机+V225 显示器)	电子设备	计算机设备	台式计算机	1	2017-12-21	1968.79	0.05	60
4	台式计算机 HP (288Pro G2 微塔式 主机+V226 显示器)	电子设备	计算机设备	台式计算机	1	2017-12-21	1968.79	0.05	60
...	...	...	...	...	...	...	...	...	...
111	密集架1列2组	其他设备	家具用具	缺省	1	2020-12-31	13861.39	0.05	60
112	密集架1列5组	其他设备	家具用具	缺省	1	2020-12-31	22722.77	0.05	60
113	搬运设备-套缸式升降机	机器设备	升降机	缺省	1	2018-08-27	137931.03	0.05	120
114	会议室设备	电子设备	电子办公设备	投影仪	1	2018-09-12	14970.16	0.05	120
115	三人连坐沙发	其他设备	家具用具	沙发类	1	2017-11-28	2189.74	0.05	60

99 rows × 9 columns

第3步 计算月折旧额。

示例代码：

```
# 计算月折旧额
df2['月折旧'] = df2['当前成本'] * (1-df2['残值率'])/df2['使用寿命']
df2
```

运行结果：

	资产名称	资产大类说明	资产中类说明	资产小类说明	总数量	启用日期	当前成本	残值率	使用寿命	月折旧
0	台式计算机 HP (EliteDesk 800 G2 纤小型 主机+V223 显示器)	电子设备	计算机设备	台式计算机	1	2017-12-21	4210.44	0.05	60	66.67
1	笔记本计算机HP (288Pro G2 微塔式 主机+V223 显示器)	电子设备	计算机设备	台式计算机	1	2017-12-21	4313.44	0.05	60	68.30
2	台式计算机 HP (288Pro G2 微塔式 主机+V224 显示器)	电子设备	计算机设备	台式计算机	1	2017-12-21	1968.79	0.05	60	31.17
3	台式计算机HP (288Pro G2 微塔式 主机+V225 显示器)	电子设备	计算机设备	台式计算机	1	2017-12-21	1968.79	0.05	60	31.17
4	台式计算机HP (288Pro G2 微塔式 主机+V226 显示器)	电子设备	计算机设备	台式计算机	1	2017-12-21	1968.79	0.05	60	31.17
...	...	...	...	...	...	...	...	...	...	...
111	密集架1列2组	其他设备	家具用具	缺省	1	2020-12-31	13861.39	0.05	60	219.47
112	密集架1列5组	其他设备	家具用具	缺省	1	2020-12-31	22722.77	0.05	60	359.78
113	搬运设备-套缸式升降机	机器设备	升降机	缺省	1	2018-08-27	137931.03	0.05	120	1091.95
114	会议室设备	电子设备	电子办公设备	投影仪	1	2018-09-12	14970.16	0.05	120	118.51
115	三人连坐沙发	其他设备	家具用具	沙发类	1	2017-11-28	2189.74	0.05	60	34.67

99 rows × 10 columns

第4步 计算开始计提折旧日期，由于当月增加的固定资产，当月不计提折旧，从下月起计提折旧，所以开始计提折旧日期为"启用日期"的次月。

示例代码：

```
# 计算开始计提折旧日期
df2['开始计提折旧日期'] = df2['启用日期'].apply(lambda x:(x+DateOffset(months=1)).replace(day=1))
df2
```

运行结果：

	资产名称	资产大类说明	资产中类说明	资产小类说明	总数量	启用日期	当前成本	残值率	使用寿命	月折旧	开始计提折旧日期
0	台式计算机HP（EliteDesk 800 G2 纤小型 主机+V223 显示器）	电子设备	计算机设备	台式计算机	1	2017-12-21	4210.44	0.05	60	66.67	2018-01-01
1	笔记本计算机HP（288Pro G2 微塔式 主机+V223 显示器）	电子设备	计算机设备	台式计算机	1	2017-12-21	4313.44	0.05	60	68.30	2018-01-01
2	台式计算机HP（288Pro G2 微塔式 主机+V224 显示器）	电子设备	计算机设备	台式计算机	1	2017-12-21	1968.79	0.05	60	31.17	2018-01-01
3	台式计算机HP（288Pro G2 微塔式 主机+V225 显示器）	电子设备	计算机设备	台式计算机	1	2017-12-21	1968.79	0.05	60	31.17	2018-01-01
4	台式计算机HP（288Pro G2 微塔式 主机+V226 显示器）	电子设备	计算机设备	台式计算机	1	2017-12-21	1968.79	0.05	60	31.17	2018-01-01
...											
111	密集架1列2组	其他设备	家具用具	缺省	1	2020-12-31	13861.39	0.05	60	219.47	2021-01-01
112	密集架1列5组	其他设备	家具用具	缺省	1	2020-12-31	22722.77	0.05	60	359.78	2021-01-01
113	搬运设备-套缸式升降机	机器设备	升降机	缺省	1	2018-08-27	137931.03	0.05	120	1091.95	2018-09-01
114	会议室设备	电子设备	电子办公设备	投影仪	1	2018-09-12	14970.16	0.05	60	118.51	2018-10-01
115	三人连坐沙发	其他设备	家具用具	沙发类	1	2017-11-28	2189.74	0.05	60	34.67	2017-12-01

99 rows × 11 columns

第 5 步 计算测算到期日，即在"开始计提折旧日期"的基础上加上"使用寿命"，再减去一个月。

示例代码：

```
# 计算测算到期日
df2['测算到期日'] = df2.apply(lambda x:(x['开始计提折旧日期']+DateOffset(months=x['使用寿命']-1)),axis=1)
df2
```

运行结果：

	资产名称	资产大类说明	资产中类说明	资产小类说明	总数量	启用日期	当前成本	残值率	使用寿命	月折旧	开始计提折旧日期	测算到期日
0	台式计算机HP（EliteDesk 800 G2 纤小型 主机+V223 显示器）	电子设备	计算机设备	台式计算机	1	2017-12-21	4210.44	0.05	60	66.67	2018-01-01	2022-12-01
1	笔记本计算机HP（288Pro G2 微塔式 主机+V223 显示器）	电子设备	计算机设备	台式计算机	1	2017-12-21	4313.44	0.05	60	68.30	2018-01-01	2022-12-01
2	台式计算机HP（288Pro G2 微塔式 主机+V224 显示器）	电子设备	计算机设备	台式计算机	1	2017-12-21	1968.79	0.05	60	31.17	2018-01-01	2022-12-01
3	台式计算机HP（288Pro G2 微塔式 主机+V225 显示器）	电子设备	计算机设备	台式计算机	1	2017-12-21	1968.79	0.05	60	31.17	2018-01-01	2022-12-01
4	台式计算机HP（288Pro G2 微塔式 主机+V226 显示器）	电子设备	计算机设备	台式计算机	1	2017-12-21	1968.79	0.05	60	31.17	2018-01-01	2022-12-01
...												
111	密集架1列2组	其他设备	家具用具	缺省	1	2020-12-31	13861.39	0.05	60	219.47	2021-01-01	2025-12-01
112	密集架1列5组	其他设备	家具用具	缺省	1	2020-12-31	22722.77	0.05	60	359.78	2021-01-01	2025-12-01
113	搬运设备-套缸式升降机	机器设备	升降机	缺省	1	2018-08-27	137931.03	0.05	120	1091.95	2018-09-01	2028-08-01
114	会议室设备	电子设备	电子办公设备	投影仪	1	2018-09-12	14970.16	0.05	120	118.51	2018-10-01	2028-09-01
115	三人连坐沙发	其他设备	家具用具	沙发类	1	2017-11-28	2189.74	0.05	60	34.67	2017-12-01	2022-11-01

99 rows × 12 columns

第6步 定义折旧期初与折旧期末。

示例代码：

```
# 定义折旧期初与折旧期末
折旧期初 = pd. Timestamp(2020, 1, 1)
折旧期末 = pd. Timestamp(2020, 12, 31)
print(折旧期初)
print(折旧期末)
```

运行结果：

```
2020-01-01
2020-12-31
```

第7步 自定义函数，计算期初已折旧期限。这里需要考虑三种情况：（1）当"折旧期初">"测算到期日"时，说明截至期初固定资产已经提完全部折旧，结果应该返回"使用寿命"；（2）当"开始计提折旧日期"<"折旧期初"≤"测算到期日"时，说明截至期初固定资产折旧尚未提完，结果应该返回"折旧期初"与"开始计提折旧日期"之间的差值（以月为单位）；（3）当"折旧期初"≥"开始计提折旧日期"时，说明固定资产应在本期或未来期间开始计提折旧、期初不存在折旧，结果应该返回0。

示例代码：

```
def diff_months1(df):

    if 折旧期初>df['测算到期日']:
        return df['使用寿命']

    elif 折旧期初>df['开始计提折旧日期']:
        diff = relativedelta(折旧期初, df['开始计提折旧日期'])
        return (diff.years * 12 + diff.months)

    else:
        return 0

df2['期初已折旧期限'] = df2.apply(diff_months1, axis=1)
```

df2 运行结果：

	资产名称	资产大类说明	资产中类说明	资产小类说明	总数量	启用日期	当前成本	残值率	使用寿命	月折旧	开始计提折旧日期	测算到期日	期初已折旧期限
0	台式计算机HP（EliteDesk 800 G2 纤小型 主机+V223 显示器）	电子设备	计算机设备	台式计算机	1	2017-12-21	4210.44	0.05	60	66.67	2018-01-01	2022-12-01	24
1	笔记本计算机HP（288Pro G2 微塔式 主机+V223 显示器）	电子设备	计算机设备	台式计算机	1	2017-12-21	4313.44	0.05	60	68.30	2018-01-01	2022-12-01	24
2	台式计算机HP（288Pro G2 微塔式 主机+V224 显示器）	电子设备	计算机设备	台式计算机	1	2017-12-21	1968.79	0.05	60	31.17	2018-01-01	2022-12-01	24
3	台式计算机HP（288Pro G2 微塔式 主机+V225 显示器）	电子设备	计算机设备	台式计算机	1	2017-12-21	1968.79	0.05	60	31.17	2018-01-01	2022-12-01	24
4	台式计算机HP（288Pro G2 微塔式 主机+V226 显示器）	电子设备	计算机设备	台式计算机	1	2017-12-21	1968.79	0.05	60	31.17	2018-01-01	2022-12-01	24
...	...	...	...	...	...	...	...	...	...	...	...	...	...
111	密集架1列2组	其他设备	家具用具	缺省	1	2020-12-31	13861.39	0.05	60	219.47	2021-01-01	2025-12-01	0
112	密集架1列5组	其他设备	家具用具	缺省	1	2020-12-31	22722.77	0.05	60	359.78	2021-01-01	2025-12-01	0
113	搬运设备-整缸式升降机	机器设备	升降机	缺省	1	2018-08-27	137931.03	0.05	120	1091.95	2018-09-01	2028-08-01	16
114	会议室设备	电子设备	电子办公设备	投影仪	1	2018-09-12	14970.16	0.05	120	118.51	2018-10-01	2028-09-01	15
115	三人连坐沙发	其他设备	家具用具	沙发类	1	2017-11-28	2189.74	0.05	60	34.67	2017-12-01	2022-11-01	25

99 rows × 13 columns

这里需要用到 dateutil.relativedelta 模块中的 relativedelta()函数，relativedelta()函数可以用来计算两个日期或时间之间的差值，它可以接受两个日期或时间作为参数输入，并返回一个 relativedelta 对象，这个对象包含了两个日期或时间之间的差值，可以以年、月、日、小时、分钟和秒等多种形式表示。

第 8 步 自定义函数，计算累计已折旧期限。这里需要考虑四种情况：（1）当 "测算到期日"< "折旧期初"时，说明截至期初固定资产已经提完全部折旧，结果应该返回"期初已折旧期限"或者"使用寿命"；（2）当"折旧期初"≤"测算到期日"≤"折旧期末"时，说明固定资产折旧会在本期提完，结果应该返回"测算到期日"与"开始计提折旧日期"之间的差值（以月为单位）；（3）当"测算到期日">"折旧期末"，且"开始计提折旧日期" ≤ "折旧期末"时，说明固定资产折旧会在未来期间提完，结果应该返回"折旧期末"与"开始计提折旧日期"之间的差值（以月为单位）；（4）当"测算到期日">"折旧期末"，且"开始计提折旧日期">"折旧期末"时，说明固定资产应在未来期间开始计提折旧，本期及期初不存在折旧，结果应该返回 0。

示例代码：

```
def diff_months2(df):

    if df['测算到期日']<折旧期初:
        return df['使用寿命']

    elif df['测算到期日']≤折旧期末:
        diff = relativedelta(df['测算到期日'], df['开始计提折旧日期'])
        return (diff.years * 12 + diff.months + 1)

    elif df['开始计提折旧日期']≤折旧期末:
        diff = relativedelta(折旧期末, df['开始计提折旧日期'])
        return (diff.years * 12 + diff.months + 1)

    else:
        return 0

df2['累计已折旧期限'] = df2.apply(diff_months2, axis=1)
df2
```

运行结果：

	资产名称	资产大类说明	资产中类说明	资产小类说明	名数量	启用日期	当期成本	残值率	使用寿命	月折旧	开始计提折旧日期	测算到期日	期初已折旧期限	累计已折旧期限
0	台式计算机HP（EliteDesk 800 G2 纤小型主机+V223 显示器）	电子设备	计算机设备	台式计算机	1	2017-12-21	4210.44	0.05	60	66.67	2018-01-01	2022-12-01	24	36
1	笔记本计算机HP（288Pro G2 微塔式 主机+V223 显示器）	电子设备	计算机设备	台式计算机	1	2017-12-21	4313.44	0.05	60	68.30	2018-01-01	2022-12-01	24	36
2	台式计算机HP（288Pro G2 微塔式 主机+V224 显示器）	电子设备	计算机设备	台式计算机	1	2017-12-21	1958.79	0.05	60	31.17	2018-01-01	2022-12-01	24	36
3	台式计算机HP（288Pro G2 微塔式 主机+V225 显示器）	电子设备	计算机设备	台式计算机	1	2017-12-21	1968.79	0.05	60	31.17	2018-01-01	2022-12-01	24	36
4	台式计算机HP（288Pro G2 微塔式 主机+V226 显示器）	电子设备	计算机设备	台式计算机	1	2017-12-21	1958.79	0.05	60	31.17	2018-01-01	2022-12-01	24	36
...														
111	密集架1列2组	其他设备	家具用具	铁皮	1	2020-12-31	13861.39	0.05	60	219.47	2021-01-01	2025-12-01	0	0
112	密集架1列5组	其他设备	家具用具	铁皮	1	2020-12-31	22722.77	0.05	60	359.78	2021-01-01	2025-12-01	0	0
113	播运设备-套缸式升降机	机器设备	升降机	铁皮	1	2018-08-27	137931.03	0.05	120	1091.95	2018-09-01	2028-08-01	16	28
114	会议室设备	电子设备	电子办公设备	投影仪	1	2018-09-12	14970.16	0.05	120	118.51	2018-10-01	2028-09-01	15	27
115	三人连坐沙发	其他设备	家具用具	沙发类	1	2017-11-26	2189.74	0.05	60	34.67	2017-12-01	2022-11-01	25	37

99 rows × 14 columns

第9步 计算累计折旧、期初折旧、本期折旧、净值。

示例代码：

```
# 计算累计折旧
df2['累计折旧'] = df2['累计已折旧期限']*df2['月折旧']
# 期初折旧
df2['期初折旧'] = df2['期初已折旧期限']*df2['月折旧']
# 本期折旧
df2['本期折旧'] = df2['累计折旧']-df2['期初折旧']
# 净值
df2['净值'] = df2['当前成本']-df2['累计折旧']
df2
```

运行结果：

	资产名称	资产大类说明	资产中类说明	资产小类说明	总数量	启用日期	当前成本	残值率	使用寿命	月折旧	开始计提折旧日期	测算到期日	期初已折旧期限	累计已折旧期限	累计折旧	期初折旧	本期折旧	净值
0	HP（EliteDesk 800 G2 纤小型 主机+V223 显示器）	电子设备	计算机设备	台式计算机	1	2017-12-21	4210.44	0.05	60	66.67	2018-01-01	2022-12-01	24	36	2399.95	1599.97	799.98	1810.49
1	笔记本计算机 HP（288Pro G2 微塔式 主机+V223 显示器）	电子设备	计算机设备	台式计算机	1	2017-12-21	4313.44	0.05	60	68.30	2018-01-01	2022-12-01	24	36	2458.66	1639.11	819.55	1854.78
2	台式计算机 HP（288Pro G2 微塔式 主机+V224 显示器）	电子设备	计算机设备	台式计算机	1	2017-12-21	1968.79	0.05	60	31.17	2018-01-01	2022-12-01	24	36	1122.21	748.14	374.07	846.58
3	台式计算机 HP（288Pro G2 微塔式 主机+V225 显示器）	电子设备	计算机设备	台式计算机	1	2017-12-21	1968.79	0.05	60	31.17	2018-01-01	2022-12-01	24	36	1122.21	748.14	374.07	846.58
4	台式计算机 HP（288Pro G2 微塔式 主机+V226 显示器）	电子设备	计算机设备	台式计算机	1	2017-12-21	1968.79	0.05	60	31.17	2018-01-01	2022-12-01	24	36	1122.21	748.14	374.07	846.58
...																		
111	密集架1列2组	其他设备	家具用具	缺省	1	2020-12-31	13861.39	0.05	60	219.47	2021-01-01	2025-12-01	0	0	0.00	0.00	0.00	13861.39
112	密集架1列5组	其他设备	家具用具	缺省	1	2020-12-31	22722.77	0.05	60	359.78	2021-01-01	2025-12-01	0	0	0.00	0.00	0.00	22722.77
113	搬运设备-套缸式升降机	机器设备	升降机	缺省	1	2018-08-27	137931.03	0.05	120	1091.95	2018-09-01	2028-08-01	16	28	30574.71	17471.26	13103.45	107356.32

第10步 以固定资产类别为分组字段生成数据透视表，进行固定资产类别分析。

示例代码：

```
# 定义列表
list1 = ['当前成本', '总数量', '期初折旧','本期折旧','累计折旧']
list2 = ['资产大类说明','资产中类说明','资产小类说明']
# 固定资产类别分析
pd.pivot_table(df2, values=list1, index=list2, aggfunc='sum',fill_value=0, margins=True)
```

运行结果：

资产大类说明	资产中类说明	资产小类说明	当前成本	总数量	期初折旧	本期折旧	累计折旧
其他设备	其他设备	缺省	29137.94	10	6458.91	5536.21	11995.12
	家具用具	台、桌类	24216.24	5	8382.26	4601.09	12983.35
		柜类	8525.64	3	3374.73	1619.87	4994.60
		沙发类	6606.98	3	2055.75	1255.33	3311.07
		缺省	36584.16	2	0.00	0.00	0.00
机器设备	升降机	缺省	137931.03	1	17471.26	13103.45	30574.71
电子设备	其他电子设备	缺省	10207.76	11	2044.60	1939.47	3984.08
	存储设备	磁盘阵列	2500.00	1	633.33	475.00	1108.33
	电子办公设备	其他办公设备	5752.21	1	182.15	1092.92	1275.07
		多功能一体机	13168.41	3	4875.49	2502.00	7377.49
		打印机	3226.49	3	1226.07	613.03	1839.10
		扫描仪	2726.50	1	1079.24	518.03	1597.27
		投影仪	17533.41	2	2751.74	1909.18	4660.92
		照相机及器材	5041.88	1	1596.60	957.96	2554.55
		缺省	4670.25	9	1774.70	887.35	2662.04
	电话通信设备	其他通信设备	12452.99	1	3154.76	2366.07	5520.83
	计算机网络设备	交换机	13179.31	2	3338.76	2504.07	5842.83
		其他网络设备	14090.93	3	2039.83	2677.28	4717.11
		路由器	2264.61	1	394.42	430.28	824.70
	计算机设备	台式计算机	129709.94	54	42845.29	24644.89	67490.18
All			479526.68	117	105679.88	69633.47	175313.35

思考与练习

1. 下列关于应收账款账龄分析的说法错误的是（　　　）。

   A. 有利于了解应收账款的结构

   B. 帮助企业识别出潜在的风险

   C. 分析客户的付款能力

   D. 保证企业顺利收回应收款项

2. 在年限平均法中，影响固定资产折旧的因素不包括（　　　）。

   A. 固定资产原值　　　　　　　　　B. 固定资产减值准备

   C. 固定资产类别　　　　　　　　　D. 预计净残值

3. 固定资产计提折旧的规则（　　　）。

   A. 当月增加的固定资产，从当月起计提折旧；当月减少的固定资产，从当月起不计提折旧

   B. 当月增加的固定资产，从下月起计提折旧；当月减少的固定资产，从当月起不计提折旧

   C. 当月增加的固定资产，从下月起计提折旧；当月减少的固定资产，从下月起不计提折旧

   D. 当月增加的固定资产，从当月起计提折旧；当月减少的固定资产，从下月起不计提折旧

4．如图 5-7 所示，想要获取此数据表 df 中所有往来单位 2014 年度的辅助明细数据，应该选择（　　　　）。

往来单位	年度	期初借方	期初贷方	本期借方	本期贷方	期末借方	期末贷方
A公司	2012	0.00	0.00	13780000.00	5084800.00	8695200.00	0.00
	2013	8695200.00	0.00	0.00	7295773.00	1399427.00	0.00
	2014	1399427.00	0.00	0.00	655827.00	743600.00	0.00
B公司	2013	0.00	0.00	7247592.40	7175018.60	72573.80	0.00
	2014	72573.80	0.00	10016900.00	7738061.80	2351412.00	0.00
C公司	2012	0.00	0.00	220552.00	220552.00	0.00	0.00
	2013	0.00	0.00	300231.36	170000.00	130231.36	0.00
	2014	130231.36	0.00	105378.00	235609.36	0.00	0.00

图 5-7

    A．df.loc['2014',:]

    B．df.loc[(slice(None),['2014']),:]

    C．df.loc[(:,['2014'])]

    D．df.loc[(None,'2014') ,:]

5．在 Series.str 的方法中，表示以某字符开始的是（　　　　）。

    A．strip()　　　　　　B．startswith()　　　　　　C．contains()　　　　　　D．cat()

🏆 强化实训

1．接【例 5-1】，以"资产大类说明、资产中类说明、资产小类说明"为分组对象，对"总数量、当前成本、累计折旧、期初折旧、本期折旧"等所在列的数值进行聚合统计，统计方法为求和。（采用 groupby()函数来实现。）

2．在对固定资产进行分析时，往往会分析固定资产净值率，其公式为：固定资产净值率=固定资产净值/固定资产原值，对于大多数实业公司来说，如果固定资产净值率在 50%以下，即表明该公司的固定资产已经严重老化。要求：请在第 1 问结果的基础上，新增一列，计算固定资产净值率。

第6章

Python 在财务管理决策中的应用

学习目标

- 掌握资本资产定价模型、投资项目资本预算、资本结构决策分析、短期经营决策分析的基本概念与计算原理
- 能够通过 Akshare 模块的数据接口获取上市公司股票数据
- 掌握 DataFrame 对象的创建方法
- 掌握 pandas 增删改查方法在数据表中的具体应用
- 掌握 sort_values()函数的应用；掌握 dict()及 zip()函数的应用；掌握 pct_change()函数的应用
- 能够通过 matplotlib 模块绘制基本统计图形；通过 statsmodels 模块进行一元线性回归；通过 numpy_financial 模块计算投资项目评价指标；通过 itertools 模块进行组合迭代；通过 sympy 模块求解一元一次方程及二元一次方程组
- 能够根据管理会计原理构建自定义函数（模型）
- 熟悉函数中不定长参数的应用

思维导图

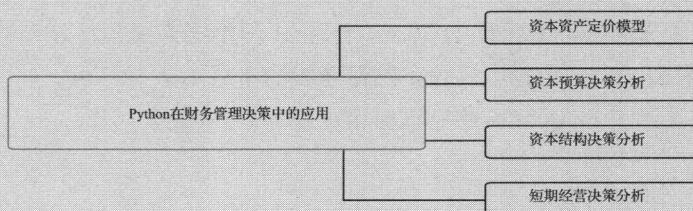

财务管理决策会涉及许多财务管理模型、管理会计工具方法，依据这些模型、工具与方法来参与公司的财务与经营决策，为之提供有用信息。本章主要讲解资本资产定价模型、资本预算决策分析、资本结构决策分析、短期经营决策等 4 个具体应用场景。

6.1 资本资产定价模型

资本资产定价模型，是估计普通股资本成本的常用方法。按照资本资产定价模型，普通股资本成本等于无风险利率加上风险溢价。

资本资产定价模型的计算公式如下：

$$r_S = r_{RF} + \beta \times (r_m - r_{RF})$$

其中：r_{RF} 表示无风险利率；β 表示股票的贝塔系数；r_m 表示平均风险股票报酬率；$(r_m - r_{RF})$ 表示市场风险溢价；$\beta \times (r_m - r_{RF})$ 表示股票的风险溢价。

根据资本资产定价模型计算普通股的资本成本，必须估计无风险利率、股票的 β 系数及市场风险溢价。

根据投资理论，可以将风险区分为系统风险与非系统风险，但是在高度分散化的资本市场里只有系统风险，并且会得到相应的回报，所以该模型只考虑系统风险。β 系数是度量一项资产系统风险的指标，其意义在于指示相对市场组合而言特定资产的系统风险大小。

β 系数的计算方法有以下两种。

（1）回归直线法。根据数理统计的线性回归原理，β 系数可以通过同一时期内的资产报酬率和市场组合报酬率的数据，使用线性回归方程进行预测。β 系数就是该线性回归方程的回归系数。

（2）定义法。根据证券与股票指数报酬率的相关系数、股票指数的标准差和股票报酬率的标准差直接计算。

构建资本资产定价模型的难点是 β 系数的计算，因此本节的核心内容也是围绕 β 系数的计算展开，我们在本节中采用回归直线法计算股票的 β 系数。

这里需要注意的是，所谓普通股资本成本，是站在公司的角度来看的，这是公司通过普通股筹集资金所产生的一种资金使用成本；如果站在投资人的角度来看，普通股资本成本就是投资人要求的必要报酬率，在完美的资本市场上，投资者的期望报酬率（股票预期收益率）等于必要报酬率。根据资本资产定价模型的公式，可以看出必要报酬率与 β 系数之间存在着线性关系，这种风险与收益之间的线性关系可以由证券市场线来描述。

【例 6-1】 使用 Python 计算股票 sz002352（顺丰控股）的普通股资本成本，要求：

（1）以沪深 300 指数作为市场组合，基于 2018—2020 年的日收盘价计算股票 sz002352（顺丰控股）的 β 系数。

（2）无风险利率采用 2020 年 12 月 21 日中国人民银行公布的 1 年期 LPR 利率 3.85%，计算股票 sz002352（顺丰控股）的普通股资本成本。

（3）通过 matplotlib 绘制证券市场线。

微课堂

资本资产定价模型

> **提示**
>
> 本案例使用的日收盘价通过 Akshare 接口提供，由于 Akshare 接口会不断维护与更新，因此可能会导致个别接口方法或者数据格式发生变化，具体以官方文档为准；为了保证案例代码的正常使用，本部分提供了 Excel 电子版数据，可以直接读取使用，详见 Excel 工作簿"数据.xlsx"。

【模型搭建】

第1步 导入相关模块，并获取沪深 300 指数的日收盘价。

示例代码：

```python
import akshare as ak   # 导入 akshare 模块
import pandas as pd    # 导入 pandas 模块
import numpy as np     # 导入 numpy 模块
import matplotlib.pyplot as plt   # 导入 matplotlib 的子模块 pyplot
# 设置字体为 SimHei
plt.rcParams['font.sans-serif'] = ['SimHei']
# 使负号正常显示
plt.rcParams['axes.unicode_minus'] = False
# 获取沪深 300 指数的日收盘价
df_300 = ak.stock_zh_index_daily(symbol="sh000300")
df_300
```

运行结果：

	date	open	high	low	close	volume
0	2002-01-04	1316.455	1316.455	1316.455	1316.455	0
1	2002-01-07	1302.084	1302.084	1302.084	1302.084	0
2	2002-01-08	1292.714	1292.714	1292.714	1292.714	0
3	2002-01-09	1272.645	1272.645	1272.645	1272.645	0
4	2002-01-10	1281.261	1281.261	1281.261	1281.261	0
...	...	...	...	...	...	...
5207	2023-06-21	3909.104	3920.128	3864.032	3864.032	11834657500
5208	2023-06-26	3833.444	3841.286	3801.054	3809.696	13399041900
5209	2023-06-27	3811.687	3851.896	3806.324	3845.433	11699268100
5210	2023-06-28	3836.609	3846.852	3808.161	3840.799	10702154100
5211	2023-06-29	3836.731	3840.713	3817.376	3821.844	9828927400

5212 rows × 6 columns

第2步 把 date 列的数据类型修改为 datetime64，并设置为行索引。

示例代码：

```python
# 把 date 列的数据类型修改为 datetime64
df_300.date = pd.to_datetime(df_300.date)
# 把 date 列设置为行索引
df_300.set_index('date',inplace=True)
df_300
```

运行结果：

date	open	high	low	close	volume
2002-01-04	1316.455	1316.455	1316.455	1316.455	0
2002-01-07	1302.084	1302.084	1302.084	1302.084	0
2002-01-08	1292.714	1292.714	1292.714	1292.714	0
2002-01-09	1272.645	1272.645	1272.645	1272.645	0
2002-01-10	1281.261	1281.261	1281.261	1281.261	0
...	...	...	...	...	...
2023-06-21	3909.104	3920.128	3864.032	3864.032	11834657500
2023-06-26	3833.444	3841.286	3801.054	3809.696	13399041900
2023-06-27	3811.687	3851.896	3806.324	3845.433	11699268100
2023-06-28	3836.609	3846.852	3808.161	3840.799	10702154100
2023-06-29	3836.731	3840.713	3817.376	3821.844	9828927400

5212 rows × 5 columns

第3步 选取 2018—2020 年的日收盘价。

示例代码：

```
# 选取 2018—2020 年的日收盘价
df_300_close = df_300.loc['2018':'2020',['close']]
df_300_close
```

运行结果：

date	close
2018-01-02	4087.401
2018-01-03	4111.393
2018-01-04	4128.812
2018-01-05	4138.751
2018-01-08	4160.160
...	...
2020-12-25	5042.014
2020-12-28	5064.415
2020-12-29	5042.936
2020-12-30	5113.711
2020-12-31	5211.289

730 rows × 1 columns

第4步 重复以上 3 步，获取顺丰控股 2018—2020 年的日收盘价。

示例代码：

```
# 获取顺丰控股的日收盘价
df_sf = ak.stock_zh_index_daily(symbol="sz002352")
# 把 date 列的数据类型修改为 datetime64
df_sf.date = pd.to_datetime(df_sf.date)
# 把 date 列设置为行索引
df_sf.set_index('date',inplace=True)
# 选取 2018—2020 年的日收盘价
df_sf_close = df_sf.loc['2018':'2020',['close']]
df_sf_close
```

运行结果：

	close
date	
2018-01-02	50.57
2018-01-03	50.67
2018-01-04	53.15
2018-01-05	52.42
2018-01-08	51.72
...	...
2020-12-25	85.95
2020-12-28	85.41
2020-12-29	85.15
2020-12-30	87.16
2020-12-31	88.23

730 rows × 1 columns

第 5 步 对 df_300_close、df_sf_close 进行左右合并，并修改列标签。

示例代码：

```
# 把 df_300_close、df_sf_close 左右合并
df_close = pd.concat([df_300_close,df_sf_close],axis=1)
# 修改列标签
df_close.columns = ['沪深 300 指数','顺丰控股']
df_close
```

运行结果：

	沪深300指数	顺丰控股
date		
2018-01-02	4087.401	50.57
2018-01-03	4111.393	50.67
2018-01-04	4128.812	53.15
2018-01-05	4138.751	52.42
2018-01-08	4160.160	51.72
...	...	...
2020-12-25	5042.014	85.95
2020-12-28	5064.415	85.41
2020-12-29	5042.936	85.15
2020-12-30	5113.711	87.16
2020-12-31	5211.289	88.23

730 rows × 2 columns

第 6 步 计算日收益率。

示例代码：

```
# 计算日收益率
df_close = df_close.pct_change()
df_close
```

运行结果：

date	沪深300指数	顺丰控股
2018-01-02	NaN	NaN
2018-01-03	0.005870	0.001977
2018-01-04	0.004237	0.048944
2018-01-05	0.002407	-0.013735
2018-01-08	0.005173	-0.013354
...	...	...
2020-12-25	0.008400	-0.002785
2020-12-28	0.004443	-0.006283
2020-12-29	-0.004241	-0.003044
2020-12-30	0.014034	0.023605
2020-12-31	0.019082	0.012276

730 rows × 2 columns

第7步 剔除缺失值。

示例代码：

```
# 处理缺失值，按行删除
df_close = df_close.dropna()
df_close
```

运行结果：

date	沪深300指数	顺丰控股
2018-01-03	0.005870	0.001977
2018-01-04	0.004237	0.048944
2018-01-05	0.002407	-0.013735
2018-01-08	0.005173	-0.013354
2018-01-09	0.007004	0.005220
...	...	...
2020-12-25	0.008400	-0.002785
2020-12-28	0.004443	-0.006283
2020-12-29	-0.004241	-0.003044
2020-12-30	0.014034	0.023605
2020-12-31	0.019082	0.012276

729 rows × 2 columns

第8步 通过回归直线法计算可比公司的 β 系数。

示例代码：

```
# 导入 statsmodels 模块的子模块 api
import statsmodels.api as sm
# 因变量
x1 = df_close['顺丰控股']
# 自变量
x2 = sm.add_constant(df_close['沪深 300 指数'])
```

```
# 构建普通最小二乘法回归模型
result = sm.OLS(endog=x1,exog=x2).fit()
# 输出线性回归结果
result.summary()
```

运行结果:

OLS Regression Results

Dep. Variable:	顺丰控股	R-squared:	0.213
Model:	OLS	Adj. R-squared:	0.212
Method:	Least Squares	F-statistic:	196.8
Date:	Sun, 19 Mar 2023	Prob (F-statistic):	9.68e-40
Time:	16:49:51	Log-Likelihood:	1895.3
No. Observations:	729	AIC:	-3787.
Df Residuals:	727	BIC:	-3777.
Df Model:	1		
Covariance Type:	nonrobust		

	coef	std err	t	P>|t|	[0.025	0.975]
const	0.0007	0.001	1.007	0.314	-0.001	0.002
沪深300指数	0.6934	0.049	14.028	0.000	0.596	0.790

Omnibus:	227.805	Durbin-Watson:	2.080
Prob(Omnibus):	0.000	Jarque-Bera (JB):	894.488
Skew:	1.417	Prob(JB):	5.81e-195
Kurtosis:	7.628	Cond. No.	74.2

Warnings:
[1] Standard Errors assume that the covariance matrix of the errors is correctly specified.

第 9 步 输出结果。

示例代码:

```
# 输出结果
result.params
```

运行结果:

```
const          0.000672
沪深 300 指数      0.693444
dtype: float64
```

第 10 步 输出 β 系数。

示例代码:

```
# 输出 β 系数
result.params[1]
```

运行结果:

```
0.6934439250556141
```

第 11 步 根据资本资产定价模型理论自定义函数,无风险利率采用一年期 LPR 利率 0.0385,平均风险股票报酬率采用沪深 300 指数的年化收益率,代入各参数计算普通股资本成本。

示例代码:

```
# 根据资本资产定价模型自定义函数
```

```
def CAPM(beta,Rm,Rf):
    Rs = Rf+beta*(Rm-Rf)
    return Rs
# 无风险利率
LPR = 0.0385
# 市场收益率
R_market = 252*df_close['沪深 300 指数'].mean()
# 普通股资本成本
R_stock = CAPM(beta=result.params[1],Rm=R_market,Rf=LPR)
R_stock
```

运行结果：

0.0859822928924

第 12 步 绘制证券市场线。首先定义一个由 β 系数组成的数组，该数组是一个区间范围在[0,2]且有 100 个均匀分布值的等差数列；然后将该数组代入资本资产定价模型函数，计算出不同 β 系数对应的股票预期收益率（普通股资本成本）；最后绘制证券市场线。

示例代码：

```
# 生成从 0 到 2 的 100 个均匀分布的数值
beta_list = np.linspace(0,2,100)
# 代入资本资产定价模型函数
R_stock_list = CAPM(beta=beta_list,Rm=R_market,Rf=LPR)
# 创建画布
plt.figure(figsize=(8,4),dpi=100,facecolor='white')
# 绘制证券市场线
plt.plot(beta_list,R_stock_list,'r-',label='证券市场线')
# 标记 β 系数等于 0.693 的位置
plt.plot(result.params[1],R_stock,'o')
# 添加文本注释
plt.annotate('β 系数等于 0.693 对应的收益率',xy=(0.6934,0.085),xytext=(0.72,0.04),arrowprops=dict(facecolor='b',shrink=0.05))
# 图标题
plt.title('资本资产定价模型',pad=20)
#x 轴标签
plt.xlabel('β 系数',labelpad=20)
#y 轴标签
plt.ylabel('股票预期收益率',labelpad=20)
#x 轴的范围
plt.xlim(0,2)
#y 轴的范围
plt.ylim(0,0.2)
# 网格线
plt.grid()
# 图例
plt.legend()
```

运行结果：

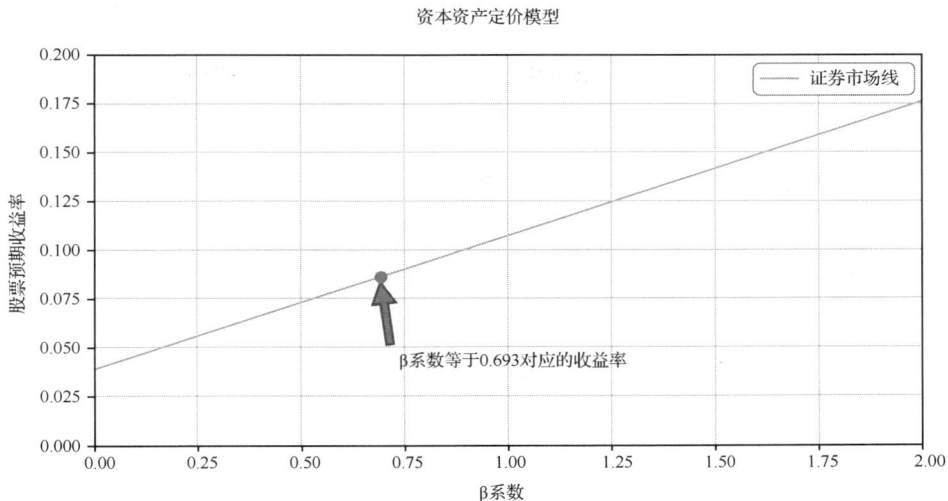

可以发现，投资者的必要报酬率不仅取决于市场风险，还取决于无风险报酬率（证券市场线的截距）和市场风险补偿程度（证券市场线的斜率）。

6.2 资本预算决策分析

资本预算决策，是指企业对长期经营所进行的决策。企业在正常生产经营过程中，如果想要扩大生产规模或者开发新产品，就需要进行长期经营性资产的投资，比如购买新设备、建造生产线或者厂房等，这些投资项目都需要投入大量的资本。

在项目正式实施之前，一般由相关部门提出投资方案，管理会计师负责收集相关信息并进行投资项目的资本预算，评价投资项目是否可行，判断投资项目能否增加股东财富、达到财务管理目标。

根据投资项目之间的相互关系，投资项目可以分为独立项目和互斥项目。（1）多个互斥项目之间存在互斥性，不能并存，意味着接受一个项目就要放弃另一个项目，所以管理会计师需要从多个互斥投资方案中选择最优方案。（2）多个独立项目之间互不影响，投资项目评价使用的方法主要有净现值法、内含报酬率法，因此只要独立项目的净现值大于零，且控制投资总额不超过资本总量，即可同时实施，最大限度地增加股东财富。由此，又引发了另一个问题，面对这么多的投资机会、投资方案，有限的资本应该分配给哪些项目呢？

本节主要解决的就是资本总量有限时的分配问题，即在企业面临多个相互独立的投资项目时，如何在资本总量范围内对投资项目进行评价与选择。因为受到某些限制，企业不能够为全部净现值为正的项目筹资，所以此时管理会计师需要考虑的是在资本总量范围内应该选择哪些项目才能带来最大的净现值。

该资本分配问题的解决思路，可以简单归纳为以下四个步骤：

（1）将所有投资项目排列出不同的组合；

（2）每个组合的投资总额不能超过资本总量；

（3）计算各投资项目的净现值以及各组合的净现值之和；

微课堂

资本预算决策分析

（4）选择净现值之和最大的组合。

> 【例6-2】如表6-1所示，甲企业现在面临5个相互独立的投资项目A、B、C、D、
> E，项目寿命期分别为4年、5年、5年、6年、6年，可以投资的资本总量为60000万元，
> 请问资本应该分配给哪些项目？（假设资本成本为10%。）

表 6-1 投资项目寿命期的净现金流量

项目	寿命期净现金流量（万元）						
	投资额	第1年	第2年	第3年	第4年	第5年	第6年
A	−10000	3000	2800	2800	3800	0	0
B	−12000	3000	5500	5500	5500	6000	0
C	−20000	3500	6600	6600	7000	7500	0
D	−25000	4000	5000	6000	8000	10000	16000
E	−30000	5000	5000	6000	8000	15000	20000

【分析思路】

首先，分别计算每个投资项目的净现值，项目A、B、C、D、E的净现值分别为−259万元、
6887万元、3033万元、7981万元、9252万元，剔除净现值小于或等于0的A项目，因为只有
净现值大于0的项目才能增加股东财富。然后，将剩余的投资项目排列出不同的组合，分别为
B、C、D、E、BC、BD、BE、CD、CE、DE、BCD、BCE、BDE、CDE、BCDE等15个组合。
接着，剔除项目组合BCE、BDE、CDE、BCDE，因为这些组合的投资总额分别为62000万元、
67000万元、75000万元、87000万元，都超过了资本总量60000万元。最后，将其余11个满
足条件的项目组合进行排序，选择净现值最大的组合为BCD，净现值合计为17901万元。因此，
资本应该分配给B项目、C项目、D项目。

【模型搭建】

第1步 导入相关库，并读取Excel工作簿"数据.xlsx"中的投资项目数据。

示例代码：

```
from itertools import combinations  # 从 itertools 模块中导入 combinations()函数
import numpy_financial as npf   # 导入 numpy_financial 模块
import pandas as pd   # 导入 pandas 模块
import warnings   # 导入 warnings 模块
# 导入投资项目数据
df = pd.read_excel('数据.xlsx',sheet_name='投资项目',index_col=0)
df
```

运行结果：

项目	投资额	第1年	第2年	第3年	第4年	第5年	第6年
A	-10000	3000	2800	2800	3800	0	0
B	-12000	3000	5500	5500	5500	6000	0
C	-20000	3500	6600	6600	7000	7500	0
D	-25000	4000	5000	6000	8000	10000	16000
E	-30000	5000	5000	6000	8000	15000	20000

第2步 计算各项目的净现值。

示例代码：

```
# 计算各项目的净现值
df['净现值'] = df.apply(lambda x: int(npf.npv(0.1,x)),axis=1)
df
```

运行结果：

项目	投资额	第1年	第2年	第3年	第4年	第5年	第6年	净现值
A	-10000	3000	2800	2800	3800	0	0	-259
B	-12000	3000	5500	5500	5500	6000	0	6887
C	-20000	3500	6600	6600	7000	7500	0	3033
D	-25000	4000	5000	6000	8000	10000	16000	7981
E	-30000	5000	5000	6000	8000	15000	20000	9252

第3步 选取净现值大于 0 的项目。

示例代码：

```
df = df[df['净现值']>0]
df
```

运行结果：

项目	投资额	第1年	第2年	第3年	第4年	第5年	第6年	净现值
B	-12000	3000	5500	5500	5500	6000	0	6887
C	-20000	3500	6600	6600	7000	7500	0	3033
D	-25000	4000	5000	6000	8000	10000	16000	7981
E	-30000	5000	5000	6000	8000	15000	20000	9252

第4步 将投资额、净现值重新赋值给数据表 df。

示例代码：

```
df = df.iloc[:,[0,-1]]
df
```

运行结果：

项目	投资额	净现值
B	-12000	6887
C	-20000	3033
D	-25000	7981
E	-30000	9252

第5步 将全部项目排列出不同的组合，把不超过资本总量的组合添加至列表 result。

示例代码：

```
# 定义一个空列表
result = []
# 根据投资项目的数量进行循环
for i in range(1, df.shape[0]+1):
    # 根据变量 i 进行组合，组合中的元素不允许重复
```

```
        for idx in combinations(df.index, i):
            print('-'*20)    # 输出分割线
            print('idx：',idx)   # 输出 idx
            print('list(idx)：',list(idx))   # 输出 idx 转换为列表后的结果
            # 把组合 idx 转换为列表后，进行 loc 索引并求和
            row = df.loc[list(idx)].sum()
                    print('type(row)：',type(row))   # 输出 row 的类型
            print('row.name：',row.name)   # 输出 row 的 name 属性
            print('row：\n',row)   # 输出 row
            # 投资额不超过 60000
            if -row.投资额 <= 60000:
                # 修改 row 的 name 属性为投资项目名称组合
                row.name = "".join(idx)
                # 输出 row 的 name 属性
                print('row.name：',row.name)
                # 把每个投资组合的 Series 数据添加至列表 result
                result.append(row)
```

运行结果：

```
--------------------
idx：  ('B',)
list(idx)：  ['B']
type(row)：  <class 'pandas.core.series.Series'>
row.name：  None
row：
 投资额    -12000
净现值      6887
dtype: int64
row.name：  B
--------------------
idx：  ('C',)
list(idx)：  ['C']
type(row)：  <class 'pandas.core.series.Series'>
row.name：  None
row：
 投资额    -20000
净现值      3033
dtype: int64
row.name：  C
--------------------
idx：  ('D',)
list(idx)：  ['D']
type(row)：  <class 'pandas.core.series.Series'>
row.name：  None
```

```
row：
 投资额    -25000
净现值      7981
dtype: int64
row.name：  D
--------------------
idx：  ('E',)
list(idx)：  ['E']
type(row)：  <class 'pandas.core.series.Series'>
row.name：  None
row：
 投资额    -30000
净现值      9252
dtype: int64
row.name：  E
--------------------
idx：  ('B', 'C')
list(idx)：  ['B', 'C']
type(row)：  <class 'pandas.core.series.Series'>
row.name：  None
row：
 投资额    -32000
净现值      9920
dtype: int64
row.name：  BC
--------------------
idx：  ('B', 'D')
list(idx)：  ['B', 'D']
type(row)：  <class 'pandas.core.series.Series'>
row.name：  None
row：
 投资额    -37000
净现值     14868
dtype: int64
row.name：  BD
--------------------
idx：  ('B', 'E')
list(idx)：  ['B', 'E']
type(row)：  <class 'pandas.core.series.Series'>
row.name：  None
row：
 投资额    -42000
净现值     16139
dtype: int64
row.name：  BE
```

```
--------------------
idx：   ('C', 'D')
list(idx)：   ['C', 'D']
type(row)：   <class 'pandas.core.series.Series'>
row.name：   None
row：
 投资额    -45000
净现值     11014
dtype: int64
row.name：   CD
--------------------
idx：   ('C', 'E')
list(idx)：   ['C', 'E']
type(row)：   <class 'pandas.core.series.Series'>
row.name：   None
row：
 投资额    -50000
净现值     12285
dtype: int64
row.name：   CE
--------------------
idx：   ('D', 'E')
list(idx)：   ['D', 'E']
type(row)：   <class 'pandas.core.series.Series'>
row.name：   None
row：
 投资额    -55000
净现值     17233
dtype: int64
row.name：   DE
--------------------
idx：   ('B', 'C', 'D')
list(idx)：   ['B', 'C', 'D']
type(row)：   <class 'pandas.core.series.Series'>
row.name：   None
row：
 投资额    -57000
净现值     17901
dtype: int64
row.name：   BCD
--------------------
idx：   ('B', 'C', 'E')
list(idx)：   ['B', 'C', 'E']
type(row)：   <class 'pandas.core.series.Series'>
```

```
row.name：    None
row：
  投资额     -62000
净现值      19172
dtype: int64
row.name：    BCE
--------------------
idx：   ('B', 'D', 'E')
list(idx)：   ['B', 'D', 'E']
type(row)：    <class 'pandas.core.series.Series'>
row.name：    None
row：
  投资额     -67000
净现值      24120
dtype: int64
row.name：    BDE
--------------------
idx：   ('C', 'D', 'E')
list(idx)：   ['C', 'D', 'E']
type(row)：    <class 'pandas.core.series.Series'>
row.name：    None
row：
  投资额     -75000
净现值      20266
dtype: int64
row.name：    CDE
--------------------
idx：   ('B', 'C', 'D', 'E')
list(idx)：   ['B', 'C', 'D', 'E']
type(row)：    <class 'pandas.core.series.Series'>
row.name：    None
row：
  投资额     -87000
净现值      27153
dtype: int64
row.name：    BCDE
```

第 6 步 输出列表 result，即可得到满足条件的投资组合。

示例代码：

```
# 输出列表 result
result
```

运行结果：

```
[投资额     -12000
  净现值      6887
  Name: B, dtype: int64,
```

```
投资额    -20000
净现值      3033
Name: C, dtype: int64,
投资额    -25000
净现值      7981
Name: D, dtype: int64,
投资额    -30000
净现值      9252
Name: E, dtype: int64,
投资额    -32000
净现值      9920
Name: BC, dtype: int64,
投资额    -37000
净现值     14868
Name: BD, dtype: int64,
投资额    -42000
净现值     16139
Name: BE, dtype: int64,
投资额    -45000
净现值     11014
Name: CD, dtype: int64,
投资额    -50000
净现值     12285
Name: CE, dtype: int64,
投资额    -55000
净现值     17233
Name: DE, dtype: int64,
投资额    -57000
净现值     17901
Name: BCD, dtype: int64]
```

第 7 步 把列表 result 转换为 DataFrame 对象。

示例代码：

```
# 把列表 result 转换为 DataFrame 对象
df2 = pd.DataFrame(result)
df2
```

运行结果：

	投资额	净现值
B	-12000	6887
C	-20000	3033
D	-25000	7981
E	-30000	9252
BC	-32000	9920
BD	-37000	14868
BE	-42000	16139
CD	-45000	11014
CE	-50000	12285
DE	-55000	17233
BCD	-57000	17901

第 8 步 根据净现值进行降序排列。

示例代码：

```
# 根据净现值进行降序排列
df2.sort_values("净现值", ascending=False, inplace=True)
df2
```

运行结果：

	投资额	净现值
BCD	-57000	17901
DE	-55000	17233
BE	-42000	16139
BD	-37000	14868
CE	-50000	12285
CD	-45000	11014
BC	-32000	9920
E	-30000	9252
D	-25000	7981
B	-12000	6887
C	-20000	3033

由此可见，在资本预算范围内的投资组合有 11 个，净现值合计数最大的投资组合是项目 B、项目 C、项目 D，其净现值之和为 17901 万元，投资额合计为 57000 万元。

6.3 资本结构决策分析

企业的资本整体分为负债与股东权益。负债可以分为短期负债与长期负债，其中短期负债主要包括经营性负债、短期借款，长期负债主要有长期借款、债券等债务融资。股东权益为股东投入，也称为权益资本。

企业的资本结构由长期有息负债与权益资本组成，表示企业各类长期资本来源的构成和比例关系。短期有息负债则作为营运资本管理，因为短期负债的筹集经常变化且不稳定。

微课堂

资本结构决策分析

长期有息负债产生的利息可以带来抵税收益，但企业的债务并不是越多越好，随着债务的增加，企业的财务风险也会增加，企业的整体风险最终由股东承担。为了实现企业价值最大化，需要充分权衡债务的收益与风险，实现合理的目标资本结构，这也是企业资本结构决策的分析重点。资本结构决策的分析方法包括资本成本比较法、每股收益无差别点法、企业价值比较法。

本节我们将通过每股收益无差别点法来实现资本结构决策分析。每股收益无差别点法是在计算不同融资方案下企业的每股收益（EPS）相等时所对应的息税前利润（EBIT）基础上，通过比较在企业预期盈利水平下的不同融资方案的每股收益，进而选择每股收益较大的融资方案。

每股收益无差别点的计算公式如下：

$$EPS = \frac{(EBIT - I_1) \times (1-T) - PD_1}{N_1} = \frac{(EBIT - I_2) \times (1-T) - PD_2}{N_2}$$

其中：EBIT 表示每股收益无差别时的息税前利润；I 表示年利息支出；T 表示企业所得税

税率；PD 表示支付的优先股股利；N 表示筹资后流通在外的普通股股数。

每股收益无差别点法的判断原则是比较不同融资方式能否给股东带来更大的净收益，它可以解决在某一特定预期盈利水平下融资方式的选择问题，为企业管理层是否应该选择债务融资方式提供简单明了的分析思路。

【例 6-3】甲公司想要通过长期资本融资以满足扩大经营规模的需要，目前有 3 种筹资方案可供选择。

方案 1：通过长期债券融资，年利息支出为 50 万元；

方案 2：通过优先股筹资，优先股股利为 60 万元；

方案 3：通过普通股融资，需增发 50 万股新股。

目前普通股股数为 100 万股，企业所得税税率为 25%，企业预期的息税前利润为 240 万元。

要求：在预期的息税前利润水平下进行融资方案的选择。

【分析思路】

根据每股收益无差别点的计算公式，计算方案 1 和方案 3 的每股收益无差别点，即 $EPS_1 = EPS_3$：

$$[(EBIT-50) \times (1-25\%)-0]/100 = [(EBIT-0) \times (1-25\%)-0]/150$$

通过以上方程，可求得方案 1 和方案 3 的每股收益无差别点所对应的 EBIT 为 150 万元，代入等式左边分式或右边分式，可求得 $EPS_1 = EPS_3 = 0.74$ 万元。

同样可求得方案 2 和方案 3 的每股收益无差别点所对应的 EBIT 为 240 万元，$EPS_2 = EPS_3 = 1.2$ 万元。

利用每股收益无差别点法进行资本结构决策分析，最直观的形式是画出 EBIT-EPS 分析图，我们可以通过 Python 绘制该图形，并进一步做出融资方案的选择。

【模型搭建】

第 1 步 导入相关库，根据每股收益无差别点的计算公式，自定义函数。

示例代码：

```python
import numpy as np   # 导入 numpy 模块
import pandas as pd   # 导入 pandas 模块
from sympy import *   # 从 sympy 模块中导入所有函数和类
import matplotlib.pyplot as plt   # 导入 matplotlib 模块的子模块 pyplot
# 设置字体为 SimHei
plt.rcParams['font.sans-serif'] = ['SimHei']
# 使负号正常显示
plt.rcParams['axes.unicode_minus'] = False
# 定义函数，计算每股收益无差别点
def EPS(I1,PD1,N1,I2,PD2,N2,T):
    # 定义未知数 EBIT
    EBIT = Symbol('EBIT')
    # 定义两种融资方案下每股收益相等时的每股收益无差别点计算公式
    q=((EBIT-I1)*(1-T)-PD1)/N1-((EBIT-I2)*(1-T)-PD2)/N2
    # 求解每股收益无差别点对应的 EBIT 即横坐标 x
    x=solve([q],[EBIT])[EBIT]
```

```
# 代入 x 计算每股收益无差别点对应的 EPS 即纵坐标 y
y=((x-I1)*(1-T)-PD1)/N1
# 计算第一种融资方案下 EPS 为 0 时的 EBIT 即 x 轴的截距
# 定义未知数 x1
x1 = Symbol('x1')
# 求解未知数 x1
x1=solve([(x1-I1)*(1-T)-PD1],[x1])[x1]
# 计算第二种融资方案下 EPS 为 0 时的 EBIT 即 x 轴的截距
# 定义未知数 x2
x2 = Symbol('x2')
# 求解未知数 x2
x2 =solve([(x2-I2)*(1-T)-PD2],[x2])[x2]
# 返回值
return x, y, x1, x2
```

第2步 根据方案 1 和方案 3，计算 EPS。

示例代码：

```
EPS1 = EPS(50,0,100,0,0,150,0.25)
EPS1
```

运行结果：

```
(150.000000000000, 0.750000000000, 50.0000000000000, 0.0)
```

第3步 根据方案 2 和方案 3，计算 EPS。

示例代码：

```
EPS2 = EPS(0,60,100,0,0,150,0.25)
EPS2
```

运行结果：

```
(240.000000000000, 1.20000000000000, 80.0000000000000, 0.0)
```

第4步 自定义函数，代入两点坐标，求出截距 a 与斜率 b。

示例代码：

```
def get_ab(x1,y1,x2,y2):
    a = Symbol('a')
    b = Symbol('b')
    f1 = a + b * x1 - y1
    f2 = a + b * x2 - y2
    result = solve([f1,f2], [a,b])
    return result[a], result[b]
```

第5步 自定义函数，将 a、b、x 值代入，求出 y 值。

示例代码：

```
def get_y(a, b, x):
    y = a + b * x
    return y
```

第6步 取两个每股收益无差别点的 x 轴坐标（EBIT）的最大值。

示例代码：

```
n = max(EPS1[0], EPS2[0])
n
```

运行结果：

```
240.0
```

187

第 7 步 在变量 n 的基础上增加 10%，以此作为 x 轴坐标刻度最大值（这样能够确保覆盖两个每股收益无差别点）。

示例代码：

```
n = n * 1.1
n
```

运行结果：

```
264.0
```

第 8 步 生成 0-n 的数值型一维数组。

示例代码：

```
x = np.arange(0, n)
x
```

运行结果：

```
array([0, 1, 2, 3, 4, 5, 6, 7, 8, 9, 10, 11, 12, 13, 14, 15, 16, 17, 18,
       19, 20, 21, 22, ..., 263], dtype=object)
```

第 9 步 代入两点坐标，计算方案 1 曲线的截距 a 与斜率 b，然后将 a、b、x 值代入，求出 y 值。

示例代码：

```
a, b = get_ab(EPS1[0],EPS1[1],EPS1[2],0)
y1 = get_y(a, b, x)
y1
```

运行结果：

```
array([-0.375000000000000, -0.367500000000000, -0.360000000000000,
       -0.352500000000000, -0.345000000000000, -0.337500000000000,
       -0.330000000000000, ..., 1.59750000000000], dtype=object)
```

第 10 步 代入两点坐标，计算方案 3 曲线的截距 a 与斜率 b，然后将 a、b、x 值代入，求出 y 值。

示例代码：

```
a, b = get_ab(EPS1[0],EPS1[1],EPS1[3],0)
y2 = get_y(a, b, x)
y2
```

运行结果：

```
array([0, 0.00500000000000000, 0.0100000000000000, 0.0150000000000000,
       0.0200000000000000, 0.0250000000000000, 0.0300000000000000,
       0.0350000000000000, ..., 1.31500000000000], dtype=object)
```

第 11 步 代入两点坐标，计算方案 2 曲线的截距 a 与斜率 b，然后将 a、b、x 值代入，求出 y 值。

示例代码：

```
a, b = get_ab(EPS2[0],EPS2[1],EPS2[2],0)
y3 = get_y(a, b, x)
y3
```

运行结果：

```
array([-0.600000000000000, -0.592500000000000, -0.585000000000000,
       -0.577500000000000, -0.570000000000000, -0.562500000000000,
       -0.555000000000000, ..., 1.37250000000000], dtype=object)
```

第 12 步 绘制 EBIT-EPS 分析图。

示例代码:

```
# 绘制折线图
plt.figure(figsize=(8,4),dpi=100)
plt.plot(x,y1,label='债券')
plt.plot(x,y2,label='普通股')
plt.plot(x,y3,label='优先股')
# 在焦点(每股收益无差别点)处绘制 y 轴平行线
plt.axvline(x=EPS1[0],c='r',ls='--',lw=2)
plt.axvline(x=EPS2[0],c='r',ls='--',lw=2)
# 在焦点处绘制标记符
plt.plot(EPS1[0],EPS1[1],'o')
plt.plot(EPS2[0],EPS2[1],'o')
# 在焦点处绘制箭头进行文本标注
plt.annotate('EBIT 等于 150 万元\n 对应的 EPS 为 0.74 元',xy=(EPS1[0],EPS1[1]),xytext=
(80,1.3),arrowprops=dict(facecolor='b',shrink=0.05))
plt.annotate('EBIT 等于 240 万元\n 对应的 EPS 为 1.2 元',xy=(EPS2[0],EPS2[1]),xytext=
(170,0.4),arrowprops=dict(facecolor='b',shrink=0.05))
# 设置标题
plt.title("EBIT-EPS 分析",pad=20)
# 设置 x, y 轴标签
plt.xlabel("EBIT(万元)",labelpad=10)
plt.ylabel("EPS(元)",labelpad=10)
# 设置图例
plt.legend()
```

运行结果:

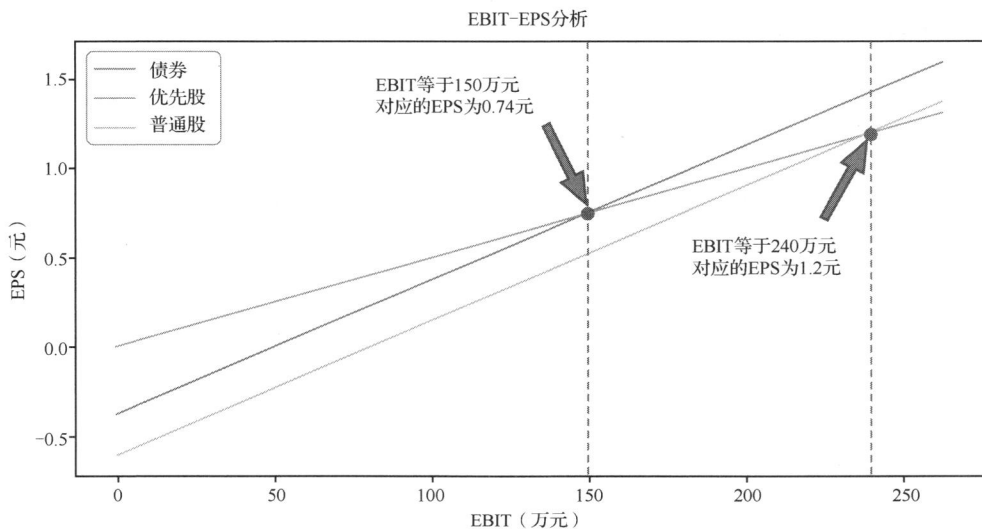

可以看到,x 轴对应的是 EBIT,y 轴对应的是每股收益 EPS;当预期的 EBIT 小于 150 万元时,其每股收益最大的融资方式为普通股;当预期的 EBIT 等于 150 万元时,其每股收益最大的融资方式为普通股和债券;当预期的 EBIT 大于 150 万元时,其每股收益最大的融资方式为债券;由于当前企业预期的 EBIT 为 240 万元,所以应当选择债券融资。

6.4 短期经营决策分析

根据时间的长短，企业的决策可以分为长期投资决策和短期经营决策。

长期投资决策是指对长期经营所进行的决策，一般涉及企业的长期经营性资产，资本预算决策就属于长期投资决策。短期经营决策是指对企业一年以内或者维持当前经营规模的条件下所进行的经营活动决策，主要包括生产决策、定价决策等方面。

短期经营决策一般不涉及长期经营性资产的投资，因此不会涉及生产能力与经营规模的改变。短期经营决策分析通常需要满足成本性态分析的相关范围假设，即期间假设与业务量假设。企业发生的固定成本、变动成本均体现在特定的期间与业务量内，一旦超过这个特定的范围，成本性态就有可能发生变化，比如一条生产线的设计生产能力为年产10000件产品，如果需要产量超过10000件，则必须要增加一条生产线，即增加固定资产投资，固定资产增加了，年折旧额也会增加，最终导致企业的固定成本增加。

管理会计师需要充分收集相关信息，结合生产经营过程中遇到的各种情况制定可选方案，并对可选方案进行定性、定量分析，最终选择最优方案。在对不同方案进行评价时，需要关注经营决策的成本与经济效益，这里的成本只需要关注相关成本，比如机会成本、专属成本、差量成本等，这样可以使决策更加准确、可靠；如果不注意区分信息的相关性，就会在信息的收集与处理过程中耗费大量的精力，反而降低了决策效率，比如固定资产折旧是不同方案均存在的固定成本，属于经营决策的不相关成本，因此不需要收集与整理相关数据。

本节介绍的是短期经营决策中的生产决策，生产决策主要针对企业短期内是否生产、生产内容、怎样组织生产等问题进行相关决策，这些决策通常涉及亏损产品是否停产、零部件自制与外购、特殊订单是否接受等方面。生产决策的分析方法主要包括差量分析法、边际贡献分析法、本量利分析法。

【例6-4】甲公司专注生产A产品，其生产能力为10000件，正常销量为9000件，销售单价为25元，单位产品成本为20元，其单位产品成本结构为：直接材料费10元，直接人工费5元，变动制造费用2元，固定制造费用3元。现有某客户向甲公司追加一笔特殊订单，该客户要求订单单价为21元，请分别针对以下两种情况，帮助甲公司分析是否应该接受该特殊订单。

（1）该客户追加订货量为1000件。如果甲公司没有该追加订单，其剩余生产能力无法转移；如果甲公司接受该订单，不需要追加专属成本。

（2）该客户追加订货量为1500件。如果甲公司没有该追加订单，其剩余生产能力可以对外出租，租金为2000元；如果甲公司接受该订单，则需要追加专属成本1000元。

【分析思路】

（1）A产品的单位变动成本为10+5+2=17元，特殊订单的单价为21元，该客户追加订货量为1000件，且未发生其他相关成本，因此接受该订单可以增加边际贡献2000元，应该接受特殊订单。

（2）该特殊订单会带来边际贡献1500×(21-17)=6000元；接受该订单会导致剩余生产能力无

法对外出租，因此放弃的租金收入 2000 元应该作为接受该订单的机会成本；该客户追加订货量为
1500 件，而甲公司的剩余生产能力只能够生产 1000 件，其余 500 件要减少正常的订货量，因此
500 件正常销售带来的边际贡献应该作为接受该订单的机会成本；扣除放弃的租金收入 2000 元、
增加的专属成本 1000 元、减少的正常销售带来的边际贡献 500×(25−17)=4000 元，故接受该订单
带来的增量收益为 6000−2000−1000−4000=−1000 元，即减少利润 1000 元，不应该接受特殊订单。

【模型搭建】

第 1 步 导入相关库，定义 DataFrame 对象。

示例代码：

```python
import pandas as pd   # 导入 pandas 模块
# 定义列表
data = [
        ['生产能力',10000],
        ['正常销量',9000],
        ['直接材料费',10],
        ['直接人工费',5],
        ['变动制造费用',2],
        ['固定制造费用',3],
        ['单位产品成本',20],
        ['销售单价',25]
]
# 定义一个 DataFrame 对象
df = pd.DataFrame(data,columns=['项目','单位成本'])
df
```

运行结果：

	项目	单位成本
0	生产能力	10000
1	正常销量	9000
2	直接材料费	10
3	直接人工费	5
4	变动制造费用	2
5	固定制造费用	3
6	单位产品成本	20
7	销售单价	25

第 2 步 把"项目""单位成本"两列数据转换为字典，即键值对。

示例代码：

```python
# 把'项目''单位成本'两列数据强制转换为字典
d = dict(zip(df['项目'],df['单位成本']))
d
```

运行结果：

```
{'生产能力': 10000,
 '正常销量': 9000,
```

```
'直接材料费': 10,
'直接人工费': 5,
'变动制造费用': 2,
'固定制造费用': 3,
'单位产品成本': 20,
'销售单价': 25}
```

第3步 定义变量，其中"单位边际贡献 1"为正常销量带来的边际贡献，"单位边际贡献 2"为特殊订单带来的边际贡献。

示例代码：

```
特殊订单价 = 21
剩余生产能力 = d['生产能力'] - d['正常销量']
print(剩余生产能力)
单位变动成本 = d['直接材料费'] + d['直接人工费'] + d['变动制造费用']
单位边际贡献 1 = d['销售单价'] - 单位变动成本
print(单位边际贡献 1)
单位边际贡献 2 = 特殊订单价 - 单位变动成本
print(单位边际贡献 2)
```

运行结果：

```
1000
8
4
```

第4步 自定义函数，实现输入追加的订单量，以及追加订单量所增加的额外成本，自动计算增量收益（差额利润）。先计算特殊订单增加的边际贡献，再计算扣除专属成本、机会成本后的增量收益，最后判断追加订单量是否超过剩余生产能力，如果超过，则进一步扣除减少的正常销售带来的边际贡献。

示例代码：

```
# 定义函数
# 参数 1：追加订单量  参数 2：不定长参数，有专属成本、机会成本
def diff_profit(x,*y):
    增加的边际贡献 = x * 单位边际贡献 2
    增量收益 = 增加的边际贡献 - sum(y)
    if x > 剩余生产能力:
        减少的正常销售 = (x-剩余生产能力) * 单位边际贡献 1
        return 增量收益- 减少的正常销售
    else:
        return 增量收益
```

第5步 代入数据，计算接受特殊订单带来的增量收益。

示例代码：

```
print(diff_profit(1000))
print(diff_profit(1500,2000,1000))
```

运行结果：

```
4000
-1000
```

思考与练习

1. 下列关于资本资产定价模型说法错误的是（ ）。

 A. β 系数是度量一项资产整体系统的指标

 B. 资本资产定价模型是估计普通股资本成本的常用方法

 C. β 系数的计算方法可以使用定义法

 D. β 系数的计算方法可以使用回归直线法

2. 以下指标中不属于投资项目评价指标的是（ ）。

 A. 内含报酬率 B. 投资回收期 C. 净现值   D. 净资产收益率

3. 下列关于资本结构决策分析说法正确的是（ ）。

 A. 负债与权益资本的组合形成了企业的资本结构

 B. 长期有息负债产生的利息可以带来抵税收益，因此企业的债务越多越好

 C. 每股收益无差别点法的判断原则是比较不同融资方式能否给股东带来更大的净收益

 D. 每股收益无差别点法需要计算不同融资方案下企业的每股收益相等时所对应的净利润

4. 下列关于企业决策的说法正确的是（ ）。

 A. 投资项目资本预算属于短期投资决策

 B. 短期经营决策通常不涉及固定资产投资和经营规模的改变

 C. 生产决策是企业长期经营决策的重要内容

 D. 生产决策的主要方法包括净现值法

5. numpy_financial 模块中计算普通年金现值的方法是（ ）。

 A. pmt   B. npv   C. pv   D. irr

强化实训

1. 以沪深 300 指数作为市场组合，根据 2018 年至 2020 年的日收盘价数据计算股票 SH600519（贵州茅台）的 β 系数和普通股资本成本，并绘制证券市场线。（无风险利率采用一年期 LPR 利率 0.0385。）

2. 接【例 6-4】，新增"特殊订单价"作为输入参数，重新定义短期经营决策分析模型，要求：把特殊订单价作为第一参数，增加至自定义函数，实现输入特殊订单价、追加的订单量以及追加订单量所增加的额外成本，自动计算增量收益。

第 7 章

Python 在财务报表分析中的应用

学习目标

- 了解财务报表分析的目的及方法
- 熟悉综合财务指标的计算方法、作用及意义
- 能够通过 Akshare 库的数据接口获取上市公司财务数据
- 掌握 pandas 增删改查方法在数据表中的具体应用
- 能够通过 matplotlib 库绘制基本统计图形
- 能够通过 Python 搭建基本的财务报表分析模型

思维导图

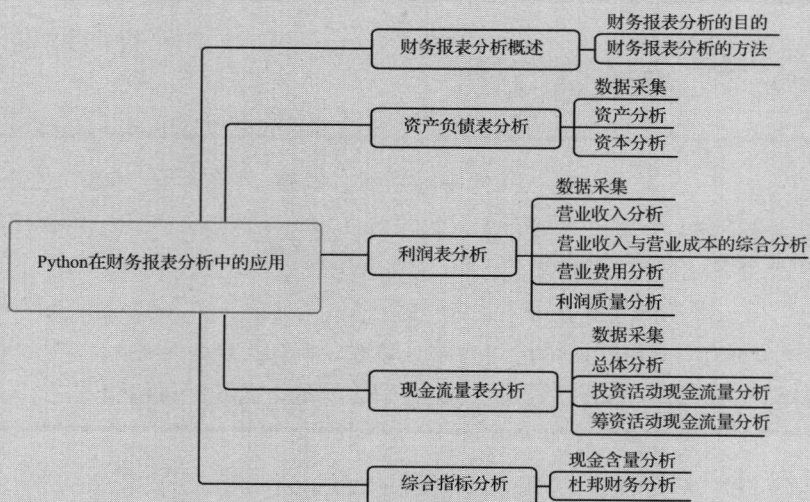

本章主要介绍了财务报表分析的目的与方法，并以上市公司苏泊尔（sz002032）为例展开一系列分析，具体包括资产负债表分析、利润表分析、现金流量表分析，以及现金含量分析和杜邦财务分析。

7.1 财务报表分析概述

7.1.1 财务报表分析的目的

财务报表分析的目的是将财务报表数据转换成有用的信息，对企业的财务状况、经营成果进行评价，帮助信息使用者评估风险、制定战略与决策。

7.1.2 财务报表分析的方法

基于哈佛分析框架，现代财务报表分析一般包括 4 个维度：战略分析，会计分析，财务分析，前景分析。

会计分析、财务分析和前景分析是企业战略分析的重要基础。公司的战略规划会直接影响公司的投融资与经营决策，导致企业的财务状况、经营成果与现金流量发生变化，最终结果会反映在财务报表上，因此我们会对资产负债、利润表、现金流量表中会计要素总量的变动趋势与结构变化进行会计分析，并对收入现金含量、权益净利率等综合指标进行财务分析，在会计与财务分析的过程中判断企业当前执行的总体战略，并结合宏观及产业环境等因素进行前景分析。

本章在财务报表分析方面采用的是比较分析法，比较分析法是财务报表分析中普遍使用的方法，比较是认识事物的基本方法，没有比较就没有鉴别。财务报表分析的比较分析法，是对两个或两个以上有关的可比数据进行对比，从而揭示趋势或差异。

以下简单说明本章进行财务报表分析的具体方法。

从比较对象来看，本章主要对企业一段历史时期的财务指标进行比较分析，也称为趋势分析。与之对应的是横向分析，即与行业平均数或对标企业比较，本章不涉及横向分析。

从比较内容来看，本章主要涉及会计要素总量、结构百分比、财务比率的比较分析。会计要素总量是指报表项目（总资产、净资产、净利润等）的总金额，如研究利润的逐年变化趋势，分析其增长潜力。结构百分比是指把财务报表项目转换成结构百分比的形式，例如以收入为 100%，分析利润表各项目的比重，进一步寻找分析的方向。财务比率是各财务指标之间的数量关系，反映它们的内在联系，财务比率是相对指标，排除了规模的影响，具有较好的可比性。

清晰的图表能够反映公司所在行业的财务报表特征与战略方向，并且可以直观地揭示报表项目金额及其结构变化的趋势，但是，如果想进一步分析产生变化趋势的原因，仍需结合上市公司年度报告，以及其他外部信息进行综合分析。

7.2 资产负债表分析

【例 7-1】以上市公司苏泊尔（sz002032）为例，通过数据接口 Akshare 采集苏泊尔 2016 年至 2020 年的年度合并资产负债表数据，然后进行财务数据清洗、财务数据可视化，并对其财务状况进行财务报表分析。

> **提示**
>
> 　　本案例使用的财务报表数据通过 Akshare 接口提供，由于 Akshare 接口会不断维护与更新，因此可能会导致个别接口方法或者数据格式发生变化，具体以官方文档为准；为了保证案例代码的正常使用，该部分提供了 Excel 电子版数据，可以直接读取使用，详见 Excel 工作簿"数据.xlsx"。

7.2.1 数据采集

第1步 导入相关库，获取合并资产负债表数据。

示例代码：

```python
import akshare as ak    # 导入 akshare 模块
import pandas as pd    # 导入 pandas 模块
import numpy as np    # 导入 numpy 模块
import matplotlib.pyplot as plt    # 导入 matplotlib 的子模块 pyplot
plt.rcParams['font.sans-serif']=['SimHei']    # 设置字体为 SimHei
plt.rcParams['axes.unicode_minus']=False    # 使负号正常显示
pd.set_option('display.float_format',lambda x : '%.2f % x)    # 保留两位小数
pd.set_option('display.max_rows',20) #显示最多行数，超出该数以省略号表示
pd.set_option('display.max_columns',10) #显示最多列数，超出该数以省略号表示
# 获取资产负债表数据
df = ak.stock_financial_report_sina(stock="002032", symbol="资产负债表")
df
```

运行结果：

	报告日	流动资产	货币资金	结算备付金	拆出资金	...	是否审计	公告日期	币种	类型	更新日期
0	20230331	NaN	4136657701.60	NaN	NaN	...	未审计	20230428	CNY	合并期末	2023-04-27T20:09:06
1	20221231	NaN	3563140907.75	NaN	NaN	...	是	20230428	CNY	合并期末	2023-03-30T20:05:05
2	20220930	NaN	4126264880.89	NaN	NaN	...	未审计	20221025	CNY	合并期末	2022-10-24T19:35:12
3	20220630	NaN	3479946026.90	NaN	NaN	...	未审计	20220831	CNY	合并期末	2022-08-30T19:10:07
4	20220331	NaN	2946425142.38	NaN	NaN	...	未审计	20220429	CNY	合并期末	2022-04-28T17:40:04
...											
74	20040930	NaN	484855373.61	NaN	NaN	...	未审计	20041030	CNY	合并期末	2020-03-13T15:29:48
75	20040630	NaN	42751768.76	NaN	NaN	...	未审计	20040830	CNY	合并期末	2020-03-13T15:29:48
76	20031231	NaN	9557726.15	NaN	NaN	...	是	20050413	CNY	合并期末	2020-03-13T15:29:48
77	20021231	NaN	11862561.01	NaN	NaN	...	是	20040729	CNY	合并期末	2020-03-13T15:29:48
78	20011231	NaN	10867563.64	NaN	NaN	...	是	20040729	CNY	合并期末	2020-03-13T15:29:48

79 rows × 149 columns

第2步 查看全部列标签，我们发现最后 6 列与财务报表数据无关。

示例代码：

```python
df.columns
```

运行结果：

```
Index(['报告日', '流动资产', '货币资金', '结算备付金', '拆出资金', '交易性金融资产', '买入返
```

售金融资产', '衍生金融资产',

'应收票据及应收账款', '应收票据',

......

'归属于母公司股东权益合计', '少数股东权益', '所有者权益(或股东权益)合计', '负债和所有者权益(或股东权益)总计', '数据源', '是否审计', '公告日期', '币种', '类型', '更新日期'],
dtype='object', length=149)

第3步 选取除最后 6 列外财务数据所在的全部列，并重新赋值给变量 df。

示例代码：

```
df = df[df.columns[:-6]]
df
```

运行结果：

	报告日	流动资产	货币资金	结算备付金	拆出资金	...	外币报表折算差额	归属于母公司股东权益合计	少数股东权益	所有者权益(或股东权益)合计	负债和所有者权益(或股东权益)总计
0	20230331	NaN	4136657701.60	NaN	NaN	...	NaN	7403538376.61	36502620.47	7440040997.08	13230449770.86
1	20221231	NaN	3563140907.75	NaN	NaN	...	NaN	7036084863.54	36605324.74	7072690188.28	12952655903.47
2	20220930	NaN	4126264880.89	NaN	NaN	...	NaN	7265243034.86	35693039.04	7300936073.90	12976653822.60
3	20220630	NaN	3479946026.90	NaN	NaN	...	NaN	6970314203.17	36592848.38	7006907051.55	12471477330.05
4	20220331	NaN	2946425142.38	NaN	NaN	...	NaN	8168144526.85	37257640.73	8205402167.58	13696510373.56
...	...	...	...	...	...	...	...	...	...	...	...
74	20040930	NaN	484855373.61	NaN	NaN	...	NaN	639444509.24	23500251.58	662944760.82	1352594827.24
75	20040630	NaN	42751768.76	NaN	NaN	...	NaN	231496163.42	11267449.98	242763613.40	767322329.23
76	20031231	NaN	9557726.15	NaN	NaN	...	NaN	208442950.17	5579379.20	214022329.37	574733399.47
77	20021231	NaN	11862561.01	NaN	NaN	...	NaN	131890737.36	3418650.15	135309387.51	435273140.28
78	20011231	NaN	10867563.64	NaN	NaN	...	NaN	96033824.42	357132.65	96390957.07	308374457.45

79 rows × 147 columns

第4步 查询"报告日"包含"1231"的数据，并重新赋值给数据表 df。

示例代码：

```
df = df[df['报告日'].str.contains('1231')]
df
```

运行结果：

	报告日	流动资产	货币资金	结算备付金	拆出资金	...	外币报表折算差额	归属于母公司股东权益合计	少数股东权益	所有者权益(或股东权益)合计	负债和所有者权益(或股东权益)总计
1	20221231	NaN	3563140907.75	NaN	NaN	...	NaN	7036084863.54	36605324.74	7072690188.28	12952655903.47
5	20211231	NaN	2654052417.47	NaN	NaN	...	NaN	7622639752.86	35668094.06	7658307846.92	13899456422.16
9	20201231	NaN	1719785919.04	NaN	NaN	...	NaN	7200939908.92	35784081.11	7236723990.03	12292270384.71
13	20191231	NaN	1308132657.16	NaN	NaN	...	NaN	6836417032.56	8196544.33	6844613576.89	11847953986.45
17	20181231	NaN	1416762574.83	NaN	NaN	...	NaN	5907337461.81	-270368.32	5907067093.49	10633161177.21
...	...	...	...	...	...	...	...	...	...	...	...
69	20051231	NaN	269118657.66	NaN	NaN	...	NaN	706051126.20	101851989.16	807903115.36	1348188781.03
73	20041231	NaN	476895712.43	NaN	NaN	...	NaN	666882154.29	71970804.90	738852959.19	1358677985.85
76	20031231	NaN	9557726.15	NaN	NaN	...	NaN	208442950.17	5579379.20	214022329.37	574733399.47
77	20021231	NaN	11862561.01	NaN	NaN	...	NaN	131890737.36	3418650.15	135309387.51	435273140.28
78	20011231	NaN	10867563.64	NaN	NaN	...	NaN	96033824.42	357132.65	96390957.07	308374457.45

22 rows × 147 columns

第5步 将"报告日"设置为行索引。

示例代码：

```
df.set_index('报告日',inplace=True)
df
```

运行结果：

报告日	流动资产	货币资金	结算备付金	拆出资金	交易性金融资产	...	外币报表折算差额	归属于母公司股东权益合计	少数股东权益	所有者权益(或股东权益)合计	负债和所有者权益(或股东权益)总计
20221231	NaN	3563140907.75	NaN	NaN	431382527.79	...	NaN	7036084863.54	36605324.74	7072690188.28	12952655903.47
20211231	NaN	2654052417.47	NaN	NaN	180312742.31	...	NaN	7622639752.86	35668094.06	7658307846.92	13899456422.16
20201231	NaN	1719785919.04	NaN	NaN	115992105.03	...	NaN	7200939908.92	35784081.11	7236723990.03	12292270384.71
20191231	NaN	1308132657.16	NaN	NaN	1264563042.79	...	NaN	6836417032.56	8196544.33	6844613576.89	11847953986.45
20181231	NaN	1416762574.83	NaN	NaN	435241736.40	...	NaN	5907337461.81	-270368.32	5907067093.49	10633161177.21
...	...	...	...	...	...	...	...	...	...	...	...
20051231	NaN	269118657.66	NaN	NaN	NaN	...	NaN	706051126.20	101851989.16	807903115.36	1348188781.03
20041231	NaN	476895712.43	NaN	NaN	1677290.00	...	NaN	666882154.29	71970804.90	738852959.19	1358677985.85
20031231	NaN	9557726.15	NaN	NaN	NaN	...	NaN	208442950.17	5579379.20	214022329.37	574733399.47
20021231	NaN	11862561.01	NaN	NaN	3054226.00	...	NaN	131890737.36	3418650.15	135309387.51	435273140.28
20011231	NaN	10867563.64	NaN	NaN	1254696.00	...	NaN	96033824.42	357132.65	96390957.07	308374457.45

22 rows × 146 columns

第6步 反转数据表顺序，并重新赋值给数据表 df。

示例代码：

```
df = df.iloc[::-1,:]
df
```

运行结果：

报告日	流动资产	货币资金	结算备付金	拆出资金	交易性金融资产	...	外币报表折算差额	归属于母公司股东权益合计	少数股东权益	所有者权益(或股东权益)合计	负债和所有者权益(或股东权益)总计
20011231	NaN	10867563.64	NaN	NaN	1254696.00	...	NaN	96033824.42	357132.65	96390957.07	308374457.45
20021231	NaN	11862561.01	NaN	NaN	3054226.00	...	NaN	131890737.36	3418650.15	135309387.51	435273140.28
20031231	NaN	9557726.15	NaN	NaN	NaN	...	NaN	208442950.17	5579379.20	214022329.37	574733399.47
20041231	NaN	476895712.43	NaN	NaN	1677290.00	...	NaN	666882154.29	71970804.90	738852959.19	1358677985.85
20051231	NaN	269118657.66	NaN	NaN	NaN	...	NaN	706051126.20	101851989.16	807903115.36	1348188781.03
...	...	...	...	...	...	...	...	...	...	...
20181231	NaN	1416762574.83	NaN	NaN	435241736.40	...	NaN	5907337461.81	-270368.32	5907067093.49	10633161177.21
20191231	NaN	1308132657.16	NaN	NaN	1264563042.79	...	NaN	6836417032.56	8196544.33	6844613576.89	11847953986.45
20201231	NaN	1719785919.04	NaN	NaN	115992105.03	...	NaN	7200939908.92	35784081.11	7236723990.03	12292270384.71
20211231	NaN	2654052417.47	NaN	NaN	180312742.31	...	NaN	7622639752.86	35668094.06	7658307846.92	13899456422.16
20221231	NaN	3563140907.75	NaN	NaN	431382527.79	...	NaN	7036084863.54	36605324.74	7072690188.28	12952655903.47

22 rows × 146 columns

第7步 查询 2016 年—2020 年的年度合并资产负债表数据。

示例代码：

```
df = df.loc['20161231':'20201231']
df
```

运行结果：

报告日	流动资产	货币资金	结算备付金	拆出资金	交易性金融资产	...	外币报表折算差额	归属于母公司股东权益合计	少数股东权益	所有者权益(或股东权益)合计	负债和所有者权益(或股东权益)总计
20161231	NaN	754144152.56	NaN	NaN	856988784.08	...	NaN	4542017463.10	19533700.76	4561551163.86	7857779624.86
20171231	NaN	869579891.21	NaN	NaN	1305530496.83	...	NaN	5407071353.16	823272.89	5407894626.05	9462215289.52
20181231	NaN	1416762574.83	NaN	NaN	435241736.40	...	NaN	5907337461.81	-270368.32	5907067093.49	10633161177.21
20191231	NaN	1308132657.16	NaN	NaN	1264563042.79	...	NaN	6836417032.56	8196544.33	6844613576.89	11847953986.45
20201231	NaN	1719785919.04	NaN	NaN	115992105.03	...	NaN	7200939908.92	35784081.11	7236723990.03	12292270384.71

5 rows × 146 columns

第8步 查看数据类型。

示例代码：

```
df.dtypes
```

运行结果：

流动资产	object
货币资金	object
结算备付金	object
拆出资金	object
交易性金融资产	object

...

外币报表折算差额	object
归属于母公司股东权益合计	object
少数股东权益	object
所有者权益(或股东权益)合计	object
负债和所有者权益(或股东权益)总计	object

Length: 146, dtype: object

第9步 为了方便计算，将数据表 df 中的所有数据由 object 类型改为浮点型。

示例代码:

```
df = df.astype(float)
df.dtypes
```

运行结果:

流动资产	float64
货币资金	float64
结算备付金	float64
拆出资金	float64
交易性金融资产	float64

...

外币报表折算差额	float64
归属于母公司股东权益合计	float64
少数股东权益	float64
所有者权益(或股东权益)合计	float64
负债和所有者权益(或股东权益)总计	float64

Length: 146, dtype: object

第10步 为了方便对报表项目进行索引查询，对数据表进行转置，并重新赋值给变量 df。

示例代码:

```
df = df.T
df
```

运行结果:

报告日	20161231	20171231	20181231	20191231	20201231
流动资产	NaN	NaN	NaN	NaN	NaN
货币资金	754144152.56	869579891.21	1416762574.83	1308132657.16	1719785919.04
结算备付金	NaN	NaN	NaN	NaN	NaN
拆出资金	NaN	NaN	NaN	NaN	NaN
交易性金融资产	856988784.08	1305530496.83	435241736.40	1264563042.79	115992105.03
...	...	...	...	...	...
外币报表折算差额	NaN	NaN	NaN	NaN	NaN
归属于母公司股东权益合计	4542017463.10	5407071353.16	5907337461.81	6836417032.56	7200939908.92
少数股东权益	19533700.76	823272.89	-270368.32	8196544.33	35784081.11
所有者权益(或股东权益)合计	4561551163.86	5407894626.05	5907067093.49	6844613576.89	7236723990.03
负债和所有者权益(或股东权益)总计	7857779624.86	9462215289.52	10633161177.21	11847953986.45	12292270384.71

146 rows × 5 columns

第11步 查询 2016 年—2020 年报表项目金额合计数均为 0 的数据，这些数据都是我们不需要的。

示例代码：

```
df[df.sum(axis=1)==0]
```

运行结果：

报告日	20161231	20171231	20181231	20191231	20201231
流动资产	NaN	NaN	NaN	NaN	NaN
结算备付金	NaN	NaN	NaN	NaN	NaN
拆出资金	NaN	NaN	NaN	NaN	NaN
买入返售金融资产	NaN	NaN	NaN	NaN	NaN
衍生金融资产	NaN	NaN	NaN	NaN	NaN
...	...	...	...	...	...
专项储备	NaN	NaN	NaN	NaN	NaN
一般风险准备	NaN	NaN	NaN	NaN	NaN
未确定的投资损失	NaN	NaN	NaN	NaN	NaN
拟分配现金股利	NaN	NaN	NaN	NaN	NaN
外币报表折算差额	NaN	NaN	NaN	NaN	NaN

95 rows × 5 columns

第12步 根据上述结果，查询 2016 年—2020 年报表项目金额合计数均不为 0 的数据，并重新赋值给数据表 df。

示例代码：

```
df = df[df.sum(axis=1)!=0]
df
```

运行结果：

报告日	20161231	20171231	20181231	20191231	20201231
货币资金	754144152.56	869579891.21	1416762574.83	1308132657.16	1719785919.04
交易性金融资产	856988784.08	1305530496.83	435241736.40	1264563042.79	115992105.03
应收票据及应收账款	2003638282.32	2178178830.45	2428799092.20	2087495196.40	2473355412.13
应收票据	843520455.60	678723166.23	701179379.24	290585764.00	245053093.69
应收账款	1160117826.72	1499455664.22	1727619712.96	1796909432.40	2228302318.44
...	...	...	...	...	...
未分配利润	3593933783.19	3981372625.22	4573275094.31	5443671509.58	6202587444.38
归属于母公司股东权益合计	4542017463.10	5407071353.16	5907337461.81	6836417032.56	7200939908.92
少数股东权益	19533700.76	823272.89	-270368.32	8196544.33	35784081.11
所有者权益(或股东权益)合计	4561551163.86	5407894626.05	5907067093.49	6844613576.89	7236723990.03
负债和所有者权益(或股东权益)总计	7857779624.86	9462215289.52	10633161177.21	11847953986.45	12292270384.71

51 rows × 5 columns

第13步 查看数据表 df 的行索引，即财务报表项目名称，我们会发现有一些重复项目。

示例代码：

```
df.index
```

运行结果：

Index(['货币资金', '交易性金融资产', '应收票据及应收账款', '应收票据', '应收账款', '应收款项融资', '预付款项',
    '应收利息', '其他应收款', '其他应收款(合计)', '存货', '其他流动资产', '流动资产合计', '长期股权投资',
    '固定资产原值', '累计折旧', '固定资产净值', '在建工程合计', '在建工程', '固定资产净额', '固定资产及清理合计',
    '无形资产', '长期待摊费用', '递延所得税资产', '非流动资产合计', '资产总计', '应付票据及应付账款', '应付账款',
    '预收款项', '合同负债', '应付职工薪酬', '应交税费', '其他应付款', '其他应付款合计', '其他流动负债',
    '流动负债合计', '长期应付职工薪酬', '预计非流动负债', '递延所得税负债', '非流动负债合计', '负债合计',
    '实收资本(或股本)', '资本公积', '减:库存股', '其他综合收益', '盈余公积', '未分配利润', '归属于母公司股东权益合计',
    '少数股东权益', '所有者权益(或股东权益)合计', '负债和所有者权益(或股东权益)总计'],
    dtype='object')

第 14 步 删除重复的报表项目数据。

示例代码：

```
df.drop(index=['应收票据及应收账款','其他应收款(合计)','固定资产原值', '累计折旧','在建工程合计','固定资产净额','固定资产及清理合计','应付票据及应付账款','其他应付款合计'],inplace=True)
df
```

运行结果：

报告日	20161231	20171231	20181231	20191231	20201231
货币资金	754144152.56	869579891.21	1416762574.83	1308132657.16	1719785919.04
交易性金融资产	856988784.08	1305530496.83	435241736.40	1264563042.79	115992105.03
应收票据	843520455.60	678723166.23	701179379.24	290585764.00	245053093.69
应收账款	1160117826.72	1499455664.22	1727619712.96	1796909432.40	2228302318.44
应收款项融资	NaN	NaN	NaN	896394337.71	321162886.99
...	...	...	...	...	...
未分配利润	3593933783.19	3981372625.22	4573275094.31	5443671509.58	6202587444.38
归属于母公司股东权益合计	4542017463.10	5407071353.16	5907337461.81	6836417032.56	7200939908.92
少数股东权益	19533700.76	823272.89	-270368.32	8196544.33	35784081.11
所有者权益(或股东权益)合计	4561551163.86	5407894626.05	5907067093.49	6844613576.89	7236723990.03
负债和所有者权益(或股东权益)总计	7857779624.86	9462215289.52	10633161177.21	11847953986.45	12292270384.71

42 rows × 5 columns

第 15 步 用 0 填充缺失值。

示例代码：

```
df.fillna(0,inplace=True)
df
```

运行结果：

报告日	20161231	20171231	20181231	20191231	20201231
货币资金	754144152.56	869579891.21	1416762574.83	1308132657.16	1719785919.04
交易性金融资产	856988784.08	1305530496.83	435241736.40	1264563042.79	115992105.03
应收票据	843520455.60	678723166.23	701179379.24	290585764.00	245053093.69
应收账款	1160117826.72	1499455664.22	1727619712.96	1796909432.40	2228302318.44
应收款项融资	0.00	0.00	0.00	896394337.71	321162886.99
...	...	...	...	...	...
未分配利润	3593933783.19	3981372625.22	4573275094.31	5443671509.58	6202587444.38
归属于母公司股东权益合计	4542017463.10	5407071353.16	5907337461.81	6836417032.56	7200939908.92
少数股东权益	19533700.76	823272.89	-270368.32	8196544.33	35784081.11
所有者权益(或股东权益)合计	4561551163.86	5407894626.05	5907067093.49	6844613576.89	7236723990.03
负债和所有者权益(或股东权益)总计	7857779624.86	9462215289.52	10633161177.21	11847953986.45	12292270384.71

42 rows × 5 columns

7.2.2 | 资产分析

1. 根据流动性对资产进行整体分析

获取流动资产合计数据与非流动资产合计数据，并进行可视化展示。

示例代码：

```
df.loc[['流动资产合计','非流动资产合计']].T.plot.bar(figsize=(8,4),stacked=True,rot=0)
plt.legend(bbox_to_anchor=(1.01,1))
df.loc[['流动资产合计','非流动资产合计']]
```

运行结果：

报告日	20161231	20171231	20181231	20191231	20201231
流动资产合计	6506672592.22	7959041030.39	8993317642.34	9829959022.88	10116819406.62
非流动资产合计	1351107032.64	1503174259.13	1639843534.87	2017994963.57	2175450978.09

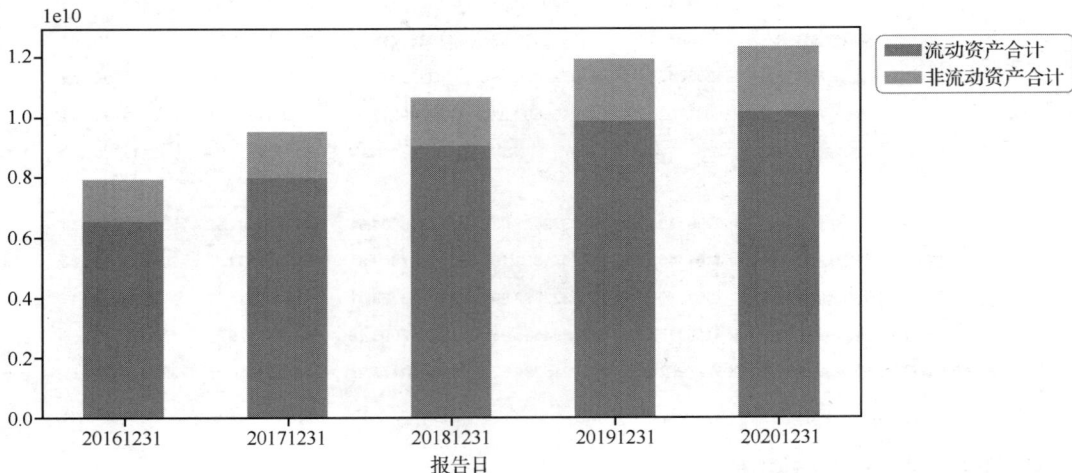

可以看到，该公司资产整体规模呈现增速逐年放缓的趋势；资产结构中流动资产占主导地位，这是轻资产公司典型的财务报表特征，长期资产投入较少，财务杠杆较低，重点关注营运资本的周转和管理。

2. 对流动资产进行进一步分析

获取流动资产相关项目，并进行可视化展示。

示例代码：

```
df.loc['货币资金':'其他流动资产'].T.plot.bar(figsize=(8,4),stacked=True,rot=0)
plt.legend(bbox_to_anchor=(1.01,1))
df.loc['货币资金':'其他流动资产']
```

运行结果：

报告日	20161231	20171231	20181231	20191231	20201231
货币资金	754144152.56	869579891.21	1416762574.83	1308132657.16	1719785919.04
交易性金融资产	856988784.08	1305530496.93	435241736.40	1264563042.79	115992105.03
应收票据	843520455.60	678723166.23	701179379.24	290585764.00	245053093.69
应该账款	1160117826.72	1499455664.22	1727619712.96	1796909432.40	2228302318.44
应收款项融资	0.00	0.00	0.00	896394337.71	321162886.99
预付款项	157326657.23	327284791.68	216573313.30	278545463.04	179491969.23
应收利息	285680.93	1983860.05	600649.75	0.00	0.00
其他应收款	55657951.60	23351005.01	142752343.43	14230736.62	40164877.32
存货	1696932203.19	2202833655.08	2361653181.94	2247612900.00	2409298690.29
其他流动资产	981698880.31	1050298500.08	1990934740.49	1732984689.16	2857567546.59

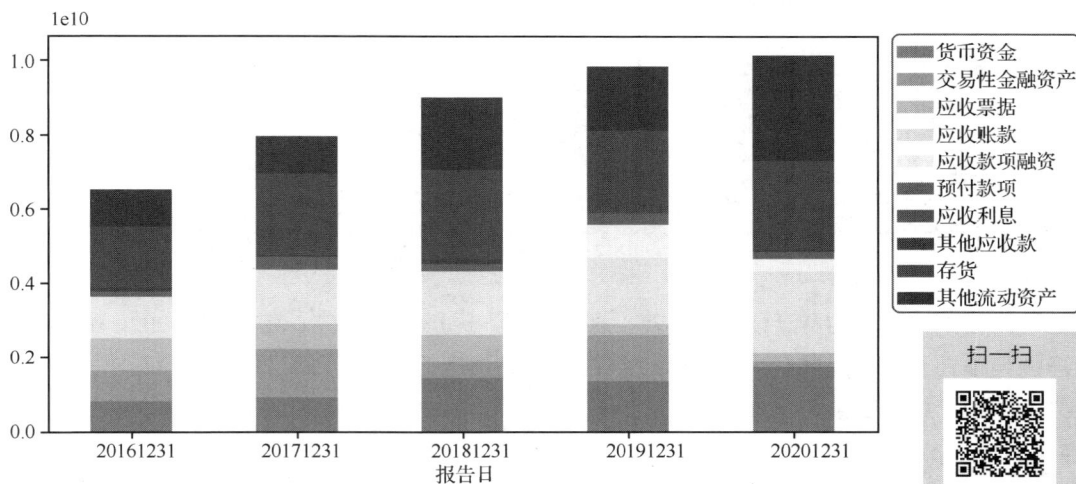

可以看到，流动资产整体规模呈现增速逐年放缓的趋势；2020 年度，其他流动资产增长较多，是因为定期存款投资增加，利用自有闲置流动资金购买短期理财产品，以增加流动资金的收益；2020 年度，应收票据与应收款项融资合计数较 2019 年有明显减少，是由于内销销量大量减少，同时应收账款较 2019 年有大幅增长，是由于外销销量增加，说明该公司产品结构与销售渠道方面有较大调整。

3. 对非流动资产进行进一步分析

获取非流动资产相关项目，并进行可视化展示。

示例代码：

```
df.loc['长期股权投资':'递延所得税资产'].T.plot.bar(figsize=(8,4),stacked=True,rot=0)
plt.legend(bbox_to_anchor=(1.01,1))
df.loc['长期股权投资':'递延所得税资产']
```

运行结果：

报告日	20161231	20171231	20181231	20191231	20201231
长期股权投资	53877930.88	57828126.15	60646438.46	61917730.62	64448318.46
固定资产净值	885129598.11	860844363.89	868297081.06	908982690.72	1228535067.85
在建工程	5986693.89	31172828.49	40562136.79	215167399.12	47175324.72
无形资产	255692979.29	334602690.62	397272432.11	465546894.17	461801363.50
长期待摊费用	0.00	4763792.28	3284532.30	2168302.35	1621068.83
递延所得税资产	150419830.47	21396457.70	269780914.15	364211946.59	371869834.73

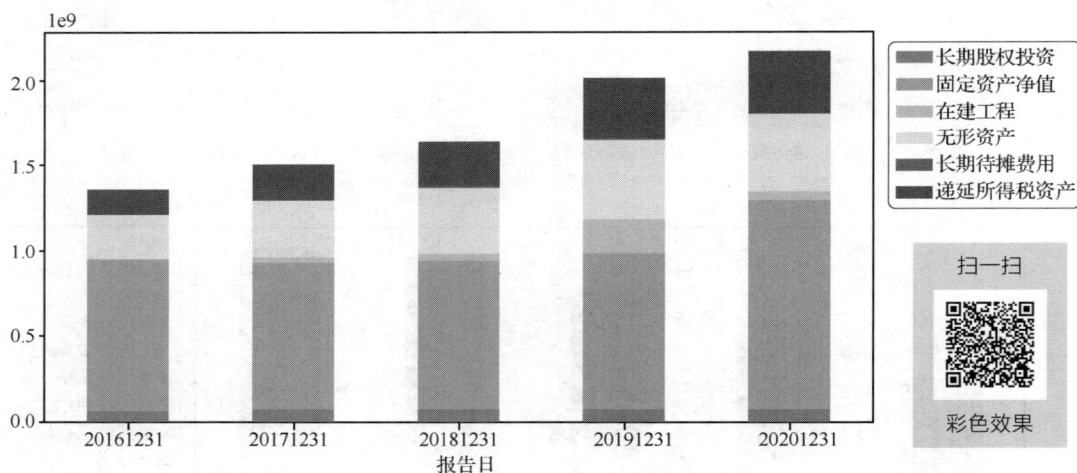

可以看到，非流动资产以固定资产、在建工程、无形资产为主，在 2019—2020 年，固定资产净值与在建工程合计数有大幅增长；结合对流动资产的分析，该公司的资产结构以经营性资产为主，属于经营主导型企业。

7.2.3 资本分析

1. 根据资本来源对负债进行整体分析

获取负债合计数据与所有者权益（或股东权益）合计数据，并进行可视化展示。

示例代码：

```
df.loc[['负债合计','所有者权益(或股东权益)合计']].T.plot.bar(figsize=(8,4),stacked=True,rot=0)
plt.legend(bbox_to_anchor=(1.01,1))
df.loc[['负债合计','所有者权益(或股东权益)合计']]
```

运行结果：

报告日	20161231	20171231	20181231	20191231	20201231
负债合计	3296228461.00	4054320663.47	4726094083.72	5003340409.56	5055546394.68
所有者权益（或股东权益）合计	4561551163.86	5407894626.05	5907067093.49	6844613576.89	7236723990.03

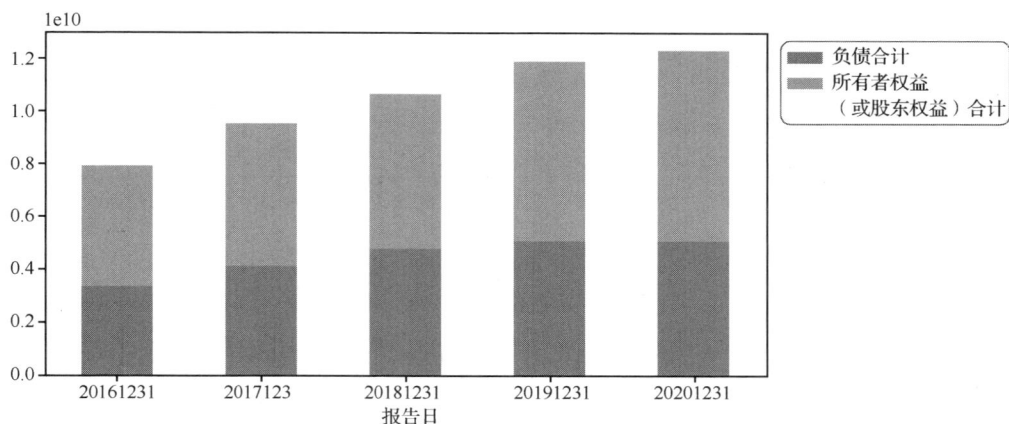

可以看到，资本结构中，所有者权益（或股东权益）合计略高于负债合计。

2. 根据流动性对负债进行进一步分析

获取流动负债合计数据与非流动负债合计数据，并进行可视化展示。

示例代码：

```
df.loc[['流动负债合计','非流动负债合计']].T.plot.bar(figsize=(8,4),stacked=True,rot=0)
plt.legend(bbox_to_anchor=(1.01,1))
df.loc[['流动负债合计','非流动负债合计']]
```

运行结果：

报告日	20161231	20171231	20181231	20191231	20201231
流动负债合计	3275268803.66	4029229673.75	4708184665.78	4976070455.44	5036477371.59
非流动负债合计	20959657.34	25090989.72	17909417.94	27269954.12	19069023.09

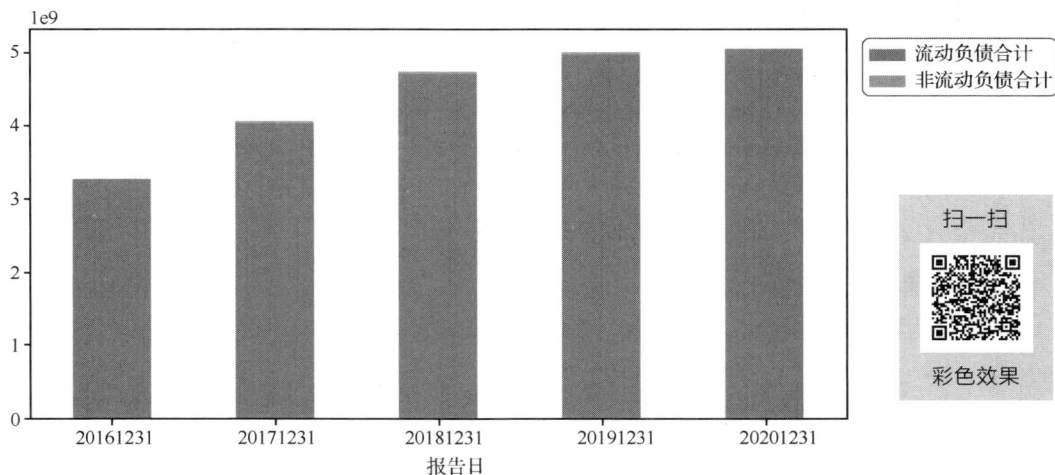

扫一扫

彩色效果

可以看到，负债结构中，几乎全是流动负债，因此这里重点分析流动负债。

3. 对流动负债进行进一步分析

获取流动负债相关项目，并进行可视化展示。

示例代码：

```
df.loc['应付账款':'其他流动负债'].T.plot.bar(figsize=(8,4),stacked=True,rot=0)
plt.legend(bbox_to_anchor=(1.01,1))
df.loc['应付账款':'其他流动负债']
```

运行结果：

报告日	20161231	20171231	20181231	20191231	20201231
应付账款	2062140539.44	2375313633.90	2953812235.17	3011464656.36	3252438690.98
预收款项	779587538.11	1206020398.54	1207916762.75	1106996534.96	0.00
合同负债	0.00	0.00	0.00	0.00	850983303.37
应付职工薪酬	237919276.03	243537116.93	289033981.74	300734908.98	311346204.07
应交税费	115333892.17	131101967.46	162065893.88	172591751.41	170298793.36
其他应付款	80287557.91	73256556.92	95355792.24	93696839.73	94521442.67
其他流动负债	0.00	0.00	0.00	290585764.00	356888937.14

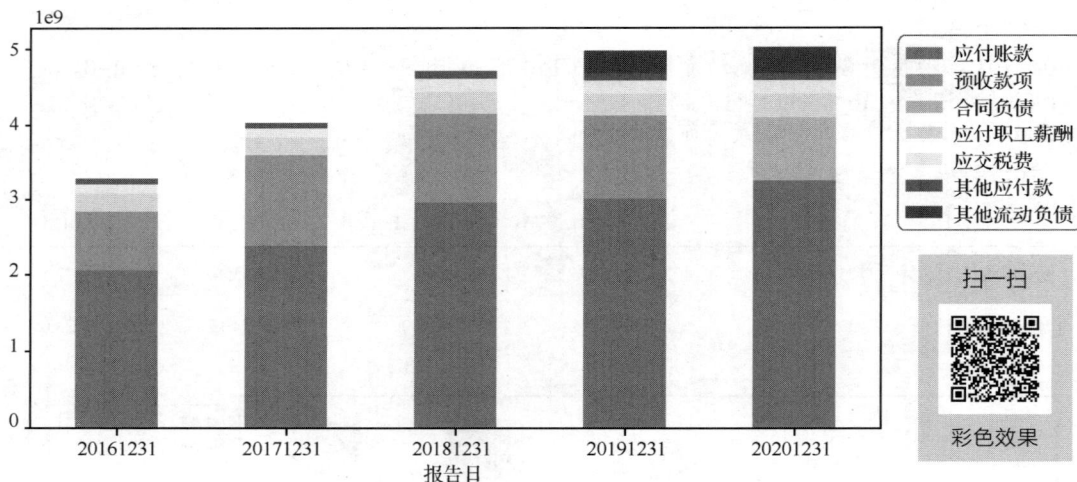

扫一扫

彩色效果

可以看到，流动负债结构中，全部是经营性负债，其中 50%以上是应付账款，其次是预收款项与合同负债，因此，该公司不存在流动性风险；结合对流动资产的分析，该公司在上下游具有较强的议价能力，现金周期较短，即拥有充足的流动资金。

4. 对所有者权益进行进一步分析

获取所有者权益相关项目，并进行可视化展示。

示例代码：

```
df.loc['实收资本(或股本)':'未分配利润'].T.plot.bar(figsize=(8,4),stacked=True,rot=0)
plt.legend(bbox_to_anchor=(1.01,1))
```

df.loc['实收资本(或股本)':'未分配利润']

运行结果：

报告日	20161231	20171231	20181231	20191231	20201231
实收资本（或股本）	631765700.00	821287610.00	821243960.00	821119910.00	821083860.00
资本公积	41751903.83	261956912.19	139529530.66	194633350.10	226859041.81
减：库存股	0.00	21945167.69	3868950.00	4342472.56	412206786.34
其他综合收益	-21115130.39	-29493764.27	-24490354.80	-20313446.20	-39031832.57
盈余公积	295681206.47	393893137.71	401648181.64	401648181.64	401648181.64
未分配利润	3593933783.19	3981372625.22	4573275094.31	5443671509.58	6202587444.38

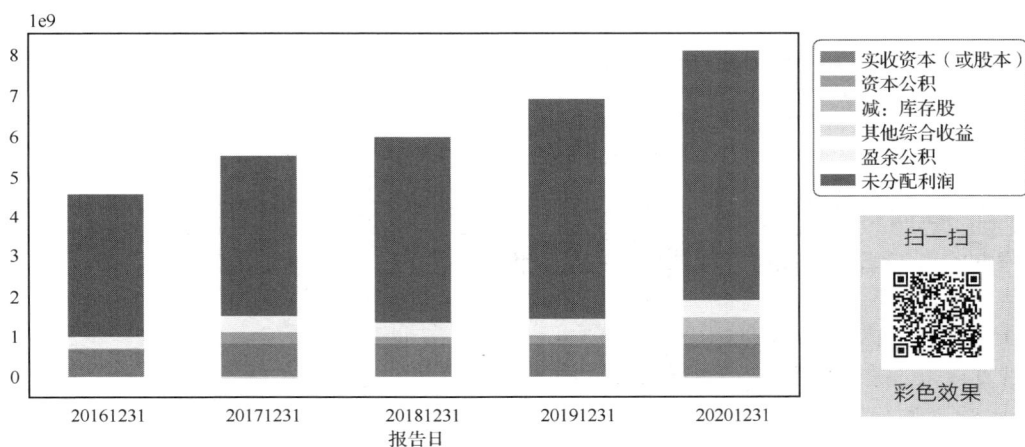

可以看到，所有者权益结构中，以未分配利润为主导，相当于股东对企业的再投资；综合对负债结构的分析，该公司的资本来源于经营性负债与未分配利润，说明该公司是以经营性负债与未分配利润驱动的经营主导型企业。

7.3 利润表分析

【例 7-2】以上市公司苏泊尔（sz002032）为例，通过数据接口 Akshare 采集苏泊尔 2016 年至 2020 年的年度合并利润表数据，然后进行财务数据清洗、财务数据可视化，并对其经营成果进行财务报表分析。

7.3.1 数据采集

同资产负债表数据采集。

示例代码：

```
df2 = ak.stock_financial_report_sina(stock="002032", symbol="利润表")
df2 = df2[df2.columns[:-6]]
df2 = df2[df2['报告日'].str.contains('1231')]
df2.set_index('报告日',inplace=True)
df2 = df2.iloc[::-1,:]
```

```
df2 = df2.loc['20161231':'20201231']
df2 = df2.astype(float)
df2 = df2.T
df2 = df2[df2.sum(axis=1)!=0]
df2.fillna(0,inplace=True)
df2
```

运行结果：

报告日	20161231	20171231	20181231	20191231	20201231
营业总收入	11947123201.12	14542193769.70	17851264801.72	19853477882.97	18596944289.02
营业收入	11947123201.12	14542193769.70	17851264801.72	19853477882.97	18596944289.02
营业总成本	10697498222.54	13100276258.83	16010890836.59	17752977819.33	16660790620.47
营业成本	8299999071.78	10105220907.80	12341938965.93	13668228395.96	13683276324.31
营业税金及附加	90080740.53	94669364.01	113764536.95	123738246.51	103340200.02
...					
综合收益总额	1132724885.20	1318002239.90	1673783208.26	1919810323.83	1823482077.25
归属于母公司所有者的综合收益总额	1076460541.97	1317817144.36	1674876849.47	1924091099.85	1827503151.73
归属于少数股东的综合收益总额	56264343.23	185095.54	-1093641.21	-4280776.02	-4021074.48
基本每股收益	1.32	1.62	2.04	2.34	2.26
稀释每股收益	1.31	1.61	2.03	2.34	2.26

36 rows × 5 columns

7.3.2 营业收入分析

营业收入的增长情况可以反映公司的成长性，下面对营业收入进行分析。

示例代码：

```
营业收入=df2.loc[['营业收入']]
营业收入.loc['增长率']=营业收入.loc['营业收入'].pct_change(periods=1)
ax=营业收入.T.plot(y='营业收入',kind='bar',legend=False,fontsize=12,figsize=(8,4))
营业收入.T.plot(y='增长率',secondary_y=True,color='orangered',legend=False, fontsize=12,
marker='o',linewidth=2,ax=ax)
营业收入
```

运行结果：

报告日	20161231	20171231	20181231	20191231	20201231
营业收入	11947123201.12	14542193769.70	17851264801.72	19853477882.97	18596944289.02
增长率	NaN	0.22	0.23	0.11	-0.06

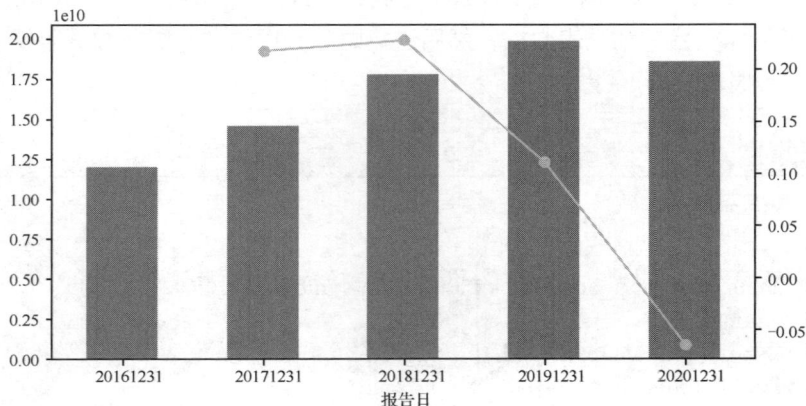

可以看出，在小家电行业需求见顶、市场逐渐走进白热化竞争态势的当下，2019 年后营业收入增速已经呈现下降趋势；2020 年开始呈现负增长趋势，收入减少是由于报告期内采用新收入准则，将符合销售抵减性质的应付客户费用抵减营业收入，而 2019 年计入"销售费用"，且受新冠肺炎疫情影响共同所致。

7.3.3 营业收入与营业成本的综合分析

营业收入代表市场规模，取得营业收入所付出的代价是营业成本，只有营业收入大于营业成本，公司才会盈利。

营业收入减去营业成本得到毛利，毛利反映公司盈利的总额，而毛利率则反映公司产品和服务的盈利能力。

示例代码：

```
毛利　= df2.loc[['营业收入']]
毛利.loc["营业收入增长率"] = 毛利.loc["营业收入"].pct_change(periods=1)
毛利.loc["营业成本"]=df2.loc['营业成本']
毛利.loc["营业成本增长率"] = 毛利.loc["营业成本"].pct_change(periods=1)
毛利.loc["毛利"] = df2.loc['营业收入']-毛利.loc["营业成本"]
毛利.loc["毛利增长率"] = 毛利.loc["毛利"].pct_change(periods=1)
毛利.T[['营业收入增长率','营业成本增长率','毛利增长率']].plot(figsize=(8,4))
毛利.T
```

运行结果：

报告日	营业收入	营业收入增长率	营业成本	营业成本增长率	毛利	毛利增长率
20161231	11947123201.12	NaN	8299999071.78	NaN	3647124129.34	NaN
20171231	14542193769.70	0.22	10105220907.80	0.22	4436972861.90	0.22
20181231	17851264801.72	0.23	12341938965.93	0.22	5509325835.79	0.24
20191231	19853477882.97	0.11	13668228395.96	0.11	6185249487.01	0.12
20201231	18596944289.02	-0.06	13683276324.31	0.00	4913667964.71	-0.21

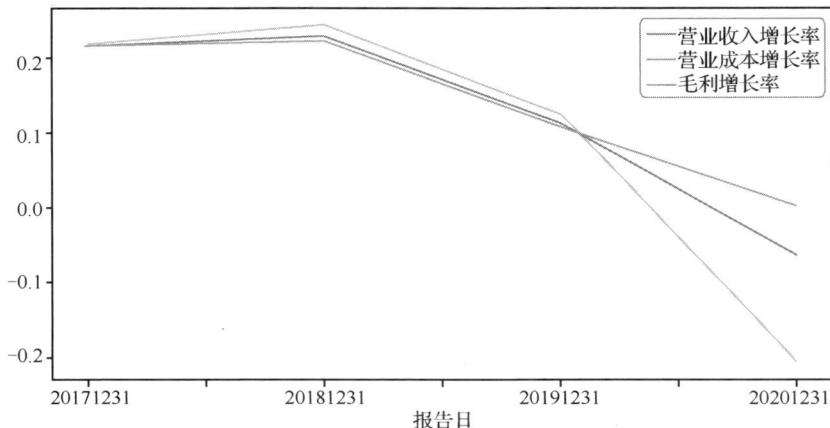

扫一扫

彩色效果

可以看出，2019 年开始，营业收入、毛利大幅下滑，2020 年开始，营业收入、毛利呈负增长趋势。由此可见，毛利的负增长是营业收入的负增长导致的，营业收入的负增长是由于疫情和本期执行新收入准则销售抵减的共同影响。

7.3.4 | 营业费用分析

前面分析了毛利，这一指标综合了营业收入与营业成本。在营业费用分析中，我们需要在毛利的基础上进一步扣除税金及附加、销售费用、管理费用、研发费用等核心的营业费用。

这里要注意的是，根据现行企业会计准则的规定，财务报表中的"营业税金及附加"已经修改为"税金及附加"，但由于 Akshare 数据接口中的财务报表项目名称尚未修改，因此我们获取的依然是旧名称"营业税金及附加"，该问题不影响数据的使用。

首先，查询营业费用相关项目数据。

示例代码：

```
营业费用 = df2.loc[['营业收入','营业成本','营业税金及附加','销售费用','管理费用','研发费用']]
营业费用
```

运行结果：

报告日	20161231	20171231	20181231	20191231	20201231
营业收入	11947123201.12	14542193769.70	17851264801.72	19853477882.97	18596944289.02
营业成本	8299999071.78	10105220907.80	12341938965.93	13668228395.96	13683276324.31
营业税金及附加	90080740.53	94669364.01	113764536.95	123738246.51	103340200.02
销售费用	1891733488.76	2219766491.14	2813288857.74	3206043042.00	2123746792.97
管理费用	388653602.92	240426783.58	344810539.64	345732916.45	317729288.60
研发费用	0.00	389349891.34	402632732.79	452560910.68	441725804.62

然后，计算各项目指标占营业收入的比重。

示例代码：

```
营业费用 2 = 营业费用/营业费用.loc['营业收入']
营业费用 2.loc['毛利率'] = (营业费用.loc['营业收入']-营业费用.loc['营业成本'])/营业费用.loc['营业收入']
营业费用 2.loc['期间费用率'] = 营业费用.loc['营业税金及附加':'研发费用'].sum()/营业费用.loc['营业收入']
营业费用 2.loc['核心经营利润率'] = (营业费用.loc['营业收入']-营业费用.loc['营业成本':'研发费用'].sum())/营业费用.loc['营业收入']
营业费用 2.loc['营业净利率'] = df2.loc['净利润']/营业费用.loc['营业收入']
营业费用 3 = 营业费用 2.applymap(lambda x: format(x,'.2%'))
营业费用 2.loc['营业成本':'研发费用'].T.plot(figsize=(8,4))
营业费用 3
```

运行结果：

报告日	20161231	20171231	20181231	20191231	20201231
营业收入	100.00%	100.00%	100.00%	100.00%	100.00%
营业成本	69.47%	69.49%	69.14%	68.85%	73.58%
营业税金及附加	0.75%	0.65%	0.64%	0.62%	0.56%
销售费用	15.83%	15.26%	15.76%	16.15%	11.42%
管理费用	3.25%	1.65%	1.93%	1.74%	1.71%
研发费用	0.00%	2.68%	2.26%	2.28%	2.38%
毛利率	30.53%	30.51%	30.86%	31.15%	26.42%
期间费用率	19.84%	20.25%	20.58%	20.79%	16.06%
核心经营利润率	10.69%	10.27%	10.28%	10.36%	10.36%
营业净利率	9.49%	9.12%	9.35%	9.65%	9.91%

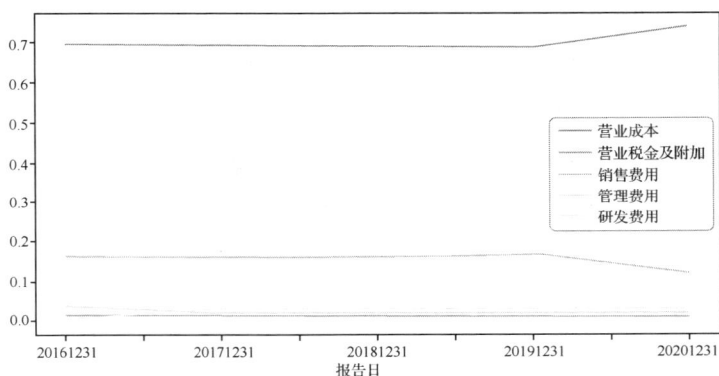

扫一扫

彩色效果

重点关注最后 4 个财务指标，毛利率由 2019 年的 31.15%下降至 2020 年的 26.42%，期间费用率由 2019 年的 20.79%下降至 2020 年的 16.06%，是受到 2020 年执行新收入准则销售抵减的影响；核心经营利润率很稳定，一直维持在 10%左右，说明公司经营性资产的盈利能力并未受到影响，而且很稳定；营业净利率也很稳定，一直维持在 9%左右，说明公司的盈利主要来源于经营性资产，而且公司对经营性资产的管理能力较强。

7.3.5 利润质量分析

以上我们已经判断出公司的盈利主要来源于经营性资产，表明公司的利润质量较高，本节我们通过核心经营利润占息税前利润的比重来分析公司的利润质量。

示例代码：

```
营业费用.loc['核心经营利润']=营业费用.loc['营业收入']-营业费用.loc['营业成本':'研发费用'].sum()
营业费用.loc['息税前利润']=df2.loc['利润总额']
营业费用.loc['核心经营利润占比']=营业费用.loc['核心经营利润']/营业费用.loc['息税前利润']
fig=plt.figure(figsize=(8,4))
ax1 = fig.add_subplot(111)
营业费用.loc[['核心经营利润','息税前利润']].T.plot.bar(ax=ax1,legend=False)
营业费用.loc['核心经营利润占比'].T.plot(secondary_y=True,color='y',marker='o',ax=ax1)
fig.legend(bbox_to_anchor=(1.18,0.9))
营业费用
```

运行结果：

报告日	20161231	20171231	20181231	20191231	20201231
营业收入	11947123201.12	14542193769.70	17851264801.72	19853477882.97	18596944289.02
营业成本	8299999071.78	10105220907.80	12341938965.93	13668228395.96	13683276324.31
营业税金及附加	90080740.53	94669364.01	113764536.95	123738246.51	103340200.02
销售费用	1891733488.76	2219766491.14	2813288857.74	3206043042.00	2123746792.97
管理费用	388653602.92	240426783.58	344810539.64	345732916.45	317729288.60
研发费用	0.00	389349891.34	402632732.79	452560910.68	441725804.62
核心经营利润	1276656297.13	1492760331.83	1834829168.67	2057174371.37	1927125878.50
息税前利润	1367120246.82	1588596037.97	1981538256.56	2273457833.79	2200318697.16
核心经营利润占比	0.93	0.94	0.93	0.90	0.88

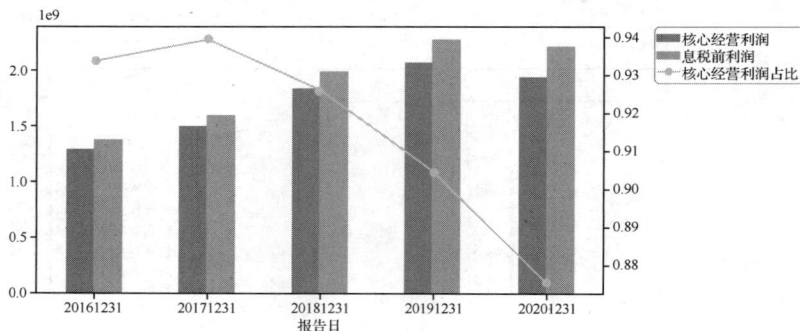

可以看出，核心经营利润占息税前利润的比重呈下降趋势，但维持在 80%以上，说明公司的利润质量很高。

7.4 现金流量表分析

【例 7-3】以上市公司苏泊尔（sz002032）为例，通过数据接口 Akshare 采集苏泊尔 2016 年至 2020 年的年度合并现金流量表数据，然后进行财务数据清洗、财务数据可视化，并对其现金流量进行财务报表分析。

7.4.1 数据采集

同资产负债表数据采集。

示例代码：

```
df3 = ak.stock_financial_report_sina(stock="002032", symbol="现金流量表")
df3 = df3[df3.columns[:-6]]
df3=df3[df3['报告日'].str.contains('1231')]
df3.set_index('报告日',inplace=True)
df3=df3.iloc[::-1,:]
df3=df3.loc['20161231':'20201231']
df3=df3.astype(float)
df3=df3.T
df3=df3[df3.sum(axis=1)!=0]
df3.fillna(0,inplace=True)
df3
```

运行结果：

报告日	20161231	20171231	20181231	20191231	20201231
销售商品、提供劳务收到的现金	13208930546.45	16470380882.15	18753763889.59	20987627971.98	19970321296.32
收到的税费返还	140521292.72	248035880.45	197071052.71	253301218.86	281790779.02
收到的其他与经营活动有关的现金	77219986.43	99755762.67	137853941.46	307686528.82	253215094.32
经营活动现金流入小计	13426671825.60	16818172525.27	19088688883.76	21548615719.66	20505327169.66
购买商品、接受劳务支付的现金	8982777683.74	12058073067.09	13288113877.56	15394115893.50	14125944531.51
...	...	...	...	...	...
现金及现金等价物净增加额	-146678151.96	2178759.95	547182683.62	-166629917.67	421653261.88
期初现金及现金等价物余额	887822304.52	851401131.26	853579891.21	1400762574.83	1234132657.16
现金的期末余额	741144152.56	853579891.21	1400762574.83	1234132657.16	1655785919.04
现金的期初余额	887822304.52	851401131.26	853579891.21	1400762574.83	1234132657.16
期末现金及现金等价物余额	741144152.56	853579891.21	1400762574.83	1234132657.16	1655785919.04

34 rows × 5 columns

7.4.2 总体分析

对现金流量的整体结构进行分析。

示例代码：

```
df3.loc[['经营活动产生的现金流量净额','投资活动产生的现金流量净额','筹资活动产生的现金流量净额']].T.plot.bar(figsize=(8,4),rot=0)
plt.legend(bbox_to_anchor=(1.01,1))
df3.loc[['经营活动产生的现金流量净额','投资活动产生的现金流量净额','筹资活动产生的现金流量净额']]
```

运行结果：

报告日	20161231	20171231	20181231	20191231	20201231
经营活动产生的现金流量净额	1388911912.47	1101068593.63	2013658744.84	1732940977.12	2076592774.00
投资活动产生的现金流量净额	41237326.96	-576171400.15	-504061463.58	-866874425.90	-150874689.47
筹资活动产生的现金流量净额	-1587845020.42	-518273090.50	-968565192.80	-1038208259.87	-1464895724.57

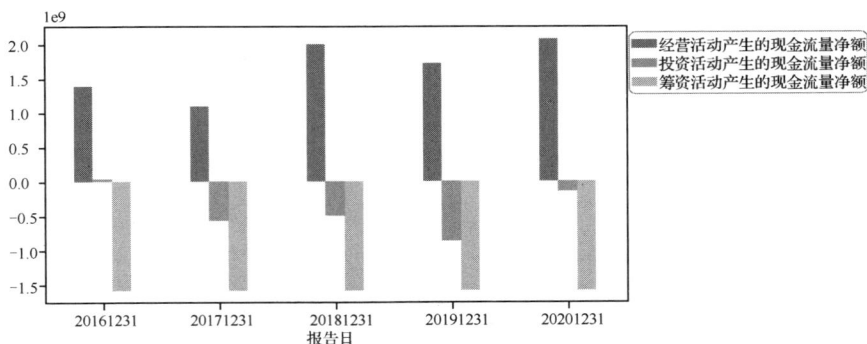

可以看到，从 2017 年至 2020 年经营活动产生的现金流量净额为正数，投资活动产生的现金流量净额为负数，筹资活动产生的现金流量净额为负数。从各年度平均来看，经营活动产生的现金净流入额能够维持投资活动、筹资活动产生的现金净流出额，所以公司的自我"造血"能力非常强。

7.4.3 投资活动现金流量分析

对投资活动产生的现金流量进行进一步分析。

1. 投资活动现金流入分析

示例代码：

```
df3.loc['收回投资所收到的现金':'收到的其他与投资活动有关的现金'].T.plot.bar(figsize=(8,4),
rot=0)
plt.legend(bbox_to_anchor=(1.01,1))
df3.loc['收回投资所收到的现金':'收到的其他与投资活动有关的现金']
```

运行结果：

报表日期	20161231	20171231	20181231	20191231	20201231
收回投资所收到的现金	0.0	100	0.00	0.00	0.00
取得投资收益所收到的现金	59608200.32	54393855.88	89713558.92	39216159.25	3210765.44
处置固定资产、无形资产和其他长期资产所收回的现金净额	1383159.15	1983071.00	3558267.04	12920951.95	1692990.11
收到的其他与投资活动有关的现金	2324928972.76	1680913255.83	2226000000.00	2345900000.00	2810000000.00

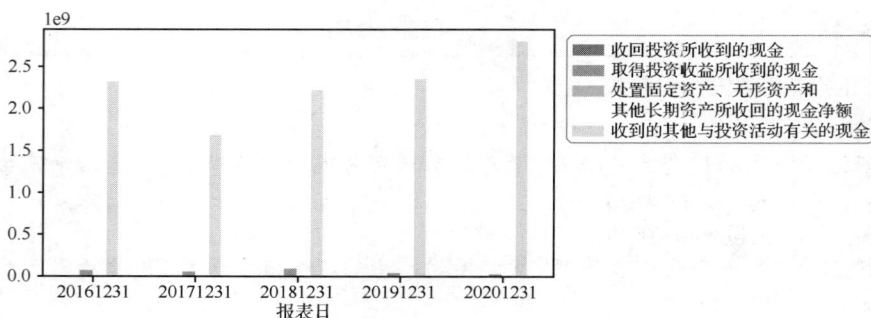

可以看到，收到的其他与投资活动有关的现金占主导地位，平均值为 20 亿元。

2. 投资活动现金流出分析

示例代码：

```
df3.loc['购建固定资产、无形资产和其他长期资产所支付的现金':'支付的其他与投资活动有
关的现金'].T.plot.bar(figsize=(8,4),rot=0)
plt.legend(bbox_to_anchor=(1.01,1))
df3.loc['购建固定资产、无形资产和其他长期资产所支付的现金':'支付的其他与投资活动有
关的现金']
```

运行结果：

报告日	20161231	20171231	20181231	20191231	20201231
购建固定资产、无形资产和其他长期资产所支付的现金	134683005.27	169153037.16	202286032.36	454911537.10	280178445.02
取得子公司及其他营业单位支付的现金净额	0.00	1866064.51	274000000.00	0.00	0.00
支付的其他与投资活动有关的现金	2210000000.00	2213000000.00	2347047257.18	2810000000.00	2715000000.00

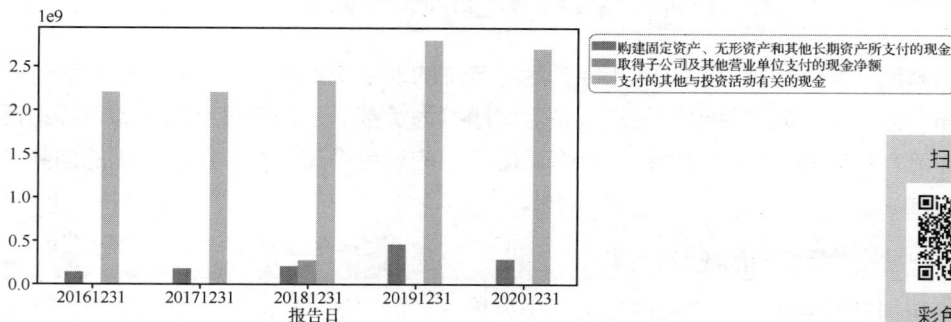

可以看到，支付的其他与投资活动有关的现金占主导地位，都在 20 亿元以上，正好与收到的其他与投资活动有关的现金相对应，一进一出，再结合公司现金情况，可以判断这两个现金流项目应该是理财产品、定期存款本金的投资与收回。其次是购建固定资产、无形资产和其他长期资产所支付的现金，由于理财产品、定期存款本金的投资与收回相互抵消，因此可以判断投资活动的现金净流出额主要是购建固定资产、无形资产和其他长期资产所支付的现金，即对经营性长期资产的投资。

7.4.4 筹资活动现金流量分析

对筹资活动产生的现金流量进行进一步分析。

1. 筹资活动现金流入分析

示例代码：

```
df3.loc['吸收投资收到的现金':'子公司吸收少数股东投资收到的现金'].T.plot.bar(figsize=(8,4),
rot=0)
plt.legend(bbox_to_anchor=(1.01,1))
df3.loc['吸收投资收到的现金':'子公司吸收少数股东投资收到的现金']
```

运行结果：

报告日	20161231	20171231	20181231	20191231	20201231
吸收投资收到的现金	3658950.00	0.00	0.00	12747688.67	31608611.26
子公司吸收少数股东投资收到的现金	0.00	0.00	0.00	12747688.67	31608611.26

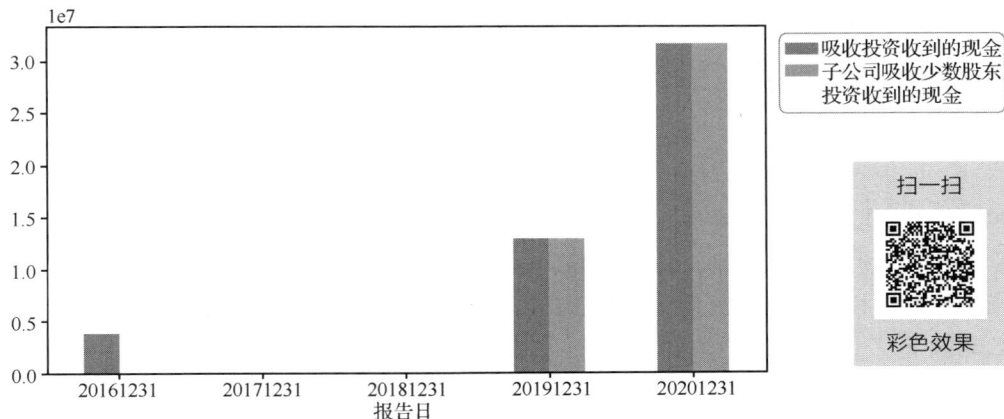

可以看出，2019—2020 年该公司筹资活动现金流入主要是子公司吸收少数股东投资收到的现金。

2. 筹资活动现金流出分析

示例代码：

```
df3.loc['分配股利、利润或偿付利息所支付的现金':'支付其他与筹资活动有关的现金'].
T.plot.bar(figsize=(8,4),rot=0)
plt.legend(bbox_to_anchor=(1.01,1))
df3.loc['分配股利、利润或偿付利息所支付的现金':'支付其他与筹资活动有关的现金']
```

运行结果：

报告日	20161231	20171231	20181231	20191231	20201231
分配股利、利润或偿付利息所支付的现金	369003970.42	494451542.94	968565192.80	1049517775.98	1087305603.30
子公司支付给少数股东的股利、利润	15215178.42	0.00	0.00	0.00	0.00
支付其他与筹资活动有关的现金	1222500000.00	23821547.56	0.00	1438172.56	409198732.53

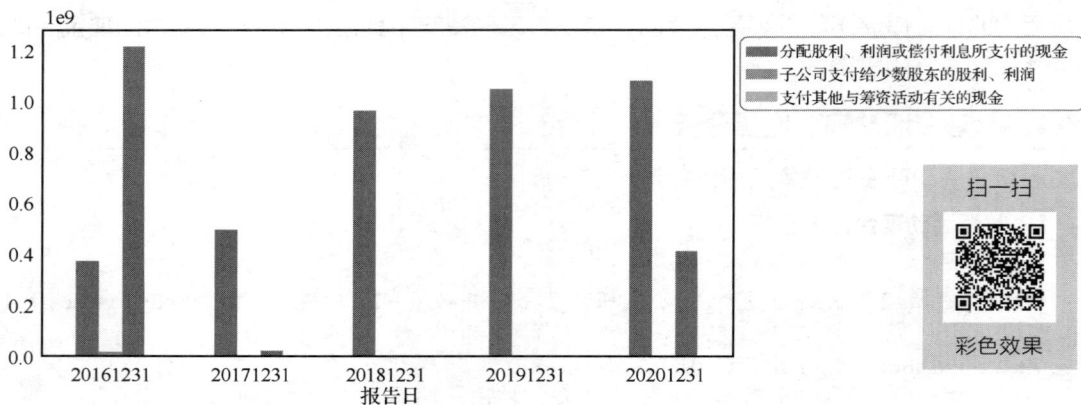

可以看出，筹资活动现金流出主要是分配股利、利润或偿付利息所支付的现金，由于吸收投资收到的现金相对较少，可以判断筹资活动的现金净流出额也主要是分配股利、利润或偿付利息所支付的现金，另考虑该公司不存在有息负债与利息费用，因此该项目仅为股东的分红。

7.5 综合指标分析

7.5.1 现金含量分析

公司用现金进行投资，形成各类资产，资产通过运营最终形成收入与各类成本费用，从而产生利润，如果利润仅仅是"趴"在报表上的数字，没有真实的现金流入，要不了多久，公司就会陷入经营困境。因此，经营活动现金流决定公司的价值。

现金含量分析包括营业收入现金含量、净利润现金含量、核心经营利润现金含量等指标，这些指标综合了利润表与现金流量表的相关数据，比会计意义上的利润更具说服力。

公式如下：

营业收入现金含量 ＝ 销售商品、提供劳务收到的现金 ÷ 营业收入

净利润现金含量 ＝ 经营活动产生的现金流量净额 ÷ 净利润

核心经营利润现金含量 ＝ 经营活动产生的现金流量净额 ÷ 核心经营利润

【例 7-4】在【例 7-2】【例 7-3】的基础上，对苏泊尔 2016 年至 2020 年的年度合并财务报表进行现金含量分析，并进行财务数据可视化。

示例代码：

```
现金含量=pd.DataFrame(columns=df.columns)
现金含量.loc['营业收入现金含量']=df3.loc['销售商品、提供劳务收到的现金']/df2.loc['营业收入']
现金含量.loc['净利润现金含量']=df3.loc['经营活动产生的现金流量净额']/df2.loc['净利润']
现金含量.loc['核心经营利润现金含量']=df3.loc['经营活动产生的现金流量净额']/营业费
```

用 .loc['核心经营利润']
```
    现金含量.T.plot(kind='bar',figsize=(8,4),rot=0)
    plt.axhline(y=1,c='r',ls='--',lw=1)
    plt.legend(bbox_to_anchor=(1.01,1))
    现金含量
```
运行结果：

报告日	20161231	20171231	20181231	20191231	20201231
营业收入现金含量	1.11	1.13	1.05	1.06	1.07
净利润现金含量	1.23	0.83	1.21	0.90	1.13
核心经营利润现金含量	1.09	0.74	1.10	0.84	1.08

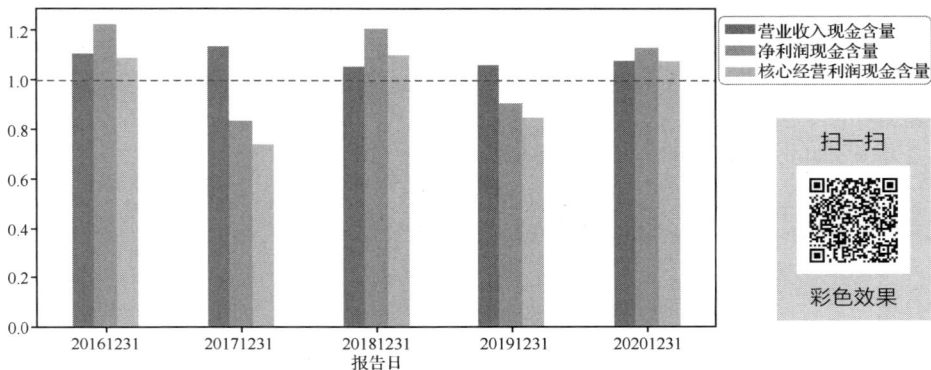

可以看出，营业收入现金含量均大于 1，净利润现金含量均大于 1，核心经营利润现金含量均在 1 左右。综合来看，公司长期聚焦主业，发展稳定，产品和服务不仅盈利能力强，而且销售回款能力强，因此利润的现金含量也较高。

7.5.2 杜邦财务分析

除了现金流量分析，我们更多地希望从股东的角度看待利润，因为公司应当为股东创造价值，而净利润就是公司对股东的回报，所以我们需要计算权益净利率来分析公司为股东创造价值的能力。

权益净利率，是杜邦财务分析体系的核心比率。杜邦财务分析体系以权益净利率为核心，以总资产净利率和权益乘数为分解因素，重点揭示公司盈利能力及杠杆水平对权益净利率的影响，以及各相关指标间的相互关系。

公式如下：

权益净利率 ＝ 总资产净利率 × 权益乘数
总资产净利率 ＝ 营业净利率 × 总资产周转率
权益乘数 ＝ 总资产 ÷ 股东权益
营业净利率 ＝ 净利润 ÷ 营业收入
总资产周转率 ＝ 营业收入 ÷ 总资产

其中：权益净利率、总资产净利率、营业净利率属于盈利能力指标，总资产周转率属于运营能力指标，权益乘数属于偿债能力指标，前文所讲的营业收入增长率属于发展能力指标。

✎ 【例7-5】在【例7-1】【例7-2】的基础上，对苏泊尔2016年至2020年的年度合并财务报表进行杜邦财务分析，并进行财务数据可视化。

示例代码：

```
权益净利率=pd.DataFrame(columns=df.columns)
# 营业净利率
权益净利率.loc['营业净利率']=df2.loc['净利润']/df2.loc['营业收入']
# 总资产周转率
平均总资产=(df.loc['资产总计']+df.loc['资产总计'].shift())/2
权益净利率.loc['总资产周转率']=df2.loc['营业收入']/平均总资产
# 总资产净利率
权益净利率.loc['总资产净利率']=df2.loc['净利润']/平均总资产
# 权益乘数
平均股东权益=(df.loc['所有者权益(或股东权益)合计']+df.loc['所有者权益(或股东权益)合计'].shift())/2
权益净利率.loc['权益乘数']=平均总资产/平均股东权益
# 权益净利率
权益净利率.loc['权益净利率']=df2.loc['净利润']/平均股东权益
# 折线图
权益净利率.T.plot(figsize=(8,4))
权益净利率
```

运行结果：

报告日	20161231	20171231	20181231	20191231	20201231
营业净利率	0.09	0.09	0.09	0.10	0.10
总资产周转率	NaN	1.68	1.78	1.77	1.54
总资产净利率	NaN	0.15	0.17	0.17	0.15
权益乘数	NaN	1.74	1.78	1.76	1.71
权益净利率	NaN	0.27	0.29	0.30	0.26

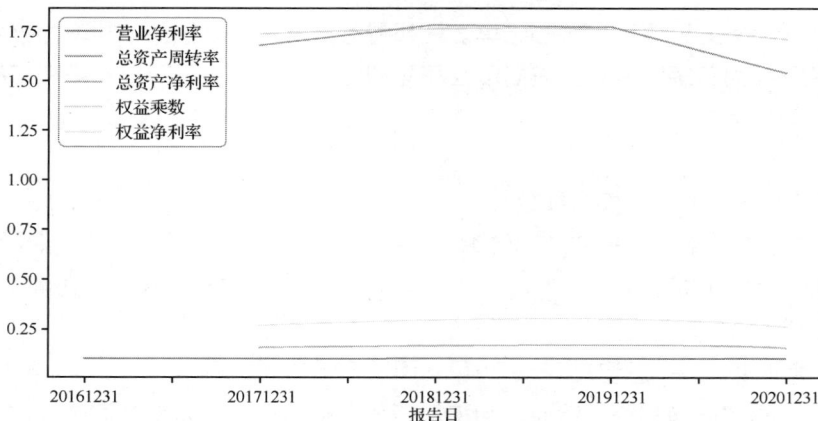

扫一扫

彩色效果

可以看出，权益净利率维持在20%以上，说明该公司为股东创造价值的能力较强。

思考与练习

1. 财务报表分析的主要方法是比较分析法，比较内容属于会计要素总量的是（　　）。
    A. 净资产收益率　　　　　　　　　B. 营业收入
    C. 净利润增长率　　　　　　　　　D. 固定资产占比

2. 对资产负债表的有息负债进行可视化分析时，既能体现有息负债变动趋势，又能体现有息负债内部结构变化的图形是（　　）。
    A. 折线图　　　　　B. 柱状图　　　　　C. 条形图　　　　　D. 堆积面积图

3. 采用 pandas 对象进行 matplotlib 绘图时，可以设置堆叠形式的参数是（　　）。
    A. legend　　　　　B. marker　　　　　C. rot　　　　　D. stacked

4. 在对一家生产制造型上市公司的财务报表进行分析时，能够体现该公司利润质量较高的是（　　）。
    A. 营业收入增长率很稳定　　　　　B. 期间费用率维持在较低的水平
    C. 销售净利润较高　　　　　　　　D. 息税前利润以经营利润为主

5. 杜邦财务分析体系的核心比率是（　　）。
    A. 权益净利率　　　　　　　　　　B. 总资产净利率
    C. 权益乘数　　　　　　　　　　　D. 营业净利率

强化实训

1. 根据本章案例数据，通过 matplotlib 绘制堆积面积图，展示流动资产与非流动资产的变动趋势。

2. 根据本章案例数据，对投资活动现金流量进行合并分析，将投资活动现金流入分析、投资活动现金流出分析的数据表进行上下合并，现金流入为正、现金流出为负，通过柱状图进行数据可视化。

参考文献

[1] 斯文. 基于 Python 的金融分析与风险管理. 2 版. 北京：人民邮电出版社，2021

[2] 中国注册会计师协会. 财务成本管理. 北京：中国财政经济出版社，2022

[3] 张新民. 从报表看企业 数字背后的秘密. 4 版. 北京：中国人民大学出版社，2021

[4] 郭永清. 财务报表分析与股票估值. 2 版. 北京：机械工业出版社，2021

[5] 郭永清. 管理会计实践. 北京：机械工业出版社，2018

[6] 财政部会计司编写组. 管理会计案例示范集. 北京：经济科学出版社，2019

[7] 韦斯. 利用 Python 进行数据分析（原书第 2 版）. 徐敬一，译. 北京：机械工业出版社，2018